Öde Orte 3

Muß man, soll man zwei erfolgreiche, kontrovers diskutierte Bände über die öden Orte Deutschlands um einen dritten ergänzen? Sollte es nicht auch mal gut sein?
Ja. Und nein. Jede ordentliche, mit dem Anspruch auf enzyklopädische Erkundung antretende Anthologie verlangt, ging sie schon als Doppelpack in die Welt, ihre trilogische Abrundung. Deshalb fährt *Öde Orte 3* die finale »Verleumdungsattacke« (W. Kramer-Schottel) gegen das hiesige Städte- und Landwesen – und zwar mehrstimmiger, abseitiger, nonsensiger, als es *Öde Orte* (1998) und *Öde Orte 2* (1999) vermochten; nämlich als Sammlung von Oden an die Öde, von Hymnen an die Heimat, von Provinzpanegyrik und pauschaler Pathospolemik in gewohnt krimineller Manier und in der bewährten Mischung aus Reportage und Rüpelei, Einerlei und pluralem Sinn für das Gleichförmige, wenn nicht Gleichgültige.
Denn nur die Trinität verheißt »Segen« (Augustinus). Auf daß es gut sei.

Öde Orte 3

Ausgesuchte Stadtkritiken von Ahlen bis Zweibrüggen

Herausgegeben von Jürgen Roth
und Rayk Wieland

Mit 41 Vignetten von Jörn Gerstenberg

RECLAM
LEIPZIG

Besuchen Sie uns im Internet:
www.reclam.de

Reclam Bibliothek Leipzig, Band 20074
1. Auflage, 2003
Reihengestaltung: Gabriele Burde | Kurt Blank-Markard
Umschlaggestaltung: Simin Bazargani unter Verwendung einer Fotografie von Klaus Reinke
Gesetzt aus Stempel-Garamond
Satz: Reclam Verlag Leipzig
Druck und Bindung: Reclam, Ditzingen
Printed in Germany
ISBN 3-379-20074-3

Inhalt

Grußwort

Öde Orte 3. Endlich! Und weil Grußworte sowieso nicht gelesen werden, kann ich hier ganz zu Beginn dieses schönen Bandes die Sau rauslassen. Doch werde ich nicht so weit gehen, dem eselsgrauen Bürgermeister von Mordsheim, Hannes Zunftgerber, vorzuwerfen, er färbe sich seine Haare, betrüge seine Gattin und trete volltrunken im Lokalfunk auf. Vielmehr werde ich den am kommunalen Jammerton fast erstickenden Stadtvätern und -müttern unerwünschte Ratschläge erteilen. Etwa sollten sie meines Erachtens flächendeckend von Emden bis Bad Reichenhall und von Greifswald bis Weil am Rhein, also kreuzweise, die kommunalen Kulturetats vollständig auf Null bringen. Das würde die Haushalte der deutschen Städte und Gemeinden sowie der deutschen Landkreise, die im Schnitt unglaubliche vier Prozent, in Ziffern: 4%, ihres Gesamtetats für Kulturelles zum Fenster hinausschmeißen, mit einem Schlag sanieren – oder nicht?! Das hätte zudem den Vorteil, daß eine schöne Anzahl von Intendanten an deutschen Stadttheatern wegfiele, diesen Schluris unter dem Mantel der künstlerischen Freiheit. Und überhaupt: Kultur, glaubst du, bringt was?, um es im gebrochenen Boulevarddeutsch zu sagen. Der Ortsgewaltige und die Ortsgewaltige müssen in die Zukunft unserer Orte schauen. Sie müssen orten, also Ortungen vornehmen, und nicht in der kommunalpolitischen Theorie verharren, damit ihnen wenigstens in den nächsten Sommern, das heißt mittelfristig, wichtige Körperteile nicht auf Grundeis gehen. In den Wintern kann ihnen eh nichts passieren, da haben sie auf ihren Ortsstraßen Winterdienst, um den uns die ganze Welt beneidet. Ich wiederhole mich gern: Was brauchen wir da noch Kultur? Der KPK, der kommunalpolitischen Klasse, möchte ich auch etwas zu bedenken geben, nämlich: Lehrerüberschuß und -überdruß in den Räten gern beibehalten, dafür noch mehr örtliche Baulöwen nach vorn auf die Kandidatenlisten. Damit die Konjunktur wieder aufkommt oder einem wieder hochkommt. Verwaltungsreform anpacken. Damit vor allem die mittelständischen Unternehmensberater gut zu tun haben. Dann totaler Personalabbau und dafür lieber mal Böcke zu Stadtgärtnern machen. Aber bitte nur zum Wohle der Bürgerinnen und Bürger. Schließlich auf die Papiere der Rechnungsprüfungsämter nichts geben, in den öffentlichen Verkehrsmitteln Rock und Ragg rund um die Uhr installieren, auf daß die Fundschänäräschen – tätärätätä – wenigstens schon morgens am öffentlichen Leben teilnehmen kann und in Bus und Bahn gemäß Pisa-Studie nicht so dumpf vor sich hin dämmern muß. Zumindest könnten auf diese Weise die Alten wieder mehr zum Individualverkehr auf den allerödesten Orten im Lande, auf unseren Straßen, gezwungen werden. Ganz zum Schluß noch die Last mit den Baugenehmigungsbehörden: Mir zum Beispiel paßt schon längst nicht mehr die leicht verzogene Plastikhinterwand meines Vorderreihenhausnachbarn direkt vor unserem Wohnzimmerfenster. Echt öde. Deswegen habe ich mir endlich diesen örtlichen Frust vom Leib geschrieben. Merke: Nett ist im Nebel nie ein Leben mit Sitten! Dieser palindromische, das heißt auch rückwärts mit demselben Wortlaut lesbare Satz mag letzten Endes für dieses hier zu begrüßende, aber irgendwie verhangene Buch ebenso gelten wie für die nicht immer leicht zu durchschauenden kommunalen Finanzen. Für mich ist ganz klar: vorwärts wie rückwärts lesen bzw. rückwärts wie vorwärts rechnen. Dann geschieht schon nix.

Dr. Ewald Müller
Ehemaliger Pressesprecher des Deutschen Städtetages

Heimathermeneutik

Erlauscht von Jürgen Roth

Drei Männer, um die Sechzig, Geschäftsleute vermutlich (oder Vertreter), im Speisewagen.

Der eine *(nimmt sein Handy, wählt, beginnt zu sprechen)*: Du, servus, Helmut! Mir sann grod irgendwo in Fulda. – In Fulda, ja.

Einer der beiden anderen *(ohne Handy)*: In Würzburg.

Der eine: Ja, Helmut, der Fischer Karl, der Kanngießer Willi und ich, mir sann grod in Fulda.

Der eine der beiden anderen *(erst etwas lauter, dann eindringlich)*: In Würzburg. In Würzburg!

Der eine: Halt, Helmut, in Würzburg sann ma. – In Würzburg, ja. Des sieht genauso aus. Ja, servus, Helmut.

Die Ahlen-Archive[1]

Von Thomas Roth

Die Ahlener waren sich [ihrer] Normalität immer bewußt.
Antonius John

Ahlen? Kein Thema, leider. Heutzutage wird diese im südwestlichen Münsterland liegende Stadt außerhalb der Region kaum mehr zur Kenntnis genommen. Dabei hat sie Beachtliches zu bieten – wie anders könnte sie sich so beharrlich im Kräftedreieck Telgte–Oelde–Warendorf behaupten.

Der Gang durch die Gemeinde gleicht dem Gang durch ein florierendes Gewerbegebiet. Betriebe wie das Fortbildungszentrum der deutschen Juweliere, der Donum-Vitae-Kreisverband Warendorf sowie der zuletzt als »wahrer Besuchermagnet« bekanntgewordene Ahlener Kleintierzoo sichern ein nachhaltiges Wirtschaftswachstum. Doch auch der Dienstleistungssektor und das Freizeitangebot können sich sehen lassen: Das Heimatmuseum samt »angeschlossenem Freizeitheim« (H. Jaeger), ein Kunstmuseum mit Restaurant *Chagall*, eine Parfümfirma und zahlreiche Parkmöglichkeiten laden ebenso zum Verweilen ein wie die Fußgängerzone und der in den 1980er Jahren restaurierte Marktplatz. Und wenn der Besucher noch etwas Zeit mitbringt, bietet sich ihm die Gegend um Ahlen an, die nicht nur den Wanderer mit Wegen, sondern auch den Kunstliebhaber mit Wasserschlössern, Herrenhäusern und Mühlen erfreut und dem Sprachliebhaber die schönsten Impressionen liefert: Pustekrey, Seppenhagen, Vorhelm, Hundsfott.

Freilich sind die Stadt und ihre Bewohner – dies macht ein Gang in die Archive und der Blick in die Historie deutlich – auch von den düsteren Epochen unserer abendländischen Geschichte nicht verschont geblieben. Im 9. Jahrhundert schon von den Sachsen gegründet, mußte Ahlen ab 1224 mit

1 Aus dem Internet

dem Stadtrecht zurechtkommen, wurde im Dreißigjährigen Krieg siebzehn Mal verwüstet, nach dem Krieg durch Pestzüge verheert, im 19. Jahrhundert von den Franzosen mit einer Verwaltungsreform gegängelt, anschließend ans deutsche Eisenbahnnetz angeschlossen, um dann vom Steinkohlebergbau erfaßt zu werden, der wiederum die Kommunisten in die Stadt brachte und – wie uns die aufgeklärte Lokalgeschichtsschreibung erklärt – mit ihnen schließlich jene Zeit, die auch heute noch die Stadtchronik in die düstersten Farben taucht. Für das Jahr 1938 notiert sie: »Während der Ausschreitungen zur Reichspogromnacht wird die jüdische Synagoge in Brand gesteckt und der jüdische Kaufmann Siegmund S. auf offener Straße erschlagen. Fertigstellung des Anschlusses an die Autobahn Köln–Hannover–Berlin.«

Doch auch nach dem Krieg zeigte sich, was nachgerade als Grundlage des Ahlener Selbstverständnisses zu bezeichnen ist: die Fähigkeit, zum Alltag zurückzukehren und zu einer »Geschichte des Normalen und Nichtaußergewöhnlichen« (A. John). Es war diese Fähigkeit, um die auch der Ahlendiskurs lange kreiste. Ahlen – dies hat der Nestor der Ahlengeschichtsschreibung Antonius John betont – bot gerade durch seine »Normalität« einen »sinnvollen Hintergrund« für epochale Ereignisse. Und wer einen Sinn für diese Dialektik hatte, der hat Ahlen auch zu würdigen gewußt: von John über Augustinus und Adenauer bis zu Augustin Wibbelt (1662–1947), dessen Ode an Ahlen heutzutage nahezu unbekannt ist, weil Wibbelt nicht nur Pfarrer, sondern auch Münsterländer Mundartdichter war und seine Heimat nie verlassen hat.

Mit Wibbelt aber bricht die allgemeine Ahlenüberlieferung ab. Warum die Stadt im aktuellen »städtespezifischen Diskurs« (W. Krümmer) kein Thema mehr ist, läßt sich nicht ohne Spekulation beantworten. Doch wird man nicht zu weit gehen, wenn man der in Öffentlichkeit und Presse zur Schau getragenen fragwürdigen Lust am Grellen und Übersteigerten Schuld an dieser Entwicklung zuspricht. Wer etwas über das Ahlenbild der Gegenwart erfahren möchte, muß also unter die Oberfläche dieser Berichterstattung vordringen, in die Archive alltäglichen Wissens, wie sie sich heute im Internet finden, dem mittlerweile unbestrittenen »Leitmedium gesellschaftlicher Selbstvergewisserung« (W. Krümmer) und »reflexiver Modernisierung« (U. Beck).

Wie wird nun das moderne Ahlen reflektiert? Auf den ersten Blick wirkt alles normal. Im Gästebuch der städtischen Homepage – heutzutage eine der wichtigsten Quellen »subdiskursiver Recherche« (W. Krümmer) – schreibt etwa Maria M.: »Hi, my name is Maria M. and I come from Denmark.« Das in dieser Wortmeldung zum Ausdruck kommende Vertrauen in die Verläßlichkeit Ahlens zeigt sich auch bei Frauke L. – »Ich habe 1967 am Städtischen Gymnasium das Abitur gemacht und würde gern wissen, ob der Jahrgang ein Treffen organisiert« – und in mehreren Beiträgen aus B. »Hallo!« heißt es da, »Ich dachte auf dieser Seite gibt es Info's übers Grönemeyerkonzert ... ich freue mich riesig auf Herbert seine Vorpremiere hoffentlich kann ich 2 Karten ergattern.«

Doch es gibt auch Nachrichten, die eine dunklere Tonlage erkennen lassen: »Habe Ahlen vor 45 Jahren wegen der Bundeswehr verlassen und bin Soldat geworden. Wohne jetzt im Harz.« Angesichts solcher Äußerungen erscheinen die optimistischeren Stimmen plötzlich wie reminiszent, Ausdruck eines bemühten Festhaltens an einer liebgewonnenen Normalität, die längst brüchig geworden ist.

Negative Zeichen gibt es nämlich zahlreich: Die Zeche ist inzwischen zu, die Panzergrenadierkaserne ist der einzig potente Arbeitgeber, und der Industrie- und Handelskammer zufolge »beträgt der Gewerbesteuerhebesatz in 2002: 425%«. Zur wirtschaftlichen Krisis kommt der sozialökologische Klimawandel. Der Link zum Thema »Leben« ist tot, Polizeieinsätze prägen das Stadtbild, und das alternative »Bürgerzentrum Schuhfabrik« (BüZ), einst Zeichen einer neuen Ahlener Selbstverständlichkeit, ist von der Schließung bedroht. Dessen Internetforum ist folglich auch Ausstrahlungspunkt einer ahlenkritischen Absetzbewegung. »Ohne das BüZ«, vernimmt man hier, sei Ahlen nicht nur unattraktiv, sondern »noch töter« und also eine »Geisterstadt«. Melanie C. schließlich formuliert das Credo derer, die den Ort zu verlassen beschließen: »Mir bedeutet die Stadt nicht viel.«

Zwar verdeutlichen Äußerungen wie diese auch die zunehmende Eigendynamik der Diskreditierung, doch wird man vom Befund eines allgemeinen Ahlener Abwärtstrends nicht absehen können. Auch der Leiter des örtlichen Linux-Klubs muß mittlerweile zugeben, daß Ahlen »eher ländlich ist«. Einrichtungen, die bislang als unerschütterlich galten, verstärken die finstere Stimmung. Im Ahlenchat wurde kürzlich der wachsende Unmut in Panzergrenadierkreisen erkennbar, der sich nicht nur am Truppenübungsplatz entzündete (»winzig«), sondern auch an der Kantinenwurst (nicht »o. k.«) und an Rucksäcken (»scheiße«).

Das skeptische Selbstbild der Ahlener stützt eine neue, deutlich abschätzige Außensicht, die jede »Grundportion Fairneß« (W. Krümmer) vermissen läßt. Nachdem schon Grass sein »Treffen« lieber in Telgte stattfinden ließ, wird Ahlen mittlerweile auch im Genre der Internetreiseberichte mit demonstrativer Nachlässigkeit bedacht. »Nachdem wir an einer Tanke kurz nach Ahlen unsere Getränkevorräte auffrischen mußten«, heißt es typisch lapidar (und es folgt daraus nichts), und wenn Ahlen nähere Erwähnung findet, dann unter der Charakterisierung als »Kaff« oder »Kuhdorf«. Nichts veranschaulicht die dramatische Radikalisierung der Ahlenantipathie deutlicher als die jüngst berichtete Episode, wonach auswärtige Besucher durch die Stadt zogen und den hilflos aus den Häusern herausschauenden Menschen zuriefen: »Ahlen, Ahlen, Scheiße aus Westfalen!«

Hier zeigt sich eine bedenkliche – wenn auch aus sprachwissenschaftlicher Sicht interessante – Verschiebung des assoziativen Feldes. Die Verknüpfung von »Ahlen« mit Attributen wie »schön«, »lebenswert«, »ereignisreich« scheint immer seltener vorgenommen zu werden (die hiesige Recherche erbrachte lediglich Hinweise auf ein Methadonprogramm, die Verglasung des örtlichen Parfümwerks und die Sondermarkenangebote des lokalen »Briefmarken-Teams«). Dagegen ergibt die Kombination der Suchbegriffe »Ahlen« und »Scheiße« über Google zirka 1200 Fundstellen. Übereinstimmend berichten die Kommentatoren von widriger Anfahrt (»Stau in Soltau«) und einem unerfreulichen Empfang – man werde, einmal in der Stadt, von Polizisten über schlammige Wege eskortiert und schließlich im örtlichen Stadion untergebracht, wo eine »scheiß Atmosphäre« herrsche. Als »Scheiße« wird auch der weitere Aufenthalt bewertet, »scheiße« sei das Freizeitangebot, der »Platzzustand« sowie »das Wetter« seien »scheiße«. Resümierend sei hier der Beitrag eines gewissen »Ralf« vom »Vechte-Fohlen-Fanclub« wiedergegeben: »Parkplatz scheiße – Stadion scheiße – Linienrichter scheiße – Schiri scheiße – Spiel scheiße – das ganze Dorf scheiße.«

Kristallisationspunkt der Ahlenkritik, ja eine Art Chiffre für den allgemeinen Niedergang scheint der »LR Ahlen« zu sein, über den es im Netz immer wieder heißt, er habe »verloren« und »die ganze Zeit über zu wenig getan«. Allenthalben sieht man über dem »Verein« – wie es in Anlehnung an die klassische Apokalyptik heißt – »die Lichter ausgehen«.

Auf der anderen Seite gibt es Anzeichen dafür, daß gerade der »LR« die Dynamik der Diskreditierung durchbrechen will. »Wir werden einen Weg suchen, um aus dieser Scheiße wieder rauszukommen«, erklärte der Vizepräsident des Vereins vor der Presse – eine unmißverständliche Anspielung auf das berühmte Ahlener Programm, mit dem die CDU 1947 die Neuordnung der Wirtschafts- und Sozialverfassung nach dem Krieg regelte und das Fundament für den Wiederaufbau Deutschlands legte. Sechsundfünfzig Jahre später soll offenbar der »LR« zum Schrittmacher eines lokalen Wiederaufbaus und zum Ausgangspunkt einer überregionalen Neubewertung werden. Der kürzlich eingesetzte Ahlener Cheftrainer, Werner »Krämer« Lorant, räumte bei seinem Amtsantritt sogleich mit der apokalyptischen Grundstimmung auf und präsentierte der Öffentlichkeit die Prolegomena zu einem *neuen* Ahlener Programm. »Endstation?« erwiderte er auf den Einwurf eines Journalisten, »wieso Endstation? Völliger Unsinn. Wer sagt das? Endstation. Klingt ja, als ob nichts mehr käme. Wenn das hier meine Endstation wäre, würde ich direkt aufhören.«

Ein neuer Anfang ist gleichsam gemacht.

Bad Aibling, Bad Arolsen, Bad Bertrich, Bad Birnbach, Bad Boll, Bad Doberan, Bad Driburg, Bad Düben, Bad Ems, Bad Füssing, Bad Grund, Bad Kissingen, Bad Kösen, Bad Lauterberg, Bad Liebenzell, Bad Lippspringe, Bad Meinberg, Bad Nauheim, Bad Oberdorf, Bad Oeynhausen, Bad Pyrmont, Bad Reichenhall, Bad Rippoldsau-Schapbach, Bad Rothenfelde, Bad Sachsa, Bad Salzuflen, Bad Salzungen, Bad Schandau, Bad Schussenried, Bad Schwalbach, Bad Schwartau, Bad Segeberg, Bad Sooden-Allendorf, Bad Steben, Bad Stuer, Bad Sulza, Bad Tölz, Bad Urach, Bad Waldliesborn, Bad Waldsee, Bad Wiessee, Bad Wildbad, Bad Wildungen, Bad Wimpfen, Bad Wörishofen, Bad Wurzach, Bad Zwischenahn, Badenweiler usw. et al. usf. etc. pp.

Positivliste

Von Thomas Schaefer

Bad: anstößig, arg, falsch, häßlich, krank, schädlich, schlecht, schlimm, unangenehm, unbefriedigend, ungünstig, verdorben

(nach: *Langenscheidts Handwörterbuch Englisch-Deutsch, ungekürzte Schulausgabe*, Berlin und München, zum Beispiel 1973)

Der Kaffeehauskünstler

Von Carsten Otte

Wenn der Kaffeehauskünstler über seine Profession redet, verschluckt er Silben, Wörter. Die Verben läßt er weg, um noch mehr erzählen zu können, um noch einen Superlativ aufzutischen: Er, Emil M. Zedenick, habe die feinsten Torten im Angebot und die berühmtesten Tortenesser zu Gast, die reichsten und die ... mittlerweile auch die ältesten. Die schönsten leider schon lange nicht mehr. Der Blick des Kaffeehauskünstlers senkt sich. Na ja, die Tortenesser sind nicht mehr das, was sie einmal waren, in den überschwenglichen siebziger, in den achtziger Jahren, aber die Torten, die sind immer noch die feinsten. Wohin sind die Jungen und Schönen gegangen? Von den Reichen bekommt man auch immer seltener etwas mit. Verstecken die sich in ihren Villen? Wovor haben sie Angst? In Baden-Baden?

Das war eine wunderbare Geschichte, damals, als der Backstubenchef die Gäste im vornehmsten Kaffeehaus der Kurstadt beeindruckte: der fingerfertige und geschmackbildende Genußmensch unter den lernwilligen Geschmackskrüppeln. Der Kaffeehauskünstler unter den Millionären. So deutlich würde Zedenick das zwar nicht formulieren, wenn er vor der Kamera stünde. Aber falls gerade mal keiner oder nur die Serviertochter zuhört, gibt er schon zu verstehen, was er von seinen Gästen hält. Zedenick, der auch dann einen Nadelstreifenanzug trägt, wenn er gerade eine Schwarzwälder Kirschtorte anfertigt, hat sich hochgearbeitet. Vom einfachen Bäckerjungen zum Kaffeehausbesitzer!

Längst gehört auch er, Emil M. Zedenick, zu den Millionären im Ort. Hat der Konditor, der Patissier und Chocolatier so viele Torten modelliert, so viele Pralinen geformt, daß er sich nun auch eine Villa leisten kann? Nein, mit Maronengebäck, Punschkrapfen, Himbeer-Baiser, mit Sarah-Bernhard-Torten und Champagnertrüffeln lasse sich allerhöchstens die Rente aufstocken. Sagt der Kaffeehauskünstler. Aber woher kam das viele Geld?

Diese Frage beantwortet Zedenick besonders gern. Kunst und Kuchen nennt er das Konzept, das ihn reich gemacht hat. Manchmal sagt er auch einfach nur: dreimal K. Die Kunden schauen dann etwas verstört. Und er darf wieder loslegen: dreimal K gleich Kunstundkuchenkonzept. Zedenick lacht. Die Alliteration macht das Programm gleich doppelt edel, nicht wahr?

Zedenick kaufte Werke von Beuys, Cragg, Droese, Judd, Warhol und Kippenberger. Der Kaffeehauskünstler kaufte viel Kunst, und er kaufte zum richtigen Zeitpunkt. Den Beuys-Hut mit aufliegender Schwefelplatte zum Beispiel, jenes Objekt, das der Meister eindeutig und doppeldeutig zugleich »Das Kapital« taufte. Ach, Beuys, das ist sein allerliebster Künstler; der Mann, der mit der Stuka abstürzte und von den Tataren mit Talg gesalbt wurde, der heilige Joseph konnte mit Filz und Fett so perfekt umgehen wie er, Zedenick, mit Marzipan und Mürbeteig.

Kunst und Kuchen. An einem Ort. *Café Kaiser* in Baden-Baden. Die Fettquelle sprudelt, die Kronleuchter funkeln im Casino, Kunst und Kuchen in Baden-Baden. Die geschmackliche Ergänzung zum Wohlfühlensemble. Baden-Baden, die alte, die neue, die ewige Kurstadt. Die ehemalige Sommerhauptstadt des europäischen Adels, Könige und Kaiser kamen vorbei; mit Luftschiffen kamen die Vornehmen nach Baden-Baden geflogen. Die Künstler nahmen die Kutsche. Berlioz, Brahms, Dostojewski, Hugo, Liszt, Tolstoi, Turgenjew, ach, die Künstler. Und dann, nach dem Zweiten Weltkrieg, Max Beckmann, Alfred Döblin, Paul Hindemith und Otto Klemperer. Sie alle landeten zwar nicht mehr mit dem Zeppelin und kamen auch nicht mehr zu Pferde, aber die Eisenbahn tat's ebenso.

Kunst und Kuchen, das ideale Rezept am idealen Ort. Jahrzehntelang war das ein Renner. Die Lizenz zum Gelddrukken. Zedenick lacht, wenn er vom Gelddrucken spricht. Aber leider, leider mundet diese eigenwillige Mischung dem gehobenen Kunden nicht mehr so, wie der Kaffeehauskünstler das bislang gewohnt war. Selbst an Sonntagen sind nicht mehr alle

Tische belegt. Pierre Boulez soll doch auch eine Wohnung in Baden-Baden besitzen, oder? Aber der ist noch nie vorbeigekommen. Ist halt ein Musiker. Was versteht der schon von Kunst? Und von Kuchen? Dem einundzwanzigsten Jahrhundert, sagt Zedenick, fehlen die Visionen. Die gewöhnlichen Tortenesser interessieren sich nicht für die Kunst, und die Größen des Kunstmarktes halten derzeit Diät. Sie stellen sich lieber ein Museum in den Kurpark, als daß sie hin und wieder eine wirklich gute Torte essen. Kunst und Kuchen, ein altmodisches Konzept? Dreimal K. Ist die Alliteration etwa ein Stilmittel des vergangenen Jahrhunderts?

Das Geschäft geht schlecht und schlechter, und der Kaffeehauskünstler ist sich sicher: Baden-Badens Millionäre haben den Beuys nie gemocht – und all die anderen abstrakten Werke wohl auch nicht. Also hängt Zedenick neben den Kippenberger auch mal einen Ölschinken, die Kopie eines holländischen Meisters. Irgendeine Gartenlandschaft. Emil M. Zedenick, der lebensfrohe Trotzkopf, kämpft um sein Lebenswerk, aber er hat keine Chance. Er muß sich entscheiden. Für oder gegen die Kunst. Er braucht einen weiteren

Kredit, und der Mann von der Bank rät, sich zunächst einmal von den Warhols zu trennen. Die würden bei einer Versteigerung zighunderttausend Euro bringen. Der Kaffeehauskünstler ist am Boden.

Zedenick hängt seine Bilder ab und versteckt sie im Keller seiner Villa. Verkaufen will er noch nicht. Ins *Café Kaiser* stellt er eine Büste Napoleons. Das scheint der Kundschaft zu gefallen, doch auch der Imagewechsel, diese so niederschmetternde Korrektur des Kunstundkuchenkonzeptes, bringt keine Trendwende. Nur noch selten schaut einer der vielen Fernsehschauspieler, die in Baden-Baden ihren Lebensabend verbringen, im *Café Kaiser* vorbei. Sind die denn alle mittlerweile gestorben?

Die Krise hat die Kurstadt erreicht. Inzwischen sagt Zedenick: zweimal K! Und er meint: Kurstadtkrise. Es hilft alles nichts, er muß die Kunst verkaufen, um sein Kaffeehaus zu retten. Mit gebückter Haltung steht er nun hinter dem Tresen. Traurig verkauft er seine Torten, weiterhin die feinsten in Baden-Baden. Sein Haar ist so hellgrau wie die Nadelstreifen seines Anzugs, der, so sieht es aus, auch nicht mehr jeden Tag aufgebügelt wird. Es wachsen dem Kaffeehauskünstler sogar graue Haare aus der Nase. Das wäre vor zehn Jahren undenkbar gewesen. Aber Emil M. Zedenick, der Mann aus einer anderen Zeit, will nicht aufgeben. Mich haut nichts um, sagt er, nur der Tod. Ab und zu erzählt er von den vergangenen Jahrzehnten, als die Millionäre ihre Millionen noch ausgaben, als die Betuchten ins *Café Kaiser* strömten, die Reichen und die …, nein, sagt er, schön waren die wenigsten. Und junge Leute hat Zedenick auch schon seit Jahren nicht mehr gesehen. Wenn er von der Vergangenheit spricht, ist der Kaffeehauskünstler aufgeregt. Dann verschluckt er Silben und Wörter.

Eines Tages ist das *Café Kaiser* geschlossen. Der Kaffeehauskünstler erscheint nicht mehr. Statt dessen liegt ein Zettel im Schaufenster, der der verbliebenen Kundschaft mitteilt, daß eine bekannte Bäckereikette aus Karlsruhe den Betrieb übernehmen wird.

Beuthen rocks

Von Jürgen Roth

In Beuthen herrscht die größtmögliche Unordnung. Menschen werden ihrer nicht Herr. Bäume stürzen unter dem gewaltigen Druck, den die außergewöhnliche Luftglocke über Beuthen erzeugt, nach allen Seiten. Sie zersplittern und sind für die Natur verloren.

Die Balkone in Beuthen sind in einem höchst erbärmlichen Zustand. Töpfe fliegen auf die Wiesen vor den Häusern in Beuthen, weil sie sich nicht mehr auf den Balkonen der Häuser in Beuthen halten können. Es ist dies im ganzen unvermeidlich.

In Beuthen ist dies derjenige Normalzustand, den die Bewohner Beuthens nicht in reine Worte fassen können. Die Bewohner Beuthens schweigen. Sie haben eigentlich gar keine Worte mehr, so ist es. Vielleicht hatten sie nie Worte für das, was ist. Höchstens schütteln sie die Köpfe. Den Rest, nämlich alles, was die Welt ist, erledigen die Katzen.

Beuthens Katzen schrecken vor nichts zurück. Sie sind, wie man im landläufigen Sinne sagt, verrückt. Beuthens Katzen kratzen an allem, was in Beuthen sich nicht bewegt. Die Beuthener, die einmal versuchten, ihre Katzen zu zähmen, gaben dieses Unterfangen auf. Sie flüchteten in den *Hot-Chicken-Wing-Club*, und dort sitzen sie noch heute und denken nach.

Währenddessen verkeilen sich Beuthens Katzen unvermindert in Sitzkeilkissen und etliche Sitzsäcke, die ein Wohnausstatter aus dem Westen, der *Schaumstoff-Kaiser*, aus städtepartnerschaftlichen Gründen irrtümlich nach Beuthen geliefert hatte, um die Wohnqualität in Beuthens Behausungen zu steigern. Es war dem Unternehmen kein Glück beschieden, die Welt wollte es nicht so.

Es ist das bedauernswerte Beuthen aber auch durch den immensen, auf Grund der Katzenkatastrophe hervorgerufenen Rauchausstoß der Beuthener Menschen folgerichtig sehr

bedroht. Die Mauern der Beuthener Häuser sind schon von außen so vergilbt, daß man sich gar keinen Begriff vom Innen machen kann. Weil es der Beuthener auch nicht begreift, wie es in seinem Zuhause zugeht und faucht (Katze), raucht er wie entfesselt weiter, »damit er denken kann, es *geschieht* etwas« (Peter Kurzeck, Ffm).

Gleichwohl ist die Kultur in Beuthen eine sehr wohl sehr bekannte. Weil sich die Menschen in Beuthen um ihre Welt nicht mehr kümmern können, weil sie sie von ihren eigenen und eigens und daher etwas unbedacht, aber in guter Absicht eingeführten Katzen nicht mehr befreien können, hängen sie höheren Gedanken nach und entdecken die Musik, der Seele Klang.

In Beuthen wird somit sehr viel gerockt, vornehmlich im Geiste, ohne viel Getöse, nur in der Vorstellung. Es wird viel der Kopf geschüttelt und die Säge geübt, und dabei hängt man der Idee der idealen Musik nach.

Auch deshalb ist Beuthen Europas Zentrum der Luftgitarre. Im *Hot-Chicken-Wing-Club* sieht man den Beweis. Es wird hierbei manches Pils getrunken.

Unterdessen der Katzen Krallen in die prallen Lendenkissen (im Set angeliefert von *Schaumstoff-Kaiser*) hämmern, Schränke fallen, Lampen springen, Kloschüsseln bersten und Türen für immer zufallen, heben die Beuthener das Glas, schaun traut sich ins Antlitz und wissen, daß right now alles seine Richtigkeit hat, auch wenn man nichts mehr hat außer nichts als sich selbst.

Beuthen, das unbehauste, liegt in Frankfurt am Main und trägt die Hausnummer 39. Es wurde letzten Endes verlassen.

Bitburg

Bitte nicht

Von Christian Jöricke

Bonzo goes to Bitburg then goes out for a cup of tea.
As I watched it on TV somehow it really bothered me.
Ramones

Nach der amerikanischen Renaturierung im Dezember 1944 wurde Bitburg offiziell zur »toten Stadt« erklärt. Für viele ist sie das noch heute. Andere sehen das nicht so positiv. Während sich zahlreiche US-Soldaten, die seit Anfang der fünfziger Jahre in Bitburg auf einem Militärflughafen stationiert waren, häßliche deutsche Volks- und Hauptschülerinnen zur Frau nahmen, nahmen sich die Bitburger beim Aufbau ihrer Stadt häßliche amerikanische Orte zum Vorbild.

Bitburg gilt heute als das Detroit der Südeifel – the Motown of Rheinland-Pfalz. Vom Stadtrand bis in die Innenstadt steht ein Autohaus neben dem anderen. Gerne würde man dort auch Autohäuser in die Fußgängerzone bauen, doch die ist bereits voll mit Versicherungsagenturen und Bekleidungsgeschäften für die modisch gleichgültige Frau ab fünfundfünfzig.

Neben verkaufsoffenen Sonntagen in Autohäusern und dem »Europäischen Folklorefestival« an jedem zweiten Juliwochenende (Highlight 2002: das Balett Folklorico Guarionex aus Puerto Rico) zählt der Besuch Ronald Reagans und Helmut Kohls auf dem Soldatenfriedhof Kolmeshöhe 1985 zu den wichtigsten Ereignissen vor Ort. Während die Bitburger bis in unsere Tage stolz auf diese Begebenheit sind, löste die Stippvisite mit Kranzniederlegung damals weltweite Empörung aus. Denn neben Soldaten der Wehrmacht und der US Army liegen dort auch Mitglieder der Waffen-SS begraben, was aber keinen der Anwesenden, außer vielleicht das traurige Häuflein Antifas und einige jüdische Demonstranten, störte. Reagan bezeichnete die gefallenen SS-Angehörigen – und George W. Bush hätte das nicht aufgeklärter formulieren können – als Opfer des Regimes und verglich sie mit den Opfern der Konzentrationslager, weshalb es auch nicht falsch sei, sie zu ehren. »You watch the world complain, but you do it anyway«, heißt es in »Bonzo goes to Bitburg« (*Animal Boy*, 1986) von den Ramones. Daß man in Bitburg um die Existenz dieses Songs weiß, ist eher unwahrscheinlich. Die einzige dort bekannte Punkband sind die Bellamy Brothers.

In Bitburg ist man nicht erst seit der Sanierung des World Trade Centers auf bedingungslose Solidarität mit den Amerikanern bedacht. Schließlich lebten dort bis zur Schließung des Nato-Flugplatzes 1994 mehr US-Soldaten und Angehörige als Einheimische. D. h. über 12000 potentielle Autokäufer.

Bei so viel Sympathie für G. I. Joe und Private Ass darf eine Partnerstadt in den USA natürlich nicht fehlen. Seit 1962 ist dies Shelbyville. Allerdings wußte man fast vierzig Jahre lang nichts davon. »1998 suchte Shelbyville«, berichtete der *Trierische Volksfreund*, »eine Schwesterstadt in Deutschland. Zur Überraschung vieler wies damals die Tochter des ehemaligen Bürgermeisters Puckett darauf hin, daß man ja schon [...] mit einer deutschen Stadt verschwistert sei [...]. Diese war und ist Bitburg.«

Jeder *Simpsons*-Kenner denkt bei Shelbyville sofort an den verhaßten Nachbarort von Springfield, in der Cousins ihre Cousinen heiraten dürfen (»Weil die so gut aussehen«; Shelbyville Manhattan). Nun herrscht auch gerade in den eingemeindeten, überwiegend sehr abgelegenen Dörfern Erdorf, Masholder, Matzen, Mötsch, Stahl und Irsch ein ausgeprägter Familiensinn. Deshalb kann es dort nicht nur vorkommen, daß die Kinder dem Vater oder der Mutter gleichen, sondern daß sich auch die Eltern recht ähnlich sehen. Darüber, daß rund um die Kreisstadt regelmäßig die – auch von Menschen übertragbare – Schweinepest ausbricht, möchte man gar nicht erst nachdenken.

Auch nicht in Bitburg. Deshalb trinken die Einheimischen viel. Vor allem Bier. Und weil der Bedarf hoch ist, brauen sie es selbst. Inzwischen ist ihre Brauerei so groß, daß sie sogar Fußballweltmeisterschaften, Basketballbundesligisten und die Kartoffelkirmes in Butzweiler sponsert. Nicht zufällig hat sich Bitburg mit Diekirch (Luxembourg) und Bad Köstritz (Thüringen) weitere Partnerstädte gesucht, in denen Bier produziert wird. Anders könnte man gegenseitige Besuche nicht ertragen. Shelbyville ist eine Ausnahme. Dort wird Bourbon hergestellt.

Trinkfreudigkeit und Autoliebe werden dem Bitburger jedoch oft zum Verhängnis. Der gemeine Südeifeler verursacht überdurchschnittlich viele Verkehrsunfälle. Dies tut er leider nicht nur bei sich im Ort, sondern auch auf den umliegenden Bundesstraßen. Deshalb herrscht dort fast täglich Stau. Wer einmal die B 51 von Trier oder Saarbrücken durch die Eifel in Richtung Köln gefahren ist, entscheidet sich danach nur noch für die längere Strecke über die Autobahn. Auch der Landschaft wegen. Der Bitburger bezeichnet die Schönheit der ihn umgebenden Natur gerne als »herb«. Das ist durchaus zutreffend, wenn man bedenkt, daß dieses Attribut meist in Verbindung mit Wörtern wie »Enttäuschung« oder »Dämpfer« benutzt wird.

Soviel über Bitburg.

Sprachlos

Von Jürgen Roth

Vor einiger Zeit gelangte ich während einer, wie wir so sagen, Lesetour auch nach Bochum. Die kleine, das Programm der edlen Büchergilde Gutenberg führende Buchhandlung lag im Dunstkreis einer Altstadt, die wir, meine Begleiterin und ich, nicht fanden.

Wir fuhren herum, suchten einen Imbiß oder eine Restauration. An einer Tankstelle verschlangen wir Pommes und wurden müde. Brachen dösten, Straßen wußten nicht, wohin sie wollten.

Wir querten den Westring und erreichten Bo-Hamme. Bzw. Stahlhausen. Dort regte sich nichts. Niedrige Arbeiterbehausungen schlummerten vor den Mauern, hinter denen die noch berühmteren Nazi-Hochöfen erkaltet waren. Das Herz des Marxismus, das ein paar Jahre zuvor ein letztes Mal, heftig zu schlagen begonnen hatte, pochte nicht mehr.

Der Veranstalter der Lesung rauchte frohstark und hustete herzergreifend. Er lachte ausgiebig, und später, da wir im »besten Laden« Bochums furchtbar viele der dem Einheimischen stets genehmen – »Is' ja eh egal!« – Industriebiere an einem der legendären Resopaltische tranken, erzählte er von den kulturamtlichen Wahnsinnstaten rund ums frühere Peymann-Theater und die Westfälische Schauspielschule. Daß Bochum derartige Eins-a-Etablissements besaß und jenseits jeder betriebswirtschaftlichen Vernunft stur betrieb, das hatte etwas tröstlich Irreales, den Ruhrgebietsentwicklungsnonsens schon leicht irre Absegnendes.

Der Buchhändler qualmte und becherte weiter und berichtete über stoisch von irgendwelchen innerstädtischen Prachteinkaufspassagenbauten herunterstürzenden Glasfassaden und demzufolge gewaltigen Dauerverkehrsstörungen, und ich konnte nicht anders, als ihn zu einem Interview zu verpflichten, das ein für allemal die Bochumer Spezialverhältnisse beleuchten und erledigen sollte.

Obgleich ich während unzähliger flehentlich aufmunternder Telephonate unerbittlich nachhakte, wurde nichts daraus. An Bochum zerbrechen die stärksten Kategorien und die widerständigsten Menschen. Fürgott und bei der Wahrheit: Es existieren da draußen in unserem Lande Orte, die ihre Bewohner trotz aller höchst lustangereizten Rhetorik mit Sprachlosigkeit schlagen, noch jenseits der Ludwig Wittgensteinschen Schweigsamkeitsgrenzdoktrin.

»Scheiß = Darmstadt« (Arno Schmidt)?

Lächerlich. Verglichen mit Castrop-Rauxel, äh, Dortmund. Nein, ich mein': Krefeld. Ja, Krefeld. Eben. Puh. Bochum, echt, ganz schlimm, menschmensch.

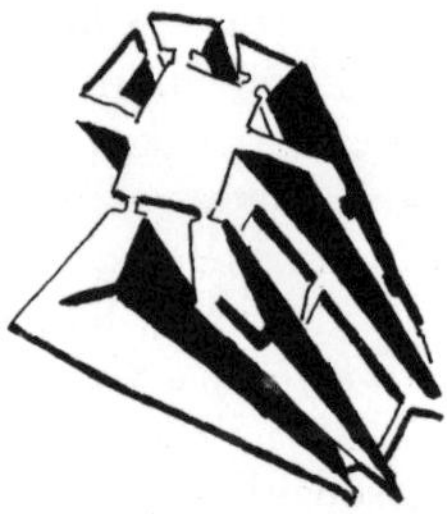

Arbiträr

Von Hans-Christian Schmitz

Die Stadt Bottrop ist durch ihren Namen nicht begünstigt. Der stimmhafte, bilabiale Plosiv /b/ am Anfang wirkt lappig und faul. Sein Klang evoziert die Vorstellung von Spuckefäden. Zusammen mit dem halboffenen, gerundeten Hinterzungenvokal, dem kurzen, ungespannten /o/, dem sicherlich dümmsten aller Vokale, suggeriert /b/ geistige Insuffizienz. Der stimmlose, alveolare Plosiv /t/ und der stimmhafte, uvulare Friktativ /r/ – das /r/, das im deutschen Sprachraum am häufigsten verwendet wird – wirken aggressiv. Sie ergänzen das assoziative Feld entsprechend. Es folgt zur Verstärkung noch mal das kurze, debile /o/. Endlich wird man vom stimmlosen, bilabialen Plosiv /p/ angerotzt.

Auf Grund ihres Namens ist die Stadt Bottrop assoziativ mit Ödnis, Elend und Niedergang verknüpft anstatt, wie es besser wäre, mit Lässigkeit und dem Witz von Willi Lippens. Die Existenz einer Stadt namens Bottrop ist ein Glücksfall für viele im Unterhaltungsgewerbe Beschäftigte. Ein prominenter Vertreter dieser Berufsgruppe ist Jürgen von der Lippe. Er reüssiert mit Versen wie dem folgenden: »Nicht einer von den Dümmsten ist, / der Bottrop sieht und sich verpißt.« Unterhaltungsarbeiter, die ihre Witze konsequent verdichten, beschränken sich auf die bloße Nennung der Stadt und eine Pause. Auch das Feuilleton muß auf Bottrop verweisen. So steigert der Medientheoretiker Norbert Bolz »Tristesse« zu »Alltagstristesse« und weiter zu »Bottroper Alltagstristesse«. Implizit verknüpft er so Lernbehinderung, Boonekamp Kräuter-Bitter, ennuie, mélancolie et bonjour, Bottrop, mon amour. Leben wie Lippe in Frankreich. Klarerweise wird er weder Frankreich noch Bottrop gerecht.

Bottrop ist eine Stadt im Ruhrgebiet, von überschaubarer Größe, in Struktur und Erscheinungsbild mit Recklinghausen und Herne verwandt. Es gibt Arbeitersiedlungen, Industriebetriebe und eine kleine Innenstadt mit Fußgängerzone.

Bottrop ist eigentlich eine Stadt des Bergbaus. Da der Bergbau keine gute Zukunft hat, stellt man sich in Bottrop der Aufgabe, auf sozialverträgliche Weise einen Strukturwandel zu vollziehen. Die Stadt soll zu einem modernen Industriestandort entwickelt werden. Es wird Wert auf die Förderung des Dienstleistungsgewerbes gelegt. Die Aufgabe des sozialverträglichen Strukturwandels ist schwer zu bewältigen. Zu den vorläufigen Ergebnissen der Bemühungen gehört ein fünfzig Meter hohes Stahlgerüst in Form eines Tetraeders auf einer fünfundsechzig Meter hohen Halde. Das Gerüst ist begehbar, von oben kann man große Teile des Ruhrgebiets – von Duisburg im Westen bis Bochum im Osten – überblicken. Das Tetraedergerüst wird auch »Haldenereignis« genannt. Abends ist es erleuchtet, dann nennt man es »Lichtereignis«. Unmittelbar neben der Ereignishalde befindet sich eine kleinere Halde, auf der das *Veltins Alpin Center Bottrop* steht. Beim *Alpin Center* handelt es sich um ein Gebäude mit einer künstlichen Skipiste und Lokalen. Hier kann ganzjährig Wintersport betrieben werden. Besucher vergnügen sich besonders, wenn sie die Skipiste gemächlich hinunterfahren. Ansonsten ist der Spaß von kurzer Dauer. Weiterhin sorgt *Warner Brothers' Movie World* für Arbeit und Unterhaltung. Der Vergnügungspark ist hinlänglich bekannt aus Reportagen über Achterbahnfans, wie sie öfter auf Kabel 1, RTL 2 oder Pro 7 gezeigt werden. Im Zuge der Internationalen Bauausstellung Emscherpark wurde in Bottrop ein modernes Klärwerk gebaut. Das Klärwerk ist der partiellen Renaturierung der Region um Bottrop dienlich. Bottrop wirkt vom Tetraeder aus betrachtet schon recht grün. Die Luft riecht relativ gut.

Es bleibt festzustellen, daß der Name Bottrop eine durchschnittliche Ruhrgebietsstadt bezeichnet. Seine allgemeine Verwendung in Humorproduktion und Kulturkritik ist nicht adäquat. Der Name Bottrop ist ein Beleg für die These von der Arbitrarität des Zeichens. Von seiner Lautstruktur läßt sich nicht auf den Charakter der bezeichneten Stadt schließen.

Gurken auf dem Mond

Von Christof Meueler

Bau mir ein Haus aus den Knochen von Ian Curtis. Der Leadsänger von Joy Division wäre besser einmal nach Cottbus gefahren, dann hätte er sich 1980 nicht aufhängen müssen, der Idiot – die Legende kündet davon, daß die Iggy-Pop-Platte mit diesem Titel neben seiner Leiche gelegen haben soll. Eigentlich sollte seine Band, die – wie danach keine andere mehr – an einem manisch-melodramatisch-musikalischen Downsyndrom litt, vier Tage später auf ihre erste US-Tour fahren. Hätte das Reiseziel Cottbus geheißen, Curtis wäre mit Sicherheit noch am Leben. Vielleicht würde auch er wie Franklin Bitoncourt dem *Hermann* gegenüber gestehen: »Ich werde Cottbus nie vergessen« – und sich im Gegenzug von diesem schlechten wie schlichten Umsonststadtblatt als »brasilianische Stimmungsrakete vom FC Energie Cottbus« ausrufen lassen. Zumindest hätte er folgenden Zukunftswunsch nicht wie Bitoncourt erst 2001, sondern schon 1980 protokollieren lassen: »Für die Zukunft wünsche ich mir, immer gesund zu bleiben. Daß meine Familie und ich immer gesund bleiben. Das ist das Wichtigste von allem.«

So barmt man in der Stadt Cottbus, in der einem nicht die Menschen – die sind so traurig wie überall –, sondern die Häuser derartige Vorstellungen in den Kopf treiben. Denn die Häuser wirken wie betongewordene Joy-Division-Lieder. Monoton, grau und rissig. Von vorne betrachtet. Und dahinter ist bestimmt schon seit längerem die Welt untergegangen. Man könnte auch sagen: Diese Häuser sind schon immer die größten Fans von Ian Curtis gewesen. Die einzigen, die ihn je verstanden haben. »This is the crisis I knew had to come / destroying the balance I'd kept / Doubting and settling and turning around / wondering what will come next« (Joy Divison: »Passover«). Natürlich passiert nichts, das ist bekanntlich das Geheimnis jeder Deprokunst. Das sieht man nirgends besser als in Sandow, Sachsendorf-Madlow, Neu-

Schmellwitz, eigentlich in ganz Cottbus, denn im Prinzip besteht die Ex-Bundesliga-, Ex-Braunkohle-, Ex-Bundesgartenschau-, Ex-Fürst-Pückler-, Ex-Textil-, Ex-Bezirkshauptstadt nur aus Plattenbauten. Die bestimmen hier jedes Umdieeckebiegen, Stehenbleiben oder Indiestraßenbahneinsteigen. Bindet man sich mal nicht die Schuhe, dann schaut man auf die Platte, die sich auch jenseits der Fünfminutenfußgängerzone mit zwei, drei renovierten Bürgerhäuschen und dem streberhaften Postkartenposer Spremberger Turm bergmassivartig erstreckt. Davor liegt ein altes, zugenageltes, sternfömiges Eiscafé auf einer DDR-maiparadengroßen Freifläche, über die sich ein merkwürdig verspieltes Betonbrückchen mit blauer Uhr ringelt. Solche architektonischen Sonderwege sieht man sonst nur im westdeutschen Cottbus-Pendant Offenbach. Allerdings vermag Offenbach nicht ganz an Cottbus heranzureichen, es stören noch letzte Restbestände an Lebendigkeit, und seien dies nur die größeren Autobewegungen in der ansonsten kleineren Stadt.

In Cottbus dagegen ist Stille. »Moving through the silence without motion / waiting for you / in a room with no window in the corner / I found truth« (Joy Division: »Shadowplay«). Stets fühlt man sich so, als würde man auf dem Mond spazierengehen. Und das Besondere ist: Auf diesem Mond gibt es sogar saure Gurken und Baumkuchen zu kaufen, der in Niederlausitzer Spezialitätenläden für Touristen gehortet wird. Aber die können diese Läden kaum jemals betreten, denn Cottbus macht jeden Schritt zu einer tonnenschweren Angelegenheit. Vergleichbar in etwa mit ins Zeitlupenartige abrutschenden vermaledeit zugekifften Orientierungsversuchen. Begreift man jeden Serienbaustein der alles beherrschenden Plattenberge als ein Denkmal für Ian Curtis, ist das auch kein Wunder. Beschrieb nicht das englische Fachmagazin *New Musical Express* die Lieder von Joy Division als »tokens of a band who hover darkly on the skyline wherever you stand«?

Schwupps! saugen dich die Plattenbauten ein. Nicht bewegen, bitte! lautet ihr Befehl. Haben ja selber nichts anderes gelernt, als bloß dazustehen. So konnte Ian Curtis sie selbstredend nie wahrnehmen und mußte sich ganz einsam fühlen. Was für eine Tragik! Aus Protest knurren die Plattenbauten ab und zu mit ihren Müllschächten, wenn im elften Stock gerade jemand eine Coladose reinwirft. Oder sie zerbröseln ein bißchen im kühlen Lüftchen direkt aus Rußland, liegt Cottbus doch in einem Tür-zu-es-zieht-Klimagebiet. So erlebt man definitiv keine Abenteuer. Die Menschen in den Häusern schon gar nicht. Weil Ian Curtis niemals kam, sah und erfrischte, können die heute nirgends hingehen. Außer zu Howard Carpendale. Der gastiert alle Jahre wieder in einer völlig überdimensionierten Stadthalle, auf deren Bühne man getrost einen Lkw wenden lassen könnte. Die einzige Kneipe, die man nach ein Uhr nachts noch betreten kann, ist dann auch mit einem schlagerartigen Namen geschlagen: *Marie*. Nicht gerade der Joy-Division-Style. Eher etwas in Richtung Ich-trink'-auf-dein-Wohl-Frank-Zander.

Bekommt diese atmosphärisch-diktatorische No-Go-Area mal Besuch von Leuten, die sich tatendurstig-ehrlich anstrengen möchten, dort etwas zu erleben, ist das nicht gut für sie. Die »Chaostage 2001« endeten, ehe sie begonnen hatten, mit der sofortigen Wegverhaftung von hundertfünfzig Reisepunks. Auch Fluchtversuche eingekaufter Cottbusser in auswärtigen Aktionismus sind mentalitätsmäßig nicht drin. Legendär die Praxis des Fußballkryptoheilands Eduard Geyer, seine sowieso wie zum Hohn ihres Vereinsnamens spielerisch wie gelähmt wirkenden Schutzbefohlenen in der Winterpause der Fußballbundesliga nicht etwa ausspannen zu lassen, nein, sondern sie in den Vereinigten Arabischen Emiraten im sengend heißen Trainingslager endgültig zu Boden zu schicken.

Eskapismus is over. In die surreal-schönen Parkanlagen des Fürsten Pückler traut sich kaum ein Cottbusser, in denen würde selbst ein Plattenbau verlorengehen, so groß sind die. Wer denn unbedingt wollte, könnte hier laufen, joggen, springen. Macht aber keiner. Eher wird der vor sich hin rostende Tierpark im Wald besucht, wo man geschlossene Riesenrestaurants, einen Tiger als gebrochenen politischen Gefangenen und verlegene Elefanten vorfindet. Das ist dann wirklich deprimierend. Das haben die Plattenbauten nicht gewollt. Sie streben ja nicht nach stupider Ordnung, sondern möchten nur etwas Ruhe. Manchmal träumen sie davon, sich aufzuhängen. Aber Hochhäuser können das nicht.

Und nirgendwo steht ein Hut

Von André Mielke

Egon Krenz ist der bedeutendste Damgartener aller Zeiten. Mit Abstand. Oder kennt etwa noch jemand den außerordentlichen Heimatforscher Karl Anklam oder Hermann Bendix, den sagenhaften Kirchenorganisten?

Egon Krenz hat neun Jahre lang die hiesige Grundschule besucht. Das hat ihn dazu befähigt, als allerallerletzter DDR-Funktionär im Gefängnis bleiben zu dürfen. Es gibt noch einige Damgartener, die mit ihm die Schulbank geteilt haben wollen und die finden, daß er »immer ein feiner Mensch geblieben« sei, »trotz alledem«, und die natürlich auch nie vergessen werden, daß der Egon dem Erich (Honecker) aus alter Heimatverbundenheit mal einen Ikarus-Bus für den Stadtverkehr aus dem Kreuz geleiert haben soll. Dafür werden sie ihm leider keine Gedenkplakette (»In diesem Haus lebte und wirkte der letzte Generalsekretär des Politbüros des Zentralkomitees ...«) wohin nageln können, das würde der EU-Strukturfonds dann wohl ausnahmsweise doch nicht finanzieren.

Wer sich, mit all diesem recht überflüssigen Wissen beschwert, durch Damgarten Downtown schleppt, vorbei an leeren Schaufensterhöhlen und halbverfallenen Gasthäusern, wird nahezu zwangsläufig glauben, sie könnten insgeheim beschlossen haben, ihren Ort bis zu Krenzens Wiederkehr so auszugestalten, als hätten Egon und seine teuren Genossen und Freunde immer noch alles im Griff – und, meiner Treu, wenn ihnen in Damgarten zuletzt ein Vorhaben so richtig und vollständig gelungen ist, dann dieses.

Aber Vorsicht, hier ist Vorpommern. Nordvorpommern, um den Superlativ zu bemühen. Es gibt keinen Plan. Nichts ist raffiniert. Es ist einfach passiert.

Damgarten liegt zwischen Stralsund und Rostock an der Bundesstraße 105. Vor ein paar Jahren wurde eine Ortsumgehung gebaut. Bis dahin hatte jeder, der von Hamburg, Lübeck, Wismar her hoch nach Rügen wollte, sich die enge Stralsunder Straße hinaufzuquälen. Zu beiden Seiten der Passage darbte der Mittelstand derart offenkundig, daß immer mal eine gute Seele anhielt, einfach ein paar Mark in den »Geschäften« abgab und damit das Leiden einige Tage verlängerte. Einmal war sogar Boris Becker hier ausgestiegen, um einem Autohaus wenigstens seinen Namen zu leihen.

Vorbei. Vorbei führt jetzt der Transit. Der Einzelhandel hat den Gnadenschuß erhalten. Natürlich existieren noch ein Plusmarkt und eine Drogerie, wie Unkraut zwischen Trümmern. Halb Nordvorpommern kauft jetzt kurz hinter der Stadtgrenze ein, bei *Wiglo Wunderland*. Das klingt nach Glasperlen, und so funktioniert's auch. In einer Lagerhalle werden Fleisch, Hosen und Werkzeuge verhökert. Das Geschäft ist eine einzige Demütigung. Anderswo im Osten gab es das nur ganz kurz nach der Wende. Hier ist der Parkplatz auch Mittwoch mittags voll.

In Damgarten selbst hält sich noch tapfer und auch stilvoll der Eisen- und Gemischtwarenhändler *Matheus*; das muß wohl mit seinem Fachwerk aus dem Jahre 1767 zusammenhängen. Tapfer, ja verzweifelt scheint das *Kaufhaus Damgarten* darauf zu warten, daß sein Obertrikotagenangebot irgendwann durch einen besonders absurden Retrotrend mit der herrschenden Mode versöhnt wird.

In einem halbfertigen Haus ein Stück weiter hat jemand begonnen, das Dachgeschoß auszubauen. Dann war das Geld alle, und in den schäbigen kleinen Laden im Parterre wird kaum mehr welches hereinkommen. Es gibt Wolle, Ausstickdeckchen und Kissenplatten, »Trautes Heim, Glück allein«, und eine Barbie in einem selbstgestrickten gelben Kleid. Um die Ecke hält sich in einer Art Garage eine Computerwerkstatt. Die Softwareschachteln in der Auslage sind bereits blau von der Sonne. Hier hat alles seine Liegezeit. Man möchte ständig mit Kleingeld werfen. Aber nirgendwo steht ein Hut.

Die neue Straße hat doppelt Sinn. Sie ist schnell und erspart dem Auswärtigen den Anblick und quälende Selbstvorwürfe, sich nicht nach der Kontonummer der Stadtverwaltung erkundigt zu haben. Das einzige, was ihn jetzt noch bei der Durchreise aufhalten kann, sind zwei Ampeln.

Wer sich hier die Beine vertreten will, tut's in Ribnitz. Das liegt zwei Kilometer vor Damgarten und wird von ihm durch den Fluß Recknitz und seine sumpfige Niederung zuverlässig abgetrennt. Der Schöpfer wird sich bei dieser Konstellation etwas gedacht haben. Trotzdem sind beide Städte 1950 von Stalin oder Pieck oder Ulbricht zu einem amorphen Gebilde zwangsvereinigt worden. Formal gilt Ribnitz-Damgarten als eine einzige Stadt. Grober Unfug. Ribnitz ist ein altes Mecklenburger Handelszentrum. Man nennt sich »Bernsteinstadt« bzw. »Tor zum Fischland Darß-Zingst«. In Ribnitz haben sie immerhin eine beachtliche Klosteranlage, darin das Bernsteinmuseum. Dazu die stattliche Marienkirche auf einem außergewöhnlich weiten Marktplatz, der angehübscht wurde, soweit die Fördermittel reichten. Es gibt eine echte Geschäftsstraße, ein ordentliches Landkaufhaus, sogar ein gut geführtes Buchgeschäft und den besten Schuhladen nördlich von Bad Sülze.

In Damgarten aber beginnt Vorpommern. Wahrscheinlicher ist allerdings, daß es hier aufhört. Es ist nicht überliefert, unter Einfluß welcher Präparate der Rügenfürst Jaroslaw vor knapp 750 Jahren stand, als er Damgarten gestattete, sich fortan »Stadt« zu nennen. Andererseits soll es eine richtige Stadtmauer gegeben haben. Vielleicht war ja doch mal was zu holen. Immerhin schlug hier, an der Recknitz, der unerschrockene Ferdinand von Schill die mit Napoleon verbündeten Mecklenburger Truppen und besetzte die Stadt. D.h., Damgarten muß also irgendeine Bedeutung gehabt haben (oder jener Schill war noch verrückter als heute der in Hamburg).

Die bedeutendste Aufwallung des Selbstbewußtseins nach der Wende war die Gründung eines eigenen Fußballvereins. Gelb-Blau Damgarten wirkt derzeit in einer Liga mit dem glorreichen SV Niepars. Mit der zweiten Mannschaft des SV Niepars, versteht sich.

Wenigstens das Gymnasium ist für Damgarten abgefallen. Abgefallen wie ein Klumpen Weltraumschrott. Es liegt da, riesig und modernistisch die geduckte Umgebung verhöhnend, als sei eines Tages die Endstufe eines gewaltigen Raumschiffs auf den Acker geplumpst. Die Spitze der Rakete ist offenbar ein paar hundert Meter weiter eingeschlagen: Die »Bernsteinmanufaktur« steht dort so merkwürdig pyramidal in der weiten Landschaft herum, daß es sich einfach um einen schrecklichen Unfall gehandelt haben muß.

Zum hiesigen Flugwesen muß ergänzt werden, daß die Kommune über eine eigene Luftwaffenbasis verfügt, inklusive zahlreicher Hangars und Hallen nebst einer richtigen Garnisonsstadt aus prächtigem roten Backstein. Wehrmacht und Russen sind lange fort. Seitdem erscheinen immer mal sogenannte Investoren und verheißen den Eingeborenen lauschige Marinas und glanzvolle Vergnügungsparks. In Wahrheit gibt es einige Menschen, die auf dem Gelände alte Düsenjäger und sonstigen Gefechtsmüll sammeln. Sie behaupten, es sei für ein »Militärhistorisches Museum«. Genausogut könnten sie sagen, sie wollten damit die Ortschaft bombardieren, frei nach Faust: »Sie ist gerichtet!« – »Ist gerettet!«

Ab und an tagen die Räte der Doppelstadt in Damgarten statt in Ribnitz, des Proporzes wegen und aus Mitleid natürlich. Das Rathaus ist ein kleiner, dunkler Bau, eine treffliche Heimstatt etwa für ein Bestattungsunternehmen. Doch dieses Gewerbe erledigt bereits der Unternehmer Schwinkendorf zur allgemeinen Zufriedenheit. Ihm gehört das repräsentative Haus am Platze. So erscheint Damgarten doch in einer Hinsicht als attraktiver Ort, und sei es auch nur, um sich von dieser Welt in eine nahezu zwangsläufig bessere zu verabschieden. Dazu paßt, daß man dem Platz rund um St. Bartholomäus sowie auch der Kirche selbst eine gewisse Anmut überhaupt nicht absprechen kann. Im alten Kino *Olympia* gibt es zwar schon lange keine Filme mehr, aber dafür Getränkekästen und Spielautomaten. Der Döner im *Cleopatra-Imbiß* kostet jenseitige drei Euro. An *Melittas Futterkrippe* ist einzig bemerkenswert, wo denn der ansonsten unvermeidliche Wurstbudenapostroph wohl abgeblieben ist. Dies ist Vorpommern. Nordvorpommern. Es könnte also durchaus eine Mangelerscheinung sein.

Die Ostsee ist zwar nah, aber sie haben in Damgarten selbstverständlich kein Hotel und keine Pension. Für wen auch? Die Gastwirtschaften *Zur Recknitz*, *Bürgerhalle*, *Stadtkrug* haben der Reihe nach geschlossen, das *Tannenhaus* verrottet weiter hinten im Wald. Es gibt durchaus Grund, sich totzusaufen, doch leider kann man das nicht mal mehr in Gesellschaft vollbringen.

Je weiter man sich vom Ortskern entfernt, desto adretter werden die Häuser. Die Mitte verfällt, und die Ränder fransen aus, wo ein Siedlungsgebiet nach dem anderen auf Kredit hochgezogen wird. Es ist wie früher in der DDR, nur daß die Neubauten heute rote Ziegeldächer haben.

Egon Krenz würde sich hier sofort wieder zu Hause fühlen, wenn er irgendwann seinen Freigangskerker verlassen dürfte. Leider werden die laschen Bewährungsauflagen garantiert nicht vorsehen, daß er sich zur fortdauernden Bestrafung und zur sicheren Vermeidung seines gemeingefährlichen Grinsens wieder in Damgarten anzusiedeln hat. Nein, er darf gehen, wohin er will. Also zieht Krenz nach Ribnitz, die Wohnung ist schon ausgesucht. Man kann von dem Burschen halten, was man will, aber ganz so blöd ist er dann doch nicht.

Proktothanatos

Von Mark Obert

Es ist historisch nicht verbrieft, welchem Ereignis Darmstadt seinen Namen verdankt, und also geistern unappetitliche Legenden durch die Lande. Sittlich muten allenfalls die Herleitungen der Etymologie an, aber was sind die wert, taten sich doch in dieser Wissenschaft vor allem die Darmstädter Etymologen hervor. Erfolg muß man ihnen aber bescheinigen, zumindest in den Grenzen Darmstadts.

Drei ihrer Erklärungen setzten sich dort seit dem frühen Entrinnen des in Goddelau bei Darmstadt geborenen Dichters Georg Büchner (1813–1837) durch, weil die Darmstädter sie folgsam von Mund zu Mund trugen. Diese Art der scheinbaren Selbstaufklärung macht selbstverständlich vor Grundschulen nicht halt, wovon eine Internetseite zeugt. Sie dokumentiert den Schulaufsatz eines Mädchens, das in einwandfreier Schönschrift festhielt:

»Wie Darmstadt zu seinem Namen kam: 1330 wurde aus einem Dorf eine Stadt. Dann die Hauptstadt von Hessen und Regierungssitz. [Holterdiepolter; der Autor.] Heute ist es eine Großstadt. [Kindlicher Maßstab; der Autor.] Woher die Stadt ihren Namen hat, weiß man nicht genau. Es gibt drei ausgedachte Geschichten dazu [›ausgedacht‹ – sehr geistesgegenwärtig; der Autor]. Die eine Geschichte beschreibt, daß ein gewisser Herr Darimund die Siedlung anlegte [›gewisser‹ – diese Distanz wünschte man sich von zeitgenössischen Etymologen; der Autor]. Die zweite Geschichte handelt von einer Frau namens Darimunda, die vor ihrem Vater einem reichen Grafen in einen Ort floh, wo heute Darmstadt steht [hier läßt das Kind jede Distanz fahren. Vermutlich ist die Lehrerin Emanze; der Autor]. Die dritte Geschichte besagt: ...«

An dieser Stelle blätterte das Mädchen um. Die nächste Schulheftseite aber wird dem Leser vorenthalten. Zensur?

Also wendet er sich der dritten Version zu – mit gebotener Skepsis freilich.

Die Darmstädter Etymologen behaupten nämlich, Darmstadt habe ursprünglich »Dar-Munde-Stat« geheißen, und während der Wißbegierige schon argwöhnt, man wolle ihn mit barem Unsinn täuschen, suchen ihn die Etymologen im nächsten Absatz komplett zu entmutigen mit der, wie sie irrtümlich glauben, mundtötenden Feststellung, »Dar-Munde-Stat« habe ganz früher (bewußt ungenau?!) »Siedlung am befestigten Durchgang« bedeutet. Und damit basta.

Dem Laien will man viel erzählen. Der Laie glaubt's in diesem Fall auch allzugern. Der Furz, um ins Bild zu kommen, liebe Etymologen, ging ordentlich nach hinten los. »Befestigter Durchgang« heißt heute vulgo chronischer Darmverschluß, wie das Werk *Heilkunde in der Kunst nach Otto* offenbart, welches als einen Beleg von vielen ein Selbstbildnis Albrecht Dürers (1471–1528) anführt. Der Renaissancemeister, ein Koliker vor dem Herrn, hatte sich darauf zum Zwecke postalischer Ferndiagnose für einen in der Fremde weilenden Arzt seines Vertrauens nackt gezeichnet, wie er, hasenkrank dreinblickend, mit einem Finger auf eine Stelle im Darmbereich deutet. Darüber schrieb er: »Der gelb Fleck vnd mit dem Finger drauf deut, do is mir we, als wi der Gang, vnd es müset durch, is festigt.«

Wäre Darmstadt eine vorzeigbare, weil mit Vernunft sortierte Ansammlung von Häusern, Plätzen, Straßen und Parks, brauchte es sich gar nicht zu schämen ob des Ursprungs seiner ersten Namenssilbe und mit der zweiten nicht so mächtig zu prahlen. So aber trägt es selbst die Hauptschuld an dieser peinlichen Entlarvung und lädt obendrein zu derben Phantasien ein, indem es den Besucher tatsächlich verdaut – unter anderem in einer Parkgarage von gewaltigen Ausmaßen direkt unter dem Kern. Von der Autobahn 5 kommend, gerät man auf die Rheinstraße, eine Verkehrsachse stalinistischer Dimension ohne jede Wendemöglichkeit, fixiert zur Orientierung mangels Alternative eine fern aufragende Säule (harmlos »Langer Ludwig« genannt) und rauscht darob wie hypnotisiert plötzlich hinab in einen verschlungenen, todgewebefarbigen Schlauch, der jeden noch so Arglosen geradezu an einen Zwölffingerdarm gemahnen muß.

Man fügt sich schließlich in sein Schicksal, parkt irgendwo, was für sich betrachtet undramatisch ist, da in Darmstadt überall irgendwo ist, und wird per Aufzug, wie soll man sagen: ausgeschieden – zum Beispiel auf einen Platz, den sie halt Carree nennen und auf dem man sich wegen dessen hermetischer Geschlossenheit und glatter Fassade so ausweglos in der Falle und unheimelig fühlt wie in einer dieser hypermodernen Kloschüsseln aus Nanoteilchen, die man angeblich nie putzen muß und die deshalb ein Vermögen kosten.

Also, billig war das Carree bestimmt auch nicht, was es nicht besser macht. Quasi heruntergespült wird man von dort in die hiesige *Centralstation*, eine tatsächlich mittig gelegene Veranstaltungshalle nebst einer Hölle von Ereignisgastronomie, die sie *Markthalle* schönfärben. In einem hallhohen Saal, herzlos wie eine Endoskopsonde, reiht sich Theke an Theke mit offenen Kochstellen dahinter, in welchen Gerichte zubereitet werden, die die Abgespeisten an den tristen Bistrotischen für indisch, italienisch oder mexikanisch halten.

Damit der Gast den Überblick wahrt und den Italiener nicht ungerechterweise für seinen indischen Fraß anmault, kamen die Darmstädter auf die Idee, die Eßzonen in den jeweiligen Landesfarben zu schmücken, um, kaum geschehen, sehr ernüchtert festzustellen, daß der grün-weiß-rote Italiener, der grün-weiß-rote Mexikaner sowie der grün-weiß-rote Inder nun gar nicht mehr zu unterscheiden waren. Es folgten handgreifliche Debatten, an deren Ende man in die nahen Kitschläden und Faschingskostümfachgeschäfte zog und sich mit venezianischen Gondeln, Sombreros und Porzellanelefanten ausstattete. »Isch sek Ihne, des wor vielleischt oin Mordsgescheiße«, sekte uns ein turbanbehüteter Wirt im Vertrauen, denn der Darmstädter sagt nichts, er »sekt« alles – zum Beispiel auf die beharrlich gestellte Frage, ob es vielleicht irgendwo doch ein wenig schöner sei als im Carree: »Nö, hier isses om scheenste.«

So also nehmen die Darmstädter die *Markthalle* hin wie den in Darmstadt mehr als anderswo allgegenwärtigen Tod (das Wappen des Fußballklubs SV Darmstadt 98 ziert nicht von ungefähr die Lilie). Rührend ungeschickt zurechtgemacht, blicken sie gleichmütig von ihren Eintöpfen auf, dem feucht-traurigen Wochenende entgegen. Manche dieser Menschen entstammen übrigens einem Vorort namens Wixhausen, das aber sei ebenso nur am Rande erwähnt wie die Tatsache, daß sich die Darmstädter gegenseitig »Heiner« rufen, was neben den Siedlungsnamen immerhin zusätzlich von einer Liebe zur ungeschminkten Wahrheit zeugt. »Mir sin Heiner, / Uns kann keiner / an de Wimbern klimbern«, reimt der Darmstädter Volksmund taktlos, bevor er die Widrigkeiten seines Seins hinunterwürgt und seinen Volkskörper somit auf Dauer zu einem unfaßbaren Volumen ausdehnt, gleich dem faßartigen Volumen des berühmtesten Sohnes der Stadt, des im Jahre 1999 verblichenen Volksschauspielers Günther Strack, der über Südhessens Flachland hinaus bekannt und bedauert wurde als Ongel Ludwisch in der Familienserie *Diese Drombuschs*.

Ja, ja, ja, es ist wahr! Diese trübsinnige Familie mit der ewig schockstarren, tränensäckigen Witta Pohl als quasi Mutter aller Darmstädter konnte doch nur aus Darmstadt stammen, was natürlich niemand jenseits von Darmstadt ahnte, da ja niemand je nach Darmstadt reist und sich Darmstädter in der Fremde nur selten als solche zu erkennen geben. Was war das folglich ein Munkeln und Raunen damals, landauf, landab. Und je aufdringlicher das ZDF den regionalen Bezug beschwor mit quälend langsamen Kamerafahrten oberhalb des Zwölffingerdarms, desto koppzerbrechender rätselten die Fernsehzuschauer jenseits von Odenwald, Main und Neckar Woche um Woche, welch entsetzlich trostlose Kulisse das um Himmels willen sei, in der diese morbiden Drombuschs allesamt ihrem Ableben entgegendämmerten (bald in jeder Folge starb ein Drombusch oder jemand, den die Drombuschs sehr gut kannten, was als ethnologisch motiviertes Leitmotiv gedeutet werden darf).

Die Großmutter einer Freundin der Freundin eines entfernten Bekannten, eine mit dem Alter zum Bekennertum gereifte Darmstädterin, kommentierte einst diese republikweit empfundene Wurzellosigkeit der Drombuschs knapp: »Als druff geschisse.« Dieses irgendwo immer vernehmbare Lebensmotto ist gleichsam Ausdruck einer kollektiven Selbstbehauptung und Lehre, wie sie der Darmstädter aus der zu seinem Bildungsgut gehörenden Mundartposse *Datterich* von Ernst Elias Niebergall (1815–1843) zieht. In ihr versucht der prototypische Tunichtgut Datterich der Darmstädter Wirklichkeit und seiner eigenen erbärmlichen Existenz zu entfliehen in eine Scheinwelt, in der er sich als Philosoph und Edelmann ausgibt. Daß er letztlich an den erbarmungslosen Umständen scheitern muß, wird bis heute allen Darmstädtern hinter die Ohren geschrieben. »Druff geschisse!« Was bleibt ihnen auch anderes übrig, diesen Traumlosen, die einem Ort entsprungen sind und nicht entwachsen können, der eigentlich Darmverschlußstadt heißt und diesem Namen, so viel Anerkennung muß endlich sein, uneingeschränkt gerecht wird.

Kann man durchfahren

Von Michael Sailer

Aus dem weitgehenden Verschwinden der bayerisch-baierischen Redensart »Man sei doch nicht von dort« zu schließen, es habe einen solchen Ort überhaupt nie gegeben, ist naheliegend – schließlich ist auch das via Fuchssche Donald-Duck-Übersetzungen und deren prägende Wirkung auf jugendliche Daseins- und Befindensartikulationen tröpfchen- und ersatzweise in den betreffenden Sprachraum implementierte »Dummsdorf« weder historisch noch topographisch belegt, und unter gewissen phonologischen Verrenkungen ließe sich möglicherweise eine etymologische Brücke zur gleichbedeutenden »Brennsuppe« (die es zwar angeblich gibt, auf der aber auch niemand je dahergeschwommen sein will) konstruieren; dies alles wäre naheliegend; denn es ist ein weiter Kosmos zwischen Erehwon und Brobdignag; da paßt viel hinein.

Aber dann fährt man in der Gegend, wie es weiterhin heißt: um Ulm und um Ulm herum herum, einen Teerstrich entlang, und da ist das Schild, grüngelb und echt. Gibt es also wirklich. Und es soll da überdies vor nicht allzu langer Zeit sogar eine Popmusikergruppe mit der Kollektivbezeichnung »Eisbrecher« aufgetreten sein.

Mehr ist aber nicht: paar Häuser, eine Fantadose am Teerstrichrand; das war's schon. Verschenkt, irgendwie.

Bauhaus Redux

Von Holm Friebe und Heike Müller

Kastenform, weißer Verputz, kleinteilige vorgehängte Glasfassade: Wie ein zu dick aufgetragenes Architekturzitat steht es da inmitten eines innenstadtnahen Wohngebiets, das Dessauer Bauhaus, mineralisierter Ausdruck einer emphatischen Designbewegung, die nach dem Ersten Weltkrieg »bei Null anfangen« und alle Künste unter »die Fittiche einer großen Architektur« nehmen wollte. Die industrielle Massenproduktion, so der fromme Wunsch ihres Vordenkers Walter Gropius, sollte nicht ohne die Künstler stattfinden. In der Rede anläßlich der Eröffnung des 1925 nach Entwürfen von Gropius errichteten Gebäudes hieß es vollmundig: »Das Haus steht [...], es sei der Grundstock zum Bau einer neuen Welt.« Das Design sollte das Bewußtsein verändern, genauer gesagt: das Bewußtsein der Arbeiterklasse. Weil sich das Bildungsbürgertum laut Gropius als »unfähig zur geistigen Führerschaft« erwiesen hatte, drängte nun eine »neue, geistig unterentwickelte Klasse aus der Tiefe ans Licht«.

In seiner Polemik »From Bauhaus to our House« mutmaßt der US-Schriftsteller Tom Wolfe über Gropius' Interesse an der Arbeiterklasse, es sei ungefähr so stark ausgeprägt gewesen wie das von General Trujillo oder Mao an der Idee der demokratischen Republik. Geistig unterentwickelt fand Gropius die Proletarier wohl vor allem deshalb, weil sie nichts mit seinen Entwürfen anfangen und beim besten Willen nicht einsehen konnten, daß Ornament und Verbrechen ein und dasselbe seien. Die »neue Welt« kam dann später aber doch noch in der Sparvariante des preßplattenvertäfelten Sperrholzsozialismus der DDR nach Dessau. Da war Gropius längst in den USA und baute kostspielige Villen für Bildungsbürger.

Daß der Geist des Bauhauses großen Einfluß auf das Gepräge der Stadt gehabt hätte, läßt sich kaum behaupten. Heute basteln hier im Bauhaus-Kolleg aus der ganzen Welt zusammengetrommelte Webdesigner mit Wetgel in den Haaren an interaktiven Multimediaprojekten, mittels derer die Slums von Bombay mit den Slums von Kuala Lumpur vernetzt werden sollen oder so ähnlich. Der Extrasupermarkt, der zwischenzeitlich den benachbarten, noch zum ursprünglichen Ensemble gehörenden Flachbau bezogen hatte, hat längst wieder dichtgemacht. Das ursprüngliche Bauhausgebäude wird gerade renoviert. Der Bahnhof, durch den man von dort zur Innenstadt gelangt, verfügt seit neuestem über eine »kundenfreundliche Eingangssituation«, von der der Besucher wenig merkt, hätte er es nicht in der offiziellen Verlautbarung gelesen. Den schnörkellosen Plattenbauten, aus denen sich der Stadtkern zusammenwürfelt, wird allerorten mit einem geradezu verbissenen Willen zum Ornament, Zierat und Tand begegnet – mit dem geballten Arsenal, das der global wie geschmacklich entfesselte Kapitalismus vorhält: Plastikblumen hier, weinende Porzellanpierrots auf Schaukeln dort, dazwischen ein Drehständer mit kleidsamen Küchenkitteln in allen Farben des Chemiebaukastens. Die Ramschläden in Dessaus Zentrum haben Hochkonjunktur.

Gropius hatte bereits 1962 das Projekt Bauhaus endgültig abgeblasen und resigniert festgestellt, angesichts der »Lawine von Pseudoprodukten« erscheine es sinnlos, »Gebäude und Gegenstände guter Qualität zu kreieren, da sie doch nur einen kurzen Unterhaltungswert darstellen und bald anderen Unterhaltungsprodukten von ebenso ephemerem Wert Platz machen«. Im Falle Dessau wäre zu ergänzen, daß es neben der Lawine von Pseudoprodukten auch regelmäßig von den Schlammwellen der Elbhochwasserfluten heimgesucht wird, was die Sache insgesamt nicht besser macht. Ein wahllos herausgegriffener Dessauer jedenfalls, der am hellichten Tag anderthalb Kilo abgepacktes Schweinefleisch mit sich spazierenführt, antwortet, befragt, was man denn in dieser Stadt so unternehmen oder besichtigen könne, nur: »Nüscht!«

»Die Zukunft hat in Dessau Tradition«, heißt es auf der Internetseite der Stadt. Dennoch ist die Stadt vollgetafelt mit Hinweisen in Richtung einer gloriosen Vergangenheit. Nur die Verkehrsschilder mit fremden Ortsnamen weisen Richtung Zukunft: Mehr als fünfzehn Prozent der Bewohner haben die Stadt in den vergangenen zehn Jahren verlassen. In der Kategorie »Regionale Zufriedenheit« bei der nationalen Umfrage »Perspektive Deutschland« (durchgeführt Ende 2002 vom *stern*, von McKinsey, T-Online und vom ZDF) landete Dessau auf dem letzten Platz.

Folgt man den Schildern über die B185 stadtauswärts, kommt man an den ehemaligen Junkers-Werken vorbei, die noch von der Tradition des Industriestandortes Dessau künden. Hier hatte Hugo Junkers in den Dreißigern für die Aufrüstung der Nazis Flugzeuge gebaut: schnörkellose Maschinen im Geiste des Funktionalismus – mithin der Grund, warum Dessau im Zweiten Weltkrieg zu vierundachtzig Prozent zerbombt wurde, also quasi vollständig. Mithin der Grund, warum die Innenstadt heute so aussieht, wie sie aussieht.

Fährt man die B 185 weiter stadtauswärts, verschwinden die Industriebrachen, und es folgen Äcker, Wiesen, 24-Stunden-Tankstellen und Baumärkte. Folgt man den Hinweisschildern, auf denen BAUHAUS steht, gelangt man irgendwann zum Gewerbegebiet Junkerspark. Hier liegt inmitten großzügiger Parkplatzflächen, eingekeilt zwischen *Teppich-Frick*, *ABC-Schuhcenter* und dem großen *Edeka*-Verbrauchermarkt, das BAUHAUS von Dessau. In weißen, serifenlosen Lettern steht es auf roten Kästchen über dem Eingang, den eine freischwebende Glaspyramide überspannt, wie man sie von Autobahnraststätten kennt. Linker Hand flanscht sich das obligatorische Freiluftgartencenter an. Einkaufswagen löschen ihre Ladung in die Kofferräume von Mittelklassewagen. An der *Grillerie* genannten Pommesbude ißt jemand eine Bratwurst. Ein Transparent vermeldet die angebrochenen »Regalwochen«. Das Innere entbirgt vollendet funktional endlose Regalreihen mit Korkbodenbelägen, Fliesenkleber, Spaltdübeln. Hier sind sie zu Hause, die Dinge, von denen Walter Gropius seinerzeit forderte, sie mögen ihrem »Zweck vollendet dienen«, d.h. ihre »Funktion praktisch erfüllen, dauerhaft, billig und schön sein«. Es kommt nur darauf an, was man unter schön versteht.

Eine mit dem Geschmack der Arbeiterklasse kompatible Definition liefert das Fliesensortiment, das auf das kunst-

geschichtlich anspielungsreiche Dekor als zugkräftiges Verkaufsargument setzt. Das Feinsteinzeug trägt Namen wie »Palazzo« und »Mandolino« und sieht auch so aus: klassische Ornamentik, verschnitten mit Anklängen von Kandinsky und gestischer Malerei. Eine Angestellte erinnert sich an den Ansturm zur Eröffnung der Dessauer BAUHAUS-Filiale vor knapp zehn Jahren und an das, was die Massen damals vorrangig kauften: »Vor allem diese Styroporplatten zur Deckenverschalung, die wie Holzfurnier aussehen.« Mit anderen Worten: Das Ornament als Versprechen des kleinen Glücks – Mittelmaß und Wohnidee. Ende der Fünfziger hatte der gelernte Schreiner Heinz Georg Baus aus den USA die Idee der Do-it-yourself-Baumärkte mit nach Deutschland gebracht und 1960 in Mannheim die erste BAUHAUS-Filiale eröffnet. Heute ist er einer der hundert reichsten Deutschen. Es scheint, als sei das Bauhaus des Herrn Baus historisch wirkmächtiger als das des Herrn Gropius, zumal in einer Stadt wie Dessau.

Den Mißstand der DDR, »Materialismus ohne Material« zu sein, behoben nach 1989 die Baumärkte und leisteten damit den wahrscheinlich wichtigsten Beitrag zur wohnästhetischen Wiedervereinigung. Auch die Verweser des echten

Bauhauses haben von ihrem unehelichen Abkömmling Notiz genommen: Im Sammelband *Peripherie ist überall*, der 1999 als erster Band der von der Stiftung Bauhaus Dessau herausgegebenen »Edition Bauhaus« erschien, schreibt der Literaturwissenschaftler Lothar Müller in seinem Aufsatz »Im Baumarkt«: »Der Baumarkt ist die Antwort des Kapitalismus auf diese sozialistische Hinterlassenschaft [...]. Der Baumarkt erlaubt dem Heimwerker die Kultivierung der feinen Unterschiede, die sein Eigenheim vor jedem anderen auszeichnen, und zugleich nivelliert und entdramatisiert er die kulturelle Ost-West-Differenz in der Sphäre der Dinge: der Türklinken und Duschköpfe, der Möbelgriffe und Scharniere.« Und so sieht's auch aus: Bauhaus-Ideologie und DDR-Idyll verschmelzen zur Baumarkt-Identität.

Die Baumärkte haben nicht nur die Wohnungen und Häuser im Osten verändert, sondern auch die Städte selbst. Während die Innenstädte sterben, boomen die Peripherien mit ihren Gewerbeparks, und die großen Baumärkte sind ihre Kristallisationspunkte. Die Funktionalität, die Bauhausarchitektur und -design immer nur vordergründig erfüllen konnten, lösen diese neuen »Edge Cities« auf der nächsthöheren Ebene der Stadtentwicklung ein. Etwa drei Viertel der Handelsumsätze werden in Ostdeutschland heute vor der Stadt getätigt. In Westdeutschland ist es genau umgekehrt. »Das Prinzip ›Form follows function‹ wird in der Peripherie so ideal verwirklicht«, schreibt Wolfgang Christ, Professor an der Bauhaus-Universität Weimar, in besagtem Sammelband, »daß die gebauten Strukturen und Elemente des Raumes nur noch auf sich selbst verweisen.« Ganz wie im mittlerweile vollständig peripheren Dessau, wo sich Bauhaus und BAUHAUS gute Nacht sagen.

Drügendorf

Ein Lagerbier? Zum Trinken?

Von Jürgen Roth, Michael Rudolf, Michael Sailer und Kay Sokolowsky

Menschlichkeit wächst nicht in einer Küche
Theodor Storm: »Von Katzen«

In Frankens »Ungutem Vieleck«, zwischen Poppenberg, Köttel, Strullendorf, Kotzendorf, Schweinthal, Wichsenstein und Göring, gilt die steinerne Regel: Was nicht unter einer Betonverbundsteinversiegelung eingepflastert ist, ist entweder ein Mensch oder eine Bierflasche oder muß umgehend unter einer Betonverbundsteinversiegelung eingepflastert werden. In Drügendorf, dessen ersten Vokal notorische Augenzwinkerer gern einmal mit dem des nachbarlichen Drosendorf vertauschen, um ursächlich wirkende Gegebenheiten vorzutäuschen, die hier nun wirklich nicht gegeben sind, ist dieser Grundsatz in einem Maß verwirklicht, das selbst vom Seifengehalt des örtlichen Hopfengebräus kaum übertroffen wird.

Die Drügen sehen ihr Leben lang aus wie verspätete Fachoberschüler, deren Hobbys der Besuch von Teestuben und »guter Rock« (Tina Turner, Pink Floyd, Rodgau Monotones) sind. In Wirklichkeit aber handelt es sich meist um voll ausgewachsene Exemplare, die außer der Anbringung von Betonverbundsteinversiegelungen wenig im Sinn haben (schon gar nicht Tee, es sei denn, man zählte den erwähnten Seifensud dazu). Darauf sind sie stolz, darauf laufen sie herum und machen sie im Überschwang der Hochgefühle auch mal kräftig »Party« (im Auto oder auf dem örtlichen Spielplatz, der mangels Stellfläche für eine Mehrzweckhalle angelegt, umzäunt und mit sinnigem Buntplastikgerümpel vollgestellt wurde). Droht der Einfall von Fremden, werden sozial randständige Drügen auf gewaltige Multiboliden geschnallt und karriolieren, knattern und donnern auf mikroskopischen Rasenvorkommen herum, deren Zweck dunkel ist, die sich aber, wie alles in Drügendorf, unsichtbaren, wirren Abgründen entgegenneigen.

Es spricht der Drüge nicht eigentlich gern. Seine Verrichtungen sollen für ihn sprechen. Und deren Ergebnisse. Auf Freitag hin, zum Beispiel, hat sein Gehäus' es verdient, ausgespritzt zu werden. Da kann der Außenputz, beispielsweise, auch mal damit rechnen, mit dem Dampfstrahler eine, sagen wir es ruhig, neue Richtung zu bekommen. Visuell. Und auch von der Optik her. Der Fremde nimmt, das ist ganz klar, lediglich ein höllisches Getöse wahr, doch läuft vor dem inneren Auge des Dampfstrahldirigenten das ganze Spektrum der abendländischen Farbkombinationen von Mörtelgrau bis Sandsteinbraun ab, was denn wohl nach dem Dampfstrahlen noch auf den störrischen Ziegeln verharren möge.

Auch mit seinem Weibe spricht der Drüge nicht eigentlich gern. Wenn er überhaupt je an es sein Wort gerichtet. Er weiß es wohl nimmer. Aber ein gutgelaunter Dampfstrahl in Richtung des gelegentlichen Sexualpartners kann eine Kontaktaufnahme durchaus ersetzen. Und außerdem preßt's die Flusen gleich mit weg, welche die scheißendröge »Olde« beim, sind wir doch ehrlich, symbolischen Kratzen und Putzen übersehen hat. Und wenn es ihr die wildgeblümte Kittelschürze quer über den Dorfanger fegt, freilich ohne mit ihr drin, dann findet sich gegen Abend sicher einer der Nebenerwerbslandwirte vom Unterdorf, der einwandfrei bestätigen kann, daß es genau *die* »Olde« endlich mal verdient habe, sauber durchgepustet zu werden, bevor er voller Erbarmen mit dem ranzigen Kittelstrunk, das gehört genauso zum täglichen Alltag hier in Drügendorf, ein fünfhörniges Schweineferkel erdrosselt und seiner Zweckform als Füllstoff für die morgige Mittagswurst ein entscheidendes Stück weit näherbringt.

Inzwischen rumpeln in einem winzigen Auto drei Ortsstruppis zwischen neunzehn und zwanzigeinhalb Jahren sowie die Maid ihrer aller Begierde an den irritierten Touristen vorbei auf den so called Gerhard-Först-Platz, benannt nach einem wackeren Franken, der einst den Russ' mit dem scheußlichsten Pils der Welt aus dem Lande vertrieb. Auf dem Först-Platz nämlich stehen Palettentürme von Bierkästen und Mauern aus Zehn-Liter-Selbstzapffässern. Die Struppis schleppen vier der Fäßchen vorfreudestrahlend in den rostigen Karren. Der Abend ist gerettet – dreizehnkommadrei Liter pro Nase sollten wohl reichen! (Das Maderl bekommt natürlich nix ab. Denn sie läßt, gute Katholikin mit eigenem Wegkruzifix vor dem Fenster, keinen von diesen Bastarden rüber, eh daß er nicht ordentlich um sie gefreit hat.) Nachdem die Tonnen aber geleert sein werden, wird's abgehen in die Disse von Forchheim. Bzw. mit 150 Klotten direkt an den schrundigen Stamm eines alten Chausseebaums.

Apropos: Daß sich für den Schlüsselherrn der örtlichen Viehselbstwaage derzeit kein Stellvertreter findet, ist der eigentlich wunde Punkt des Premium Villages Drügendorf an der Schnittstelle zum modernen Erlebniswohnpark. Skandal pur.

Die Brauereigaststätte, die ansonsten einem Sozialamt mit überdimensioniertem Parkplatz (»Bewirtungszone«) gleicht, weist neben der Eingangstür einen Kunststoffbehälter auf; der darin vor sich hin ödende OBI-Strupp wird von selbigen Unterdrügen mit der Riesenschere demonstrativ in Kugelgestalt guillotiniert, was allegorisch zu verstehen ist und von Fremden auch verstanden wird: Man würgt einen höflichen Teil der Laugenbrühe hinunter und entflieht, was durch die erst am Ortsrand abbrechende Betonverbundsteinversiegelung immerhin erleichtert wird.

Dann, Drügendorf und die Drügen im Rücken, das weite, weiche Grün der Fränkischen Schweiz vor Augen, entsinnt man sich aber auch der lieblichen Seiten des Formatortes Drügendorf: seiner immer stärker ins vollständig Haltlose lavierenden Autolackierungen (zwischen Pappbraun und Bauernschlaublau); seiner Traktorenflotten, die, wie von Gottes Hand gelenkt, in den maßvollsten Zeitabständen durchs Spalier der jubelnden Dorfjugend dröhnen und Geranienkästen spazierenfahren; der Geranien selbst, die in Drügendorf so selten vorkommen wie nicht mal in Poppendorf oder Wichsengöring oder zumal Strullenschwein und deshalb von den drögen Drügen besonders sorgsam umgarnt werden, als wären sie immerhin erst ab morgens um zehn auf den hier sattsam zu belachenden Drogen (Bier in drei Sorten).

Und nicht zuletzt der Wurstwirte und ihrer Würste entsinnt man sich sehnend und zurücksehnend: ihrer freudig wursternährten Wangen und ihrer ergreifenden Fragen, ob das Bier, das man bestellt, »zum Trinken?« sei; sowie ihrer Sauren Zipfel, die der »Metzger« noch bringen müsse, und ihrer gebratenen Hundeknochen, deren Würze derart zum Äther stinkt, daß die Engel die ihnen zustehenden Anteile, die Düfte, welche steigen hinan zum Himmelsplafond, dankend zurückgehen lassen.

Und dann, hinfort von Drügendorf schreitend, beginnt die Sonne hinter einer Turmspitz- und hinter einer Keilfaustwolke zu glühen, rosa und elfenbeinfarben beginnt sie zu glimmen und zu schimmern über tümpelgrünen Buchen- und Ahornsäumen, als hätte sie sich nie verschwendet, um das heiße Betonverbundsteinpflaster Drügendorfs zu wärmen, welches nun der Vergangenheit an- und der gütigen Katz' gehört.

Christkindchen backt

Von Michael Ringel

Das Kind wacht auf. Ängstlich schaut es aus dem Fenster. Der Himmel ist rot erleuchtet. Christkindchen backt, beruhigt die Mutter das Kind. Für Weihnachten. Zimtsterne, träumt das Kind, als es besänftigt einschläft. Erst sehr viel später wird es erfahren, daß der Stahlabstich den Nachthimmel rot färbt. Dort am Rhein. In der Nachbarstadt.

Duisburg ist die Nachbarin, die verhaßte und die Stadt der Verheißung. Sie ist bedrohlich groß und begehrlich nahe. Duisburg bietet alles, was eine Jugend braucht: Sexualität & Betäubungsmittel & Rock 'n' Roll.

Beinahe wie eine echte Weltstadt liegt Duisburg am Wasser, besitzt sogar den größten Binnenhafen Europas und ein passendes Rotlichtviertel mit dem becircenden Namen Vulkanstraße. Das dem kleinen, erstmals mit der Mutter über die Autobahn in die große Stadt einfahrenden Kind noch Jahre später sexuelle Rätsel aufgibt: Was ist denn ein Buff? fragt das unwissende Kind. Und die weise Mutter antwortet: Ein Vulkan.

Im Jahr 1975 überschreitet Duisburg den Rubikon bzw. Rhein und gemeindet die links des Flusses liegenden Orte Baerl, Homberg, Rheinhausen und Rumeln-Kaldenhausen ein. Plötzlich ist Duisburg mit 600000 Einwohnern riesengroß, und in den linksrheinischen Städten tauchen Warnplakate auf: »Der böse Wolf« wolle noch mehr »Geißlein« fressen – schafshirnige Provinzparteipolitikerpublicrelation, die genau das Gegenteil des Gewünschten erreicht. Der Moloch Duisburg gilt Ende der siebziger Jahre als anti-chic und somit wieder chic.

Proletencharme und Ghettoatmosphäre, eine sterbende Industrie und heruntergekommene Viertel finden folgerichtig ihren symbolischen Ausdruck: in der Parkajacke eines Fernsehpolizisten. Der neue *Tatort* mit dem kumpeligen Kommissar Horst Schimanski wird zur ersten kulturellen

Leistung der Stadt, seit Mercator hier im 16. Jahrhundert seine Weltkarten zeichnete. Der Darsteller Götz George gelangt mit dem dreiundzwanzig- oder fünfunddreißigmaligen Ausruf »Scheiße!« in einer Sendung sogar auf die Seite eins der sauberen *Bild*-Zeitung – und Duisburg hat es endgültig geschafft. Aus dem dunklen Rauch der Schlote tritt es auf die deutsche Weltbühne, auch wenn sich manche Stadtgranden genieren ob des Schmuddelimages und fordern, daß im TV-Krimi bitte die »erholungsintensiven Grüngürtel« der »Ruhrmetropole« erwähnt werden sollen.

Allmählich erobert das nun älter werdende Kind die große Stadt über die Nachbarviertel und ihre verheißungsvollen Jugendzentren: das *Kifferschinderheim* in Homberg, den *Tempel* in Rheinhausen und das *Eschhaus* in der Stadtmitte. Frühlingserwachen mit allen notwendigen Konsequenzen: Auf Pubertätspartys wird viel geraucht und getrunken, noch mehr gebrochen und auch schon mal von zwanzig hormongeschädigten Jungen in eine Orangensaftflasche gewichst.

Es wird Tage um Tage »Risiko« gespielt – und auf einmal mitten in der Nacht abgebrochen. Bloß raus aus Duisburg. Jetzt fahren wir in die Eifel, nein, nach Nijmegen ins *Roesje*, ach, da waren wir letzte Woche, dann besser nach Hamburg. Eine Platte Libanese eingepackt. Mit den beiden »Türkenblitzen« auf die »Bahn«. Eine lange, ruhige Nachtfahrt im Ford 17 M und im 200er Daimler. Mit vielen Stopps zum Nachtanken. Im Morgengrauen auf dem Fischmarkt angekommen, heißt es nach fünf Minuten: Ach, laßt uns zurückfahren. Dreihundert Kilometer später, im dichten Sonntagsverkehr vor dem Kamener Kreuz, verständigt man sich von Wagen zu Wagen: Rotieren! Während der Fahrt! Bei Tempo 100! Alle Scheiben herunter- und die Boxen aufdrehen: »Wir fahr'n fahr'n fahr'n auf der Autobahn«. Türkenblitz eins läßt sich zurückfallen, der Fahrer steigt auf den Rücksitz, der Beifahrer mit dem Fuß auf das Gaspedal und hinters Lenkrad, vom Rücksitz klettert einer auf den Beifahrersitz, und der letzte rückt nach rechts herüber. Der neue Fahrer beschleunigt und schließt unter dem Jubel der anderen Besatzung zu Türkenblitz zwei auf, der nun unter dem empörten Winken der pepitatragenden Vatis das Wechselspiel wiederholt. Der niederrheinischen Sonne und Duisburg entgegen, das man gestern erst verlassen hat. »Wir fahr'n fahr'n fahr'n auf der Autobahn, / fahr'n fahr'n fahr'n auf der Autobahn. / Vor uns liegt ein weites Tal, / die Sonne scheint – ein Glitzerstrahl!« Es gibt Gründe dafür, warum manche Menschen keinen Führerschein haben, nie einen hatten.

Abends geht es dann ins geheime Zentrum von Duisburg – ins *Old Daddy*. Eine höllisch laute Gewölbediskothek, zu der man gut hundert Treppen hinabsteigt. Doch zuvor muß man Zerberus passieren. Am oberen Eingang des *Daddy* thront ein zirka 180 Kilogramm schwerer Rocker mit seinen Verzehrbons. Der große Schweiger. Jahre später soll er angeblich von einer konkurrierenden Rockerbande überrollt worden sein. Man habe ihm nachher im Krankenhaus ein Gummikinn eingesetzt, und heute schweige er noch intensiver, heißt es.

Ruppige Frauen, schales Bier, ranzige Musik – das ist also Sex & Drugs & Rock 'n' Roll, denkt das *Daddy*-Kind, wenn es hier übernachtet, bevor im Morgengrauen der Bus heimfährt. Müde lernt es eine *Daddy*-Frau kennen. Und es folgt, was folgen muß: Geknutsche, Gerolle, Gedrücke, Geschniefe, Gelbsucht, Entzug macht die Freundin durch und mit ihr das Gar-nicht-mehr-Kind. Das seine pubertären Träume einstweilen schwinden sieht. Hat Duisburg doch endlich, endlich seine U-Bahn, an deren etwa dreieinhalb Stationen jahrzehntelang für eine Milliardensumme herumgebaut wurde. Immer wollte das frühere Kind dort als U-Bahn-Krimineller arbeiten. Eine verspiegelte Sonnenbrille tragen und, die Arme verschränkt, das rechte Bein angewinkelt und den Fuß an die Mauer gedrückt, auf Kunden oder Opfer warten – wie es sich gehört im Underground: »I'm waiting for my man«. Leider garantiert das Einzugsgebiet von dreieinhalb U-Bahn-Stationen nur wenig Kundschaft. Die sowieso lieber auf dem Weg nach Amsterdam ist.

Schließlich hat Duisburg nicht nur U- und A-Bahnen, sondern auch einen enorm großen E-Bahnhof zu bieten, von dessen Gleis 13 das erwachsene Kind jetzt jede Woche eine neue Stadt ansteuert: Amsterdam, Berlin, Paris … Bei einer dieser Fahrten fällt ihm schließlich ein Buch in die Hände: *Das Ein-*

horn von Martin Walser. Der wahrscheinlich langweiligste Roman der Weltliteratur mit einer Hauptfigur, die den hirnzerreißenden Namen Anselm Kristlein trägt. *Das Einhorn* spielt teilweise in Duisburg, und es geschieht in dem Roman buchstäblich nichts, was erzählenswert wäre. Daraufhin entschließt sich der bei der Lektüre schnell Gealterte, nicht mehr in das Duisburg Anselm Kristleins zurückzukehren, sondern irgendwo da draußen die wahre Literatur oder ähnliches zu suchen.

Kommt das ehemalige Kind heute – auf dem Weg, die Mutter zu besuchen – durch die Ex-Nachbarstadt, wundert es sich schon sehr. Daß überhaupt Menschen in diesem seltsam zusammengeschmiedeten Gebilde Duisburg leben wollen. Und darüber, daß es dort ständig regnet. Nie leuchtet der Himmel. Denn Christkindchen backt nicht mehr. Es ist weitergefahren.

Die Nestbeschmutzung

Von Mark Obert

Denke ich an Fulda, kommt mir neuerdings Castro in den Sinn, nicht etwa der Maximo Líder, sondern das Städtchen auf der Insel Chiloé vor der Südküste Chiles. In Castro ragt eine Kirche heraus, die die Insulaner blau-gelb angestrichen haben. Da es auf Chiloé unentwegt regnet, empfand ich die Kirche als willkommenen Farbtupfer und überhaupt deshalb Castro als gar nicht so übel. Das sagte ich auch einem Indio mittleren Alters, der mich in einem Steakhaus gefragt hatte, ob mir Castro denn gefalle. Meine Antwort erzürnte ihn: »Typisch. Da kommt so ein Deutscher für zwei Tage hergelaufen, findet alles nett, und wir langweilen uns zu Tode. Castro ist ein übles Nest und diese abgelegene Insel zum Kotzen.«

Zugegeben, vielleicht habe ich ein Faible für Orte am Ende der Welt. Ich mag nämlich auch Fulda, das Barockviertel mit dem beachtlichen Dom, die mittelalterliche Altstadt, ich mag die Rhön, dieses Hineingeworfensein, diese Ereignislosigkeit – das alles eine kurze Autostunde von Frankfurt am Main entfernt. Lost in Fulda! Ja, immer wieder gerne, einen rumzubringenden Sonntag lang. So schwärmte ich auch einem Freund vor, einem in der Großstadt lebenden, gebürtigen Fuldaer. Er verschluckte sich und spuckte mir beinahe sein Bier ins Gesicht.

»Bist du irre? Fulda mögen? Was glaubst du, warum ich da weg bin, ach was, von dort geflüchtet bin, kaum, daß ich achtzehn war! Es gab kaum etwas für uns in Fulda, Blödsinn, gar nichts gab es. In den wenigen Kinos lief nur harmloser Mist. Gegen alles, was annähernd interessant und aufregend hätte sein können, gingen die Katholiken auf die Barrikaden, angetrieben von diesem unheiligen Bischof Dyba. Zünftige Kneipen konnte es deshalb ja gar nicht geben, weil niemand sich traute, in Fulda eine zünftige Kneipe aufzumachen. Niemand glaubte doch ernsthaft daran, daß es jemals jemand wagen würde, in eine zünftige Kneipe zu gehen. So schließt er sich, dieser verdammte Teufelskreis von Fulda, wo keiner keinem den Dreck unter den Fingernägeln gönnt. Ihr Großstädter habt euch halbnackt in den Parks gefläzt, schön ein paar Bierchen getrunken und mit euren Freundinnen geknutscht und gefummelt. Hat sich irgendwer beschwert? Na also! Wir Fuldaer haben uns in den Kellern verstecken müssen, weil uns sonst die Lehrer, die Kirche, die Nachbarn und schließlich die Eltern aufs Dach gestiegen wären. Also hör mir auf mit Fulda. Ich spucke auf Fulda.«

Ich räume gerne ein: Die Einkaufspassage unterhalb des Bahnhofs ist so trostlos wie eine Beerdigung ohne Trauergäste. Auch bin ich noch nie auf die Idee gekommen, in Fulda nach einer Kneipe zu suchen. Einmal saß ich in der Innenstadt in einem angesehenen Café, in dem sich gutsituiertes Sonntagspublikum drängte. Der Kuchen schmeckte pappig, der lauwarme Kaffee wie eine Pfütze in Kolumbien, und unsere Tischnachbarn schielten empört zu mir herüber, als ich mir eine Zigarette drehte. Wohl fühlte ich mich dort nicht, wohl aber hatte ich den vorausgegangenen Spaziergang in den Parkanlagen rund um den wirklich beeindruckenden Barockdom und das prächtige Schloß sowie den kleinen Bummel durch die bezaubernde Altstadt genossen. Der Furor des Freundes schien mir also reichlich übertrieben. Ich erklärte mir das mit einer Art Jugendtrauma und beschloß, einen in sich gefestigten Kollegen zu befragen, der immerhin die ersten fünfunddreißig Lebensjahre in Fulda verbracht hat. »Sag mal«, hob ich also an, »Fulda ist doch eigentlich gar nicht so schlecht, oder?«

»Es kommt darauf an, von welcher Warte aus man es betrachtet«, antwortete der Kollege gewohnt besonnen. »Wenn du jeden Morgen mit der Gewißheit aufstehen willst, daß der Tag keine Überraschungen bieten wird, ist es sehr angenehm. Früher, als wir noch im Osten der Republik nahe der Zonengrenze lagen und international berühmt waren wegen des Fulda Gap, eines Landstrichs, den die Amerikaner vermint und auf den sie atomare Sprengkörper gerichtet hatten, um im Ernstfall die Bodentruppen der Roten Armee zu stoppen, gab es einen kleinen Spruch: ›Und ändert sich der Weltenlauf, / In Fulda geht die Sonne auf, / Und rollt der Iwan auf uns zu, /

Dann helfen Gott und CDU.‹ Eine Zeitlang hab' ich diesen Zusammenhalt genauso zu schätzen gewußt wie diese Verläßlichkeit, zum Beispiel eben diesen Fuldaer Katholizismus, diesen äußerst sittenstrengen. Es verhält sich ja mitnichten so wie in Bayern, wo du zuweilen über die Stränge schlägst und der Pfarrer dich ins Gebet nimmt, natürlich nur, damit du dich danach wieder erleichtert zügellosem Treiben hingeben kannst. Nein, in Fulda ist Maßlosigkeit noch Maßlosigkeit, Todsünde noch Todsünde, und die barocke Pracht des Domes dient wahrlich nicht der Verführung, sondern einzig der Demut. Wenn der Dyba auf die Kanzel stieg und uns die Leviten las, da saß der Großunternehmer auf der ersten Bank und duckte sich schuldbewußt wie der Krämer neben ihm. Das ist schon richtig hier in Fulda, dachte ich da immer im stillen. Da ich nun aber eigenes Geld verdiene und ab und zu auch ein wenig davon haben will, bin ich fortgegangen aus Fulda, nicht im Groll, eher aus Verantwortungsbewußtsein, also eigentlich hauptsächlich wegen der Kinder, verstehst du?«

Ich verstand. Es wäre töricht, Kinder in diesem barocken und mittelalterlichen Idyll aufwachsen zu lassen, um sich hernach Vorwürfe machen zu müssen, weil sie überall anderswo mit den Anforderungen unserer immer disparater werdenden Gesellschaft überfordert sind.

Drängt sich jedoch die Frage auf, wer irrt: Fulda oder die Welt? Ein 55jähriger Bekannter erachtete eine solche Grübelei als müßig und mutmaßte mit soziologischem Scharfsinn, daß allein schon wegen des Fuldaer ICE-Bahnhofs ansatzweise Interdependenzen auftreten könnten, welche eine deutliche Trennung zwischen Fulda und der Welt möglicherweise verunmöglichten. Gleichwohl hatte er für sich einen vernünftigen Kompromiß gefunden, mit seiner Heimatstadt Frieden geschlossen und damit auch eine Brücke geschlagen von ihr nach draußen. »Ich will in Fulda nicht leben«, sagte er entschieden, »aber von mir aus können sie mich in Fulda begraben.«

Ähnlich weise hatte sich schon jener Indio in Castro auf der Insel Chiloé vor der Südküste Chiles geäußert. Diese Parallele finde ich sehr interessant.

Man gerät da hin und trifft drei Männer und was dann noch geschieht

Von Michael Sailer

Natürlich, es ist sicherlich vorzuziehen, nur die schönen und angenehmen Ereignisse aus dem gewöhnlichen Leben zu schildern. Hier erlaube ich mir allerdings, eine Ausnahme zu machen.
Ror Wolf

Es sei dies, sagte einer von den drei Männern, die sich ungefragt an unseren Tisch gesetzt hatten, das Land, wo die Piloten glühen, hahaha! Vor Scham nämlich und aber auch Angst, weil es sei halt jedesmal wieder so ein Hosenscheißer drangesessen am Knüppel, obwohl der Oid doch seinem Edi extra eingeschärft hatte, bloß nicht wieder so ein halbertes Würscherl daherzuschicken, und dann sei es jedesmal wieder so einer gewesen, der gesagt habe, es sei absolut ausgeschlossen, da zu landen, und dann ist er halt dagesessen und hat zuschauen müssen, wie der Oid selber gelandet ist, pfenninggut und punktgenau, obwohl es meistens schon später Nachmittag gewesen ist, und da hat der Oid ja generell schon seine fünf, sechs Maß druntengehabt, Champagner freilich, heimlicherweise, weil ihn das Bier immer so aufgebläht habe, weswegen und also nicht wegen fettiger Lippen vom Schweinsverzehr auf seinen Maßkrugphotos immer so wenig Schaum drauf gewesen ist; und dann den Landungsschnaps hinterher; aber der ist gestanden wie eine Eiche – eine Rinde! sagte der Mann, eine Rinde! Man macht sich ja keine Vorstellung! Wie es dann hinübergegangen ist zu den Zwickschen, wo es vor dem Niedergang manchmal geradezu maßlos hoch hergegangen sei, da hat ein solcher Pilot ein paarmal noch nachgefragt, ob er vielleicht warten soll, und da hat der Oid ihm beschieden, er möge schauen, daß er sich schleicht, necessitas ante rationem est, und den Hubschrauberschlüssel soll er beim Bürgermeister abgeben, und wenn er sich schickt, kriegt er noch den Zug; es soll einmal ein solcher Pilot dann direkt neben dem Rathaus in ein Wirtshaus eingekehrt sein, von dem keiner nicht mehr genau weiß, welches es war, weil man schließlich nicht alles wissen könne, und habe ein ganzes Faß leersaufen wollen, weil er einen solchen wie den Oiden überhaupt noch nie erlebt hatte, und wie er dann da gesessen ist auf der Bank, hat er als einziger nicht gewußt, daß das Bier selbstverständlich und akkurat verordnungsgemäß aus dem Container hinten hinein kommt ins Faß, welchselbiges deswegen einer allein niemals lebendig leerkriegen kann, wenn überhaupt; den haben sie dann, wie er aufs Klo wollte und dabei aber in die Treppenwindung hineingeraten und mitsamt einem Stück Teppich, das aber leider langsamer war als er, ins Parterre hinuntergestürzt ist, ins Unfallkrankenhaus gefahren und denen gesagt, der sei mit dem Flugzeug abgestürzt, wo er den Oiden dabei gehabt habe, und dem Oiden sei aber überhaupt nichts passiert, der sitze schon wieder bei Bier und Schweinernem, und die in dem Klinikum haben das sofort geglaubt und bloß gefragt, wo der Schlüssel von dem Flugzeug ist, damit er nicht mit seiner Mordsgehirnerschütterung irgendwann aufwacht und einfach davonfliegt, weil da fliegt er womöglich in die Schweiz hinüber und wird abgeschossen, und wie sie gehört haben, daß der Schlüssel beim Bürgermeister ist, da waren sie beruhigt, weil der Bürgermeister nämlich auch schon da war und nach dem Schlüssel gefragt hat, und da war es doch auf das Normale hinausgelaufen, daß nämlich der Oide selber den Schlüssel behalten hatte, weil er mitten in der Nacht, wenn es ihm einfiele, halt auf einmal wieder heim muß zum Regieren, und wenn der in die Schweiz hineinfliegt, weiß man dort Bescheid und hat seinerseits einen Schlüssel parat, hähähä.

Die Männer stopften sich riesige Berge von klumpigem Schnupftabak in ochsenartige Nüstern, sagten Aaaaah! mit breiten Mündern und Gesichtern, die aussahen, als wäre hinter den Augen gerade jeweils eine Rohrbombe explodiert, was dann in leicht abgewandelter Form auch wahrhaftig eintrat und das gesamte Ensemble aus Fichte und Resopal mit eitrigbraunen Flocken von zähem Teerderivat übersprenkelte, und dann schlugen sie unter Verrenkungen ihre zeltgroßen Taschentücher mit aufgestickten Sinnsprüchen wie »Bäurin, spare mit den Kohlen, sonst tut dich der Neger holen« auf und machten pröööt und pförrr und fraarraarraarr, und dann lachte wieder einer der Ihren los und erinnerte sich an den Prinzregenten Luitpold, wie der dazumal auf Oberwittelsbach gestanden ist, diesem windigen Steinhaufen, und sich diesen windigen Steinhaufen angeschaut und dann gesagt habe, das sei jetzt also Oberwittelsbach und sein Stammsitz, und weil ihm dann darüber hinaus nichts weiter dazu eingefallen ist, hat er ein Taschentuch rausgeholt und sich reingeschneuzt, das sei ein historischer Reflexionsmoment sozusagen und traditionsbildend auch gewesen, hahaha, aber das gehöre ja hier gar nicht hin, weil Oberwittelsbach woanders ist, andererseits sei ja hier im Grunde alles woanders, wenigstens aus dem Blickwinkel der Anreisenden, und letztlich sei er selber auch nicht von hier; recht eigentlich, brüllt der Wirt vom Tresen, sei überhaupt sowieso gar keiner von hier, und deshalb sollten wir auch kein einziges Wort nicht glauben; richtig, sagt der Mann, von hier sei nichts und niemand und doch wieder soviel, aber halt nicht hier, weil hier auch ein jeder eigentlich wegwolle, weil das sei doch unerträglich und bedrückend, wie einem hier die Berge ins Fenster hineinprotzen, wie die Seelacken mit ihrem Moosgemuffel rumstinken und ein jeder Mensch von der ganzen Welt herstürme, weil er halt meint, das sei was, dieses affige Schloßklump, das auch nicht hier, sondern ganz woanders sei, von diesem König, der schon hoppadaddi war, wie er auf den Thron gekommen ist, und danach sitzen sie dann in unseren Schenken herum und wollen die Container leersaufen in ihrem Unwissen und behaupten, es sage etwas aus und sei überhaupt ein Anzeichen, daß jemand, der dermaßen hoppadaddi ist, hergelassen wird und ein Schloß bauen könne und daß man ihm nicht nur die Investitionen dafür gibt, sondern daß auch noch ein Maurer bereit ist, so was zu tun, woraufhin am Ende dann allesamt auf allen vieren in den Turm hinaufgekrochen sind mit Masken vor den Fressen, weil der unterdessen vollends irrsinnig gewordene Regent ihre Gesichter nicht mehr habe sehen wollen, was man einem, der nicht von hier sei, notfalls nachsehen müsse; und übrigens sei ganz genaugenommen noch nie jemand von hier gewesen, weil schon die Römer seien damals bloß zugewandert oder halt hergepreßt worden in dieses orkische Straflager, das sie nicht umsonst Foetibus genannt haben, weil Foet-, dies, wandte der zweite Mann unter heftigem Nicken seines bretttharten Bartes ein, unter Umständen onomatopoetisch von wegen Mehlspeisen verstopfungsbedingten Darmwind hergeleitet, den Gestank als solchen bezeichnet, und späterhin, um Siebenhundertfünfzig, als die Römer außer mehr Gestank auch nichts mehr hinterlassen hätten, sei der wiederum noch später heiliggewordene Magnus von St. Gallen dahergezogen gekommen, warum, weiß man nicht, und dem, so künden die Quellen, hat sein Begleiter Tozzo, der wird sich halt ein bißchen umgehört haben, eingeschärft, bloß schnell und ohne Rast hindurchzuqueren durch diese Gegend, nicht jetzt wegen den Mehlspeisen, sondern weil es da von bösen Geistern und scheußlichem Gewürm nur so wurle und auch noch einen riesigen Drachen habe, womit, hahaha! brüllt der erste Mann, hahaha! weder der Oid noch einer von den Zwickschen gemeint gewesen sein kann, weil der Magnus selbigen Drachen nämlich aufgelanzt und daraufhin das Kloster Füssen überhaupt erst gegründet und bald darauf auch noch Eisenerz entdeckt hat, was den alten Gestank zügig durch einen neuen ersetzt und aus dem Menschen einen Schwaben hat werden lassen, wie man heute noch sehen und riechen könne.

Der Schwabe, sagte der zweite Mann, dem ist vom vielen Herumrutschen auf den Heuchlerknien ein Frömmlerdorn am Schenkelkopf gewachsen, der ist das Geschmeiß Gottes, der Uferseim vom Forggensee, seinerseits das Gekröse von diesem verhunagelten Areal und vom Müll noch das Gespött; tausend Jahre lang habe der hiesige Schwabe, zusammengekauert vor den Protzbergmassen und solchermaßen eingeschüchtert, daß er vor lauter zugebissenen Zähnen nicht einmal mehr anständig sprechen habe können und bis heute nicht könne – tausend Jahre habe der warten müssen, bis man ihm endlich die Telephonsexhotlines erfunden hat, wo er nun von der ganzen Welt aus, wo es ihn hinverstreut hat, damit er reich bleibe und fett werde, die ganze Nacht anrufe und Weibsnamen hineinkiekse, damit er sich königlich fühle, weil es für ihn umsonst ist, wenn es keiner merkt; wahrlich reich und fett werde davon aber bloß der Hornauer mit seiner gelben Pferdemähne, der in Plüderhausen sitze mit seinem Stöhnsender und also auch nicht von hier sei. Der hiesige, mithin Allgäuer Schwabe habe, um der Umsonstigkeit noch sicherer sein zu dürfen, sich die Sekte hierhergelockt mit seinem Gestank, der nun praktisch die ganze Stadt gehöre – der dritte Mann lehnte sich derweil ein Stück aus der Gesprächslinie und zog die krausen Brauen hoch –, obwohl immer noch niemand genau sagen kann, ob es überhaupt stimmt, daß in ihren Kammern und Zellen im Geiste Ludwigs seligen Angedenkens des Nachts minderjährige Zöglinge und aber auch Zöglinginnen auf ihre Körperöffnungen reduziert werden; am Ende sei alles nicht wahr und halt wie gesagt wieder umsonst gewesen, bloß die Häuser weg, und dann lache die Welt über das Geschwerl, von dem jeder dritte mindestens Gernegroß und Käsehoch heiße und das Fabrikdirektorshandwerk in zweiter Generation verschmähe, um zur Münchner Stadt und sonstwo hinzuziehen und Kunstmaler werden zu wollen, weil er eine Körperöffnung hat und meint, das gehe schon so und es werde sich das Übrige dann fügen.

Ach, ach, sagte der erste Mann nach einer Pause, schlimm sei es schon, aber es sei ja alles schlimm, bloß hier, wo man sich der Kühe, die ungeschlachtet und somit unverrichteten Gefressenwerdens auf der Weide verrecken, entledigt, indem man sie an Ort und Stelle in die Luft sprengt, weil ein Hinabtransport der Kadaver ins stinkende Tal zu teuer käme, was, hähähä, mit einem bißchen Verortungspech seines letzten Grunzens pfeilgerade auch den Oiden anbetreffen hätte können, der im Durchführungsfalle einer solcherartigen Endmaßnahme gewissermaßen über den Wassern schweben täte und den man bei ungünstiger Wetterlage aber hinwiederum wahrscheinlich noch heute im ganzen Landkreis von den Dächern kratzen müßte, hier sei es halt besonders schlimm, andererseits sei das ganze Gerede über den Hornauer und die Sekte und daß beide über die Prölß von der Stuttgarter Stadt und am Ende überhaupt das ganze finstere Gewese irgendwie zusammenklebe und sein mulchiges Zentrum ausgerechnet hier habe, das sei doch alles erwiesenermaßen ohne Grundlage und sowieso kontraproduktiv, das müsse er am besten wissen. Mutato nomine de te fabula narratur, gräubelte der dritte, der bis dahin weitestgehend bloß die Funktion eines Schranks erfüllt hatte, in den man viel hineinräumen und noch viel mehr hineinschütten kann, und ob wir vielleicht ... wegen, hahaha, diesen Orgien hier seien, brüllte der zweite, da sollten wir schauen, daß wir weiterkommen, aber vorher den Schlüssel beim Bürgermeister abgeben, hahaha, und weil wir uns zu antworten nicht in der Lage sahen, winkte einer ab und meinte, man solle ihnen doch den Spaß lassen, wenn wir brav seien; es werde sich dann schon herausstellen, daß es hier gar nichts gibt und nichts ist und je war.

Wir begehrten zu zahlen, doch war die Rechnung wunderlicherweise schon beglichen, und man nötigte uns, zu bleiben. Die drei Männer, die sich, wie wir feststellten, ähnelten wie ein Berg dem anderen, entfernten sich kurz, um, wie sie bei ihrer Rückkehr verkündeten, einen Teil der ungeheuren Flüssigkeitsmengen, die sie aufgenommen hatten, der umliegenden Seenplatte zuzuführen, auf daß dort kein Grass mehr wachse, hahaha; auch dies nämlich gehöre zur un- oder je nach Sichtlage und Interessentrieb auch rühmlichen Geschichte, daß im nahegelegenen Sumpfloch Bannwaldsee sich dereinst in selbigem September die siebenundvierziger Gruppe zusammengelungert und aufrabattiert habe und herumgeschwänzelt sei mit ihrem schwellköpfigen Senf, daß eine förmliche Kultur aufgekommen sei, in deren Folge wie bekannt und zum Glück anderswo die Fernsehkameras nur so rrrrrrrrrr gegangen seien, wann immer die gefiederten Bauchköpfe aus einem Haus herausgetreten seien, um einen Becher Kaffee und einen Schluck faule Luft einzunehmen, die es ja nicht nur hier gebe, um ihr Gedichtetes zu verdauen; eine Zeitlang habe es dumpf herübergehallt von dem Krampf, geblieben sei nichts, obwohl sich manche der anwesenden Dichter mopsig gemacht und bei nächtlichen Kneipentouren gegenseitig unter den Tisch gesoffen und im weiteren Verlauf auch gerne einmal den Oiden gelästert hätten; so kennt man die ja.

Aaaber, sagte der dritte Mann mit einem Gesicht, als hätte sich eine weitere Bombenexplosion im diesmal vorsorglich leergeräumten Behälter ereignet, nicht daß man das mißverstehe; wenn es auch den Anschein haben mag, so sind wir hier doch nicht von gestern! Das Klapperlesgerümpel und Geplempel von wegen Tradition, das hängen wir halt den Touristen um den Hals, nicht wahr, es muß ja etwas dableiben, gelt; von nichts kommt nichts, und da, wo es hingeht, kommt es erst recht nicht mehr her; beispielsweise der Oide hat ja gar nichts hiergelassen, hahaha, abgezapft und Servus! ab nach München, von den Zwickschen zu schweigen, und sowieso wisse keiner, wo der ganze Diridari eigentlich hinverräumt worden ist, der Papa selig wird's ja nicht mitgenommen haben, und beim Oiden wäre zwar viel zu holen gewesen, enorm!, da brauche man ja bloß den verfetteten Sohn und die ganze Bagage anzuschauen, aber wo das her ist, weiß der höchstens selber oder ein paar arabische Fürstenpimpel und am Ende der Warzenkopf in Kanada, und das weise mal einer nach bis hierher! Da passen wir das nächste Mal besser auf! brüllte er, daß nicht eine vom likatischen Gevolke erbrachte Werteinheit, man nenne sie, wie man will, likatischen Boden verläßt, ohne eine Gegenleistung abzukonten. Da sind wir auf der Höhe! Am besten sei es am Ende doch, wenn alles niet- und nagelfest unter Dach und Fach ist, und, er schneuzte sich ein weiteres Mal, dafür sei gesorgt.

Wenn wir ein Seelenheil suchten, und jetzt sanken die Blicke der anderen zwei zur Tischkante hin, da wisse er schon was, da seien wir bei ihm so richtig wie der Ochs am Berg und der Turm um den König herum, was – er prüfte die Sitzordnung – im Grunde dasselbe sei, weil wenn jemals einer inkarniert sei, dann der Ludwig doch in ihm, vom Einstein zu schweigen, es müsse doch ein Hirn sein, wo alles immer relativer werde, und Werte – er hieb die stierkalbskopfgroße Faust auf den Tisch, daß die Zahnstocher erschrocken zusammenzuckten – müßten sein, da gebe es nichts, Liebe sei unerläßlich, Freude auch, Hingabe; ach, Wankmiller, sagte der erste Mann, und er solle es doch lassen, es führe doch nirgends hin. Ins Reich! brüllte der dritte Mann, ins Reich!, da führe es hin, da sei das Ende und der Anfang und, Naturam expellas furca, tamen usque recurret, die ganze Scheiße – der zweite Mann verschluckte sich und hustete, als wollte er seine Lungen in einem Schwung auf den Säuling hinaufschleudern –, nun sei es aber gut, mahnte der erste, meinsch net, aber der dritte war nicht zu bremsen; mehr trinken solle man, es gehe alles auf ihn, sowieso an ihn, er sei ja auch der Container, wo alles hinein- und wieder hinausgeht, Mundus vult decipi (ergo decipiatur), und es müsse eine Bewegung hineinkommen in die verfaulte Menschenheit, daß es nur so rapple im Dings, Dings. Laß es gut sein, sagte der erste Mann noch einmal, das gebe doch bloß wieder ein rechtes Gerede, man habe sowieso schon soviel am Hals mit der Wühlerei und dem, und am Ende ziehe noch jemand einen Schluß. Schluß, sagte der dritte Mann drohend, sei, wenn er es sage, er sei schließlich kein solcher Kometenheini und welscher Viertelheiliger, aber eine Truppe aufstellen, das werde er schon hinbekommen, und wenn jemand der Grenze Likatien zu nahe komme oder ein gelbes Auge auf seine Besitztümer werfe, dann werde es rauchen, daß die Welt aufhorche, und jetzt werde er zunächst einmal biseln gehen, und dann aber.

Wir sollten, sagte der erste Mann vorsichtig, während die schweren Schritte auf der Kellertreppe verhallten, nicht alles so nehmen, was so und wie es gesagt werde, es werde ja viel dahingesagt, und vielleicht sei es, der zweite nickte heftig, überhaupt besser, wenn wir gingen, am allerbesten gleich; und weil wir so gar verdattert glotzten, holten beide tief Luft und rülpsten uns im Chor das Wort entgegen: Körperöffnung!

Die Berge protzten düster auf die Dächer, Häuser glotzten in den trübgelben Nebel, die Nacht kotzte den Faulgestank verrotteter Jahrhunderte über das Füssen; von drinnen war ein Aufruhr zu vernehmen, es sei eine Hundsteufelei, und holt sie zurück! Holt sie zurück, es sei noch mancherlei zu tun und verrichten. Ein letztes Mal blickten wir blind hinauf ins wahnende Dunkel und gedachten des Monarchen, umstanden von maskierter Blödheit, dem Sumpf entstiegen und wieder hinabgekrochen, müde ergeben, zu einer Bewegung nicht fähig, und da murmelte einer, daß wir theoretisch mit jedem Atemzug durchschnittlich ein Stickstoffmolekül oder sonstiges Muffelflöckchen einschnauften, das der tragische König damals schon mal geschnauft oder transpiriert habe, und womöglich habe selbiges später auch noch der gewesene Landesvater inhaliert und wieder herausgefurzt, Herrgott. Es wurde Zeit.

»Endlich verließen wir die fremde, traurige Gegend.« (Reinhard Lettau)

Hamburg-Harburg

Lecters Lektionen

Von Fritz Tietz

Auf dem Vorplatz des Fernbahnhofs von Hamburg-Harburg herrschte an diesem trüben Vormittag nur spärlicher Auto- und Publikumsverkehr. Einige mehr oder weniger verwahrloste Menschen kamen, gingen oder standen teilnahmslos herum. Ein bärtiger Turbanträger parkte seinen Pick-Up auf dem Behindertenplatz und verschwand mit geschulterter Panzerfaust, die er auf der Ladefläche seines Wagens mitgebracht hatte, im Bahnhofsgebäude. Ein paar Taxis warteten. Die Fahrer standen rauchend oder dosentrinkend neben ihren Wagen und beobachteten schweigend ein paar Möwen, die sich um einen halb verwesten Rattenkadaver balgten. Überall Unrat.

Auch die Bahnhofshalle war nur mäßig belebt. Auf einer Videowand flimmerte tonlos ein Musikvideo, das in schneller Schnittfolge TV-Bilder vom 11. September in New York zeigte. Ein Mann mit einem grünen Stirnband durchquerte die Halle. Sein offener Mantel flatterte beim Gehen auseinander und gab den Blick auf einen Sprengstoffgürtel frei. Da plötzlich, ein kurzer heftiger Aufruhr: Eine Gruppe Halbwüchsiger trieb lärmend einen BGS-Beamten vor sich her. Sie jagten ihn auf den Vorplatz hinaus, wo einige Schüsse fielen.

In diesem Augenblick betrat Dr. Hannibal Lecter – eleganter Mantel, Hut – die Bahnhofshalle. Er blickte zur Zuganzeigetafel hoch, dann auf seine teure Armbanduhr; wer wollte, konnte bei dieser Gelegenheit deutlich sehen, daß an Lecters linkem Arm die Hand fehlte.

»Achtung, Gleis 5, ein Hinweis«, schnarrte es aus den Lautsprechern. »Der ICE Fritz Haarmann, planmäßige Ankunft 11.13 Uhr, wird voraussichtlich fünf bis zehn Minuten später eintreffen.«

Lecter schlug den Mantelkragen hoch, ging dann in der Nähe des im Gang zu den Gleisen aufgestellten Info-Points in Warteposition, steckte sich ein Zigarillo ins Gesicht und entzündete es. Der Bahnuniformierte im panzerverglasten Info-Point fuhr beim Geräusch des aufflammenden Streichholzes herum. Er schien schwer alarmiert, als er seinen Platz verließ und mit gezogener Dienstpistole auf Lecter zuging:

»Das Rauchen ist im gesamten Bahnhofsbereich untersagt. Bitte machen Sie sofort die Zigarre aus, sonst ...«

»Sonst?« Lecter drehte sich dem Infopointler betont freundlich zu. Rauch strömte ihm aus der Nase. »Sonst was?«

»Sonst mach ich dir Beine, du Penner. Und jetzt Schluß mit der Diskussion. Fluppe aus. Aber dalli.«

Lecter lächelte, ehe er einen weiteren Zug nahm und den Rauch dem Bahnuniformierten mitten ins Gesicht blies.

Der ICE Fritz Haarmann erreichte Hamburg-Harburg mit zehnminütiger Verspätung. »Willkommen in der Schlafstadt des internationalen Terrorismus«, quäkte es aus dem Bahnsteiglautsprecher. Dr. Hannibal Lecter erwartete uns am verwaisten Info-Point.

»Hatten Sie eine angenehme Reise?«

Wir entschuldigten uns für die Verspätung, doch Lecter winkte ab:

»Ich habe mir die Wartezeit durchaus zu verkürzen gewußt.«

Er wandte sich einem nahen Paßphotoautomaten zu und entnahm dem Ausgabeschacht einen Streifen:

»Etwas unscharf, oder was meinen Sie?«

Auf den vier Photos war ein blutiger, von zwei Ohren flankierter Fleischbrei zu sehen, aus dem ein einzelner Augapfel stierte. Darunter bleckten anderthalb Zahnreihen aus dem glänzenden Muskelmatsch. Kein Zweifel: Dieser Mus mußte mal ein menschliches Gesicht gewesen sein.

»Er meinte, mir das Rauchen im gesamten Bahnhofsbereich untersagen zu müssen«, erklärte uns Lecter, als wir zusammen zum Ausgang gingen. In diesem Moment gellten hinter uns furchtbare Schreie durch die Bahnhofshalle. Jemand hatte die Leiche des Bahnlers entdeckt. Als wir uns umschauten, sahen wir gerade seinen leblosen Körper aus der Photokabine vor die Füße einiger entgeisterter Passanten kippen.

Zwangsverjackt und auf seine Sackkarre geschnallt, ließ sich Lecter von uns durch den unterirdischen Fußgängerbereich des angrenzenden S-Bahnhofs in Richtung Harburger Innenstadt schieben. Oben grellten Martinshörner. Einige bewaffnete Polizisten in voller Kampfmontur kamen uns im Laufschritt entgegen. Ohne uns zu beachten, rannten sie weiter Richtung Bahnhofshalle.

»Kennen Sie Harburg?« fragte uns Lecter.

»Nein, wir hatten bisher nicht das Vergnügen.«

»Eine gräßliche Stadt. Ohne jedes Flair. Ohne auch nur den Hauch einer urbanen Atmosphäre. Glauben Sie mir, in Harburg ist das Grauen zu Hause. Nirgendwo hat die sozialdemokratische Architektur der siebziger Jahre niederschmetternder gewütet. Schauen Sie sich nur diesen Fußgängertunnel hier an. Diese kilometerlangen, dunklen, harnverseuchten, zudem so deprimierend kacken gefliesten Gänge. Ein Architekt, der so etwas plant und baut, gehört, verzeihen Sie meine drastische Forderung, an den Eiern aufgehängt. Meinen Sie nicht auch?«

Den stimmungsklammen Tunnel über eine Rampe verlassend, gelangten wir in eine wahre Betonade von Einkaufsstraße. Auch hier mußten wir über das erschütternd unwirtliche Ambiente sehr staunen. Fleckiges Pflaster. Waschbetonkübel voller Müll. Viel menschliches Rumgelungere. Ein Mann lag vor einem geschlossenen Kiosk in seinem Erbrochenen. Etliche Läden, die Auslagen voll mit überflüssigem Plunder. Ein paar armselige Gestalten durchwühlten davor dargebotene Sonderangebote. Eine alte Frau kauerte nebenan auf einem Kackstuhl.

Ein Notarztwagen kam lärmend angefahren und hielt vor dem Eingang eines hoch aufragenden Einkaufszentrums, aus dem mehrere blutüberströmte Passanten heraustorkelten. Ein paar gelbgesichtige alte Männer beobachteten die Szene gleichgültig. Nur wenige drehten sich, neugierig glotzend, nach Lecter auf der Sackkarre um. Irgendwo krähte ein Muezzin.

»Glauben Sie mir«, beendete Lecter unser ungläubiges Staunen, »wer immer die Idee hatte, die Burschen vom 11. September hier als Schläfer zu stationieren, wußte genau, was er tat. In Harburg lernt man gründlicher zu hassen als sonstwo auf der Welt. Und scheinst du vorher noch so gut dagegen gefeit. Drei Wochen Harburg genügen.«

Wir passierten ein Schaufenster mit allerlei militaristischen Utensilien in der Auslage – Waffen jeglicher Art, paramilitärische Kleidung. Über dem Schaufenster lasen wir: »Gebr. Wiechel – Terrorbedarf«.

Kurz darauf in der Harburger Marienstraße. Vor der Hausnummer 54 stieg Lecter von seiner Sackkarre und schälte sich aus der Zwangsjacke. »Wow, die legendäre Marienstraße 54!« Wir waren platt. »Und Sie wohnen tatsächlich in der ehemaligen Terroristenwohnung, Mr. Lecter?«

»Aber ja. Natürlich ist alles frisch renoviert. Neues Klo mit Pipapo, neue Küche vor allem, mit allen Schikanen. Atta und seine Freunde kochten ja nicht selbst. Die aßen ihr Zeug lieber in der Mensa. Hat übrigens 'ne hübsche Stange gekostet, wieder einigermaßen Komfort in die Terrorhöhle zu bringen.«

Aus dem Nachbargebäude spitzten Schreie wie von einem heftigen Ehestreit. Fensterglas zerbrach, und ein grobschlächtiger Mann, der große Ähnlichkeit mit Volker Rühe besaß, warf einen Fernseher auf die Straße. So elegant das einhändig eben ging, schloß Lecter die Haustür auf. »Lecter, Serienmörder« stand auf dem Klingelschild.

Im Hausflur kontrollierte der Serienmörder kurz seinen Briefkasten, fand darin aber nichts vor außer der tagesaktuellen Ausgabe der *Harburger Anzeigen und Nachrichten*. »Drecksblatt!« murmelte Lecter und warf die Zeitung in einen der nebenan aufgestellten Mülleimer. »Wir müssen nur eine Treppe hoch. Meine Wohnung befindet sich im ersten Stockwerk rechts.«

Kaum hatte Lecter die Wohnungstür geöffnet, als uns von innen eine schneidende Frauenstimme aufforderte: »Keine Bewegung! FBI! Hände über den Kopf!«

Wir rissen instinktiv die Flossen hoch.

»Alles klar, Clarice, ich bin's doch bloß«, lachte Lecter.

FBI-Sergeant Clarice Starling kam langsam aus ihrer Deckung im Gästeklo. »Wäre besser, wenn Sie, wie abgemacht, vorher klingeln, Doktor«, sagte sie, ehe sie ihren Puster wieder in ihr Pfannkuchenhalfter gleiten ließ. »Vergessen Sie bitte nicht: Wir sind hier mitten in Harburg.«

Aus den Boxen im Wohnzimmer klimperten die Goldberg-Variationen.

»Treten Sie näher«, bat uns Lecter in die gute Stube. Am festlich gedeckten Tisch saß bereits jemand.

»Darf ich vorstellen: Ossama bin Laden«, sagte Lecter.

»Allah-o-akbar«, lallte bin Laden und lüftete zur Begrüßung höflich seine Schädeldecke. Lecter nutzte das, um schnell etwas Marinade über das Hirn des Topterroristen zu tröpfeln.

»Sie haben doch Appetit?« fragte er uns und öffnete dann mit einem schnellen Griff unter bin Ladens Kaftan dessen Bauchdecke: »Wie wär's mit Nierchen zum Hauptgang?« Er wühlte aus den Gedärmen des al-Qaida-Vorsitzenden etwas blutverschmiertes Glibberiges hervor.

»Das Essen ist gleich soweit«, sagte er und verschwand mit bin Ladens Nieren in der Küche.

Beim Nachtisch – es gab Ossamas Ohren mit Sahne – wollten wir von Lecter wissen, wie er bin Laden aufgespürt hatte.

»Betriebsgeheimnis«, zierte sich der Top-Ten-Verbrecher zunächst, um dann aber doch ins Plaudern zu geraten: »Clarice brauchte unbedingt mal wieder einen spektakulären Fahndungserfolg, da habe ich ihr«, er ließ zärtlich seinen Armstumpf über Starlings Wange gleiten, »den Tip mit Harburg gegeben.«

»Bin Ladens Tarnung als Gastprofessor an der hiesigen Terror-Universität war perfekt. Ohne Lecter wäre ich ihm nie auf die Schliche gekommen«, gab Sergeant Starling zu. »War übrigens ausgezeichnet, das Nierenragout, Doktor. Auch das Hirn, echt lecker.« Wir schlossen uns ihrem Lob an.

»Allah-o-akbar«, sagte Bin Laden leise.

Viel zu schnell galt es, wieder Abschied zu nehmen. Der letzte Zug mußte Harburg aus Sicherheitsgründen vor Einbruch der Dunkelheit verlassen. Dr. Lecter begleitete uns zum Bahnhof. Als unser ICE Fritz Honka langsam anrollte, zündete sich Lecter auf dem Bahnsteig ein Zigarillo an. Schon sahen wir einen BGS-Beamten angestratzt kommen. Wild gestikulierend bedeutete er Lecter, das Rauchen zu unterlassen, und wir ahnten: Es dürfte die letzte Tat seines Lebens gewesen sein.

Menschlich gesehen

Von Christof Meueler

Eine fiese Burg ist unser Hameln. Man kommt nicht richtig rein (kein Autobahnanschluß), man kommt nicht korrekt wieder raus (Rattenfängersage). Früher auch unter der Bezeichnung »Gibraltar des Nordens« bekannt, bis Napoleon die angeblich stärkste Festung des Fürstentums Hannover schleifen ließ. Als mauen Ersatz gibt es heute »Jubiläumshäuser« beim Beamtenheimstättenwerk zu kaufen, das hier seinen Hauptsitz hat.

Doch das soll nicht interessieren, wie an Hameln gleich gar nichts interessiert. Außer der Tatsache, daß die einst von der wahnsinnigen Lafontaine-Attentäterin Adelheid Streidel gefürchteten »unter*irr*dischen Menschenfabriken« doch existieren. Und zwar ober*irr*disch – in Hameln. Denn rein menschlich gesehen, verfügt Hameln über die häßlichsten Menschen in Deutschland.

Es ist nicht das Problem, was sie sagen, wie sie laufen oder sich anziehen. Man kann sie bloß nicht angucken. Gequetschte, verzerrte, zermanschte Gesichter wie frisch dem Schraubstock entnommen. Angetan mit Frisuren, die einem entgegenknittern, als ließe man eine in der Hand zusammengedrückte Plastiktüte los. Erscheinungen wie primitive, unscharfe Gefängnistattoos: Grabsteine, Frauenfragmente, Hakenkreuze.

Braindead people aus dem Weserbergland. Wer sie als Gegenüber hat, denkt sofort, er beiße auf Glas. Folter fühlen, verloren sein. Als wären endlose Weiten in viel zu engen oder viel zu großen Schuhen zurückzulegen. Oder als ob man nie schlafen könnte, weil man immerzu geweckt würde. Oder nachts daheim mit Zigaretten säße, doch ohne Feuer, nirgends. Und dazu hängt die CD und hängt und hängt, und man kriegt sie nicht aus.

Die Hamelenser sind so monströs wie in Öl ersoffene Aufbratgemüsereste. Ich weiß es, ich bin in Hameln geboren.

Wacker betankt

Von Sönke Jahn

Morgens, halb zehn in der Deutschen Bucht: Die »Lady von Büsum« nimmt Kurs auf die Insel Helgoland, Deutschlands einzige Hochseefußgängerzone. Zur gleichen Zeit nähern sich über die Nordsee weitere Ausflugsdampfer dem fünfzig Kilometer vor der schleswig-holsteinischen Küste liegenden Sandsteinklumpen. Um die fünftausend Quartalssäufer werden heute wieder zum malerischen Fuselfelsen geschippert, um sich bei den Eingeborenen mit zollfreiem Schnaps einzudecken.

Mit ihrem feinen Sinn fürs Schikanieren verwehren die Nachfahren schmuggelnder Strandräuber ihrer Laufkundschaft seit Jahrzehnten, trockenen Fußes an Land zu gehen – außer wenn sie die teure Passage mit dem Katamaran gebucht haben. Die Helgoländer zwingen die Schnäpschensüchtigen, von Bord in Wassertaxis umzusteigen, in schaukelnde Schaluppen, Börteboote, in denen einen die Gischt naß spritzt, bevor man im sicheren Hafen landet. Wer es ohne zu reihern an Land geschafft hat, ist augenblicklich von den Einkaufsmöglichkeiten begeistert. Neben Schnaps- und Zigarettenläden gibt es jede Menge Zigaretten- und Schnapsläden.

Das also ist die »Schicksalsinsel der Deutschen«, die His Matjesfilet Willem Zwo Anno Tabak (sic!) angeblich bei der englischen Queen gegen Sansibar eintauschte und zwecks Erringung der Weltherrschaft zu einer Marinefestung ausbaute, bevor er die Bevölkerung fortschaffen ließ. Zwei Weltkriege später, nachdem die Royal Air Force keine Lust mehr hatte, die Insel weiter zu bombardieren, kehrten die Insulaner in ihre komplett pulverisierte Heimat zurück.

Der Helgoländer ist seitdem per Gesetz (§ 50 der StVO) ein Fußgänger, Fahrzeuge sind auf der Insel verboten. Das einzige öffentliche Verkehrsmittel ist ein Fahrstuhl, mit dem man auf das einundsechzig Meter höher gelegene Oberland gelangt. Durch hohle Gassen schwankend, hat man bald den

Rest der Ortschaft durchquert und kommt rechts herum an Schrebergärten vorbei. Über die sonstigen Partien der Insel ist Gras gewachsen – eine begrünte Kraterlandschaft, um die sich entlang der Steilkante ein Spazierweg schlängelt, auf dem sich vor allem die Kömkunden nach dem Einkaufsstreß die Beine vertreten. Die tägliche Rush-hour der Butterfahrer dauert von zwölf bis fünfzehn Uhr, danach wird die Bagage schwer beladen und wacker betankt zurück auf ihre Pötte verfrachtet. Gäbe es auf Helgoland Bürgersteige, könnte man sie jetzt hochklappen.

Nun sieht man die Insulaner vorsichtig aus ihren nichtssagenden Neubauten heraustreten. Bald stehen sie an den Häuserecken oder halten vom Oberland aus alter Gewohnheit nach havarierten Schiffen Ausschau. Man raucht und bietet sich gegenseitig eine Stange Zigaretten an und läßt einen Kanister zollfreien Rum herumgehen. Sie trinken auf ihr neues Designhotel und ihr künftiges Image als Wellness- und Gesundheitsinsel.

Schon wird ein Inselmarathon veranstaltet, und in Kürze will man einen Golfclub gründen. Achtzehn Schwimmringe mit Fähnchen sind bereits bestellt, und gerade diskutiert man die Frage, wer am Ende die Bälle aus dem Wasser fischen muß.

Der Nachwuchs aber kehrt dem Eiland bei der nächstbesten Gelegenheit den Rücken und schwört, falls er auf dem Festland nicht sofort vom Auto überfahren wird, nimmermehr nach Helgoland zurückzukehren. Denn dort, so ein Helgoländer Sprichwort, möötmööot dööt öärn Töön tööon, zu deutsch: möchte man noch nicht einmal tot über dem Zaun hängen.

Kaufbeuren-Neugablonz

Wir schmücken die Frauen der Welt

Von Barbara Kalender und Jörg Schröder

Als wir in die Villa einzogen, war die Stimmung im Dorf gespalten zwischen untergründiger Fremdenfeindlichkeit und neugierigem Interesse. Aber allen gefiel, daß wir regelmäßig die Wiese mähten und einen schönen Bauerngarten anlegten. Beim Umgraben der Beete fanden wir manchmal Kelten- und Römerscherben – was an der Via Claudia normal ist, aber auch Knöpfe? Nicht ein, nicht zwei, nicht drei blaue, rote oder schwarze Glasknöpfe, sondern schockweise. Schließlich betätigten wir uns als Knopfarchäologen und sammelten sie. Die Exemplare wurden auf der Gartenmauer aufgereiht, manche waren nicht abgegratet, andere wiederum fast intakt. Und wir wunderten uns: »Wie kommen die in den Garten?«

Solche Fragen wurden immer am zweiten Weihnachtsfeiertag geklärt, dann besuchten uns die Nachbarn Rosemarie und Anton Haugg zu Kaffee und Kuchen. »Wir finden in unserem Gemüsegarten dauernd Glasknöpfe. Wohnten hier vielleicht mal Heimarbeiter?!« Der *Spar*-Kaufmann war in seinem Element, wenn er etwas erklären konnte: »Sie müssen wissen, zuerst hatten die Wlassow-Russen die Villa besetzt, aber nachdem die Amerikaner an der Macht waren, stand sie wieder leer. Ende 1945 kamen die ersten Flüchtlinge an, und eine Familie aus Böhmen mietete dann von dem Luitpold die Villa.« – »So feine Leute zogen da ein«, unterbrach ihn Rosemarie Haugg, »die Frau trug im Sommer weiße Kleider, das hat man hier nicht gekannt!« – »Ja mei«, seufzte er, »ich glaub', die waren reich, vielleicht hatten sie Juwelen, denn sie konnten sich alles leisten. Aber die waren auch fleißig! Die machten sich sofort an die Arbeit!«

Wir haben uns dann über diese Knopfmacher informiert, Diamanten hatten sie bestimmt nicht, sondern nur ihre Werkzeuge zum Knöpfemachen. Sie durften nicht viel Gepäck mitnehmen, die Tschechen erlaubten nur dreißig Kilogramm pro Person, und als erstes packten sie ihre Zangen ein, denn die

Devise der Gablonzer lautet: »A Zengl und en Kichentisch brauchn mr, nie mee!« Im Prinzip erfordert dieses Handwerk tatsächlich wenig materiellen, dafür aber hohen handwerklichen Aufwand. Man brauchte nur farbiges Stangenglas, das wurde aus den Hütten im Bayerischen Wald besorgt – getauscht, gegen Knöpfe, es waren ja Schwarzmarktzeiten. Das Stangenglas wird erhitzt, bis es rot glüht und weich ist, dann preßt man es in den Zangen. Diese bestehen aus zweiteiligen Negativformen, in der ein Knopf neben dem anderen sitzt. Nach dem Erkalten sind die Knöpfe noch durch den Preßgrat verbunden, der anschließend abgeschliffen wird. Graveure fertigen die unterschiedlichsten Negativformen für die Zangen, von einfachen bis zu prächtigen Knöpfen, die mit edelmetallhaltigen Farben bemalt und anschließend gebrannt werden. Als Queen Victoria nach dem Tod ihres Gatten Albert keinen Schmuck mehr trug, sondern nur noch die mattschwarzen Knöpfe aus Jet, imitierten die geschäftstüchtigen Glasmacher sofort die kostbare fossile Kohle, und dieser ›französische Jet‹ wurde weltweit zum Modeschmuck.

Apropos Knopfgießerei: Als Buchhändler, der sich in frühen Jahren seinen eigenen Kanon zusammengelesen hat, fällt mir dazu Henrik Ibsens *Peer Gynt* ein. Darin gibt es einen mythischen Knopfgießer, der den Helden mit seiner Kelle umgießen will, weil der nichts Halbes und nichts Ganzes ist. Peer Gynt soll endlich ein ganzer Mann werden. Na ja, vielleicht drückt man in Norwegen die Knöpfe nicht, sondern gießt sie. Oder hat Henrik Ibsen das Knopfgießen einfach erfunden?

Halt, ich habe Herrn Hauggs Geschichte über die Sudetendeutschen unterbrochen, an diesem Weihnachtsnachmittag erzählte er noch: »Mei, die Leute hier im Dorf sind so unklug, die haben sich viel kaputtgemacht, weil sie keine Fremden wollten. Die Böhmen hatten vor, in Leeder ihren Modeschmuck herzustellen. Der Mieter der Villa besaß in Gablonz eine Fabrik, der war ja kein kleiner Knöpflemacher. Da muß man doch als Geschäftsmann denken!« Herr Haugg berichtete uns, daß der Fabrikant dem Luitpold die Villa abkaufen wollte, sie aber nicht bekam. Außerdem plante er, eine Glashütte zu bauen, aber keiner verkaufte ihm ein Grundstück. Zuerst fragte er die Bauern, dann wandte er sich an die Gemeinde, ohne Erfolg. Kaufmann Haugg zog sein Resümee: »Sie wollten keine Fremden in Leeder, es sollte auch keine Industrie entstehen. Deshalb zogen alle wieder weg und haben in Neugablonz neu angefangen. Herr Schröder, die haben sich dort eine eigene Stadt gebaut – aus dem Nichts!«

Wirklich, das muß man gesehen haben, so eine Stadt gibt es in Deutschland nicht noch einmal! Neugablonz wurde 1946 auf den Trümmern eines Pulver- und Sprengstoffwerkes aus dem Zweiten Weltkrieg errichtet. Es ist die einzige geschlossene Ansiedlung einer Vertriebenengruppe in der Bundesrepublik. Aber, hier irrte Haugg, es war nicht der Fabrikant aus der Villa, der diesen Plan realisierte, sondern ein Ingenieur namens Erich Huschka. Er gewann Tausende Sudetendeutsche dafür, sich in Neugablonz anzusiedeln. Ihm gelang das Kunststück, sowohl die Amerikaner als auch die deutschen Behörden von einer eigenen Stadt für das Modeschmuckgewerbe zu überzeugen. So entstand aus Handwerk und Fleiß Neugablonz, die beste aller Flüchtlingswelten.

Heute gehört Neugablonz als Stadtteil zu Kaufbeuren, und wenn man durch die Straßen spaziert, wirkt es wie eine Kulisse für einen Fünfziger-Jahre-Film. Zwar hat man sich inzwischen auch einen modernen Kasten geleistet, in dem das Museum und die Stadtbibliothek untergebracht sind, ansonsten sieht man nur solide triste Fünfziger-Jahre-Häuser, meist ein- oder zweistöckige Gebäude, die merkwürdig kontrastieren mit den Abertonnen Straß, Modeschmuck und Kristall, die in den Schauräumen angeboten werden. Und auf Schritt und Tritt verfolgt dich der Slogan: »Wir schmücken die Frauen der Welt.« Aber es gibt auch noch andere interessante Geschäfte, in diesen muffigen Häusern findest du Bonbonläden mit den wunderbarsten Pastillenschächtelchen aus aller Herren Länder. Es werden auch gute Schinken und Wurstwaren von netten alten Böhmen oder deren Nachfahren angeboten, überhaupt kann man in Neugablonz besser einkaufen als in den anderen Kleinstädten rundum. Denn es ist Kakanien pur – in Gehäusen fader Sachlichkeit. Deshalb ist es nur allzu verständlich, wenn der *Spar*-Kaufmann es bedauerte, daß man in Leeder diese kultivierte Kundschaft –

sprich: nicht solche Pfennigfuchser wie die Schwaben – verscheucht hatte: »So nett sind die, so fleißig, so gebildet, so lustig und so reich!« Vermutlich rechnete er hoch, was er für seine eigenen Ländereien bekommen und wieviel mehr Lebensmittel er im Laufe der Jahre umgesetzt hätte. Und er seufzte tief an jenem Weihnachtsabend: »Mei, immer wenn ich nach Kaufbeuren will und am Schild Neugablonz vorbeifahre, blutet mir das Herz. Das hätt' alles in Leeder sein können.«

Damit ist aber das Weihnachtsmärchen von den netten Gablonzern zu Ende, und leider muß ich nachtragen: Nett sind sie, die Böhmen aus Neugablonz, aber auch braun – brauner geht's nicht! Nicht nur ihr Gründungsvater Erich Huschka war ein Nazi, wie er im Buche steht, ebenso seine Kompatrioten und deren Nachfahren, die bis heute zum harten Kern der Sudetendeutschen Landsmannschaft gehören. Zu deren Pfingsttreffen umstellen die Böhmen regelmäßig den bayerischen Ministerpräsidenten Edmund Stoiber mit einem Wald von Traditionsfahnen und fordern die Aufhebung der Beneš-Dekrete. Sie besitzen sogar die Frechheit, die Einrichtung eines Fonds für Härtefälle nach dem Muster der Zwangsarbeiterentschädigungen zu verlangen. Als hätte es in der alten Bundesrepublik keine Lastenausgleichszahlungen für Heimatvertriebene gegeben! Diese Gelder waren es doch, die oft genug den Grundstock vieler schöner Vermögen bildeten. Den staatlichen Ausgleichszahlungen lag unausgesprochen die richtige Einsicht zugrunde, daß der Nachfolgestaat des Dritten Reiches auch für die Folgen von dessen Kriegsverbrechen zuständig sei und nicht etwa die von den Deutschen okkupierten Staaten.

Heimatrecht? Bis 1918 gehörte Böhmen zu Österreich-Ungarn und danach zur Tschechoslowakischen Republik. Im Jahr 1938 besetzte die Deutsche Wehrmacht das Gebiet, es hieß fortan: ›Reichsgau Sudetenland‹. Und so wie Reichsdeutsche in einem Reichsgau führten sich die netten Deutschen auf in den Sudeten. »Unsere Deutschen widmeten sich zu achtzig bis neunzig Prozent dem Dienst des barbarischen Nazismus zur Vernichtung unseres Staates«, erklärte Präsident Edvard Beneš 1945 in einer Rede vor dem Parlament.

Damit hatte er leider recht, und noch ein Zitat von Beneš: »Das deutsche Volk hat in diesem Krieg aufgehört, menschlich erträglich zu sein, und erscheint uns nur noch als ein einziges großes Ungeheuer. Diese Nation muß für alles eine schwere und strenge Strafe treffen.« Wer außer verblendeten Rechten kann diesen Feststellungen widersprechen? Vereinfacht lautet die schreckliche Wahrheit: Die Tschechoslowaken wollten mit der Austreibung endlich Ruhe haben vor dieser deutschen Minderheit, die überall dort, wo sie sich angesiedelt hatte, ein Stachel im Fleisch anderer Völker war. Man muß also Beneš' Vertreibungsdekrete hinter der Folie der sudetendeutschen Nazitradition lesen und darf nicht immer wieder Ursache und Wirkung verwechseln, wie das Edmund Stoiber ständig tut. Im Mai 2002 versprach der damalige Kanzlerkandidat beim Pfingsttreffen unter brausendem Beifall dieser fünften Kolonne des Revanchismus: »Wenn ich am 22. September 2002 Bundeskanzler werden sollte, dann werde ich Ihre Anliegen in Prag voranbringen.« Was ohne Kreide im Hals nichts anderes bedeuten sollte als: Entweder die Tschechen kuschen, oder wir lassen sie nicht in die Europäische Union. Na ja, mit dem Bundeskanzler war das wohl nix, wenigstens solche Dummheiten sind uns erspart geblieben.

Gummi geben

Von Kay Sokolowsky

Du willst wissen, wie ich Kai Ebel kennengelernt habe? Mein Gott, das hab' ich doch schon *hundert* Mal erzählt! Das interessiert doch wirklich niemanden mehr. Nein, ich möchte kein Pils. Du willst mir ein Pils ausgeben? Na gut, dann nehm' ich noch ein Pils. Danke.

Ich war damals Redakteur bei dieser Computerzeitschrift, und wir hatten die glorreiche Idee, im Märzheft einen nicht so ernsten Test von PC-Rennspielen zu veranstalten. Mit einem Helden aus dem Formel-1-Quackzirkus. Du kennst dich da viel besser aus als ich, ich weiß. Wir waren reichlich spät dran mit dieser Geschichte. Ende Dezember fing ich an zu telephonieren. Drei Wochen später hatte ich definitiv jeden Rennstall durch. Kein Fahrer fand Zeit für mich. Vorbereitung auf die neue Saison, weißt du. Mein Gott, ich hab' *alle* angebettelt, zuletzt sogar diese Pfeifen, die an jedem Kurs einen Heuballen mit eigenem Namen haben, weil sie da gleich in der ersten Runde reinschmirgeln.

Also – ja, merci, auch zum Wohl –, also hab' ich mich an die Kommentatoren gewandt. Wasser, Danner, Strietzel ... Wieder nur Absagen. Sogar von Strietzel, ja. Terminprobleme, angeblich. Strietzel – ausgerechnet! Na, mir ging das längst am Arsch vorbei ... Und so bin ich an Kai Ebel geraten. Der war sofort Feuer und Flummi.

Tja, was machst du, wenn du weder den großen noch den kleinen Schumi bekommst für so was? Du produzierst die Sache wenigstens an dem *Ort*, aus dem die beiden stammen. In Kerpen bei Köln. Und zwar bei einem Reifenhändler. In Sichtweite zur »Michael-Schumacher-Kartbahn«. Haben wir gemacht, wirklich. Und so kam ich im Februar 2001 gegen Mittag auf dem winzigen Bahnhof von Kerpen an und wartete auf mein Taxi. Wie die Stadt aussieht, willst du wissen? Was willst du eigentlich alles wissen, heute? Das ist ja Erinnerungsvampirismus, was du da gerade machst,

Mensch! Klar nehm' ich noch ein Pils. Bestell mir mal ein Pils mit.

Mein Gott, Kerpen. Da hat der Ami nach dem Krieg einen großen Haufen Fertigbauteile abgeworfen, und die Eingeborenen haben die zusammengeklebt. Es muß schön da sein. Wenn man blind ist. Und taub. Oder besoffen. Ich glaub', daß die Kerpener dauernd besoffen sind. Ich war allerdings stocknüchtern, damals. Der Photograph und Kai Ebel übrigens auch. Dieses Photoshooting zwischen lauter dekorativen Reifenstapeln lief wirklich wie geschmiert. Also, da laß ich auf den Ebel wenig kommen! Der hat richtig geschmeidig mitgespielt. Nein, im Fernsehen wirkt er kleiner als in Wirklichkeit. Rennt bestimmt dreimal wöchentlich in die Muckibude und danach ins Solarium. Und, ach ja, er war Trauzeuge von Heinz-Harald Frentzen. Das mußte er mir unbedingt erzählen. Nein, ich hab' ihn nicht gefragt, warum er den Frentzen nicht gleich mitgebracht hat. Ich hab' ihn allerdings gefragt, was er von diesem mythischen Ort hält, von diesem Kerpen. Ja, sagte er, das sei halt so ein Ort. Eine Kleinstadt eben.

Später stand ich mit dem Photographen an der Straße, und wir guckten hinüber zur Kartbahn, die auf der weiten grauen Wiese liegt wie eine Maschinenfabrik, und der Photograph meinte: »Jetzt weiß ich, weshalb der Mischael und der Ralf so schnell Auto fahren können. Die wollten als Jungs so rasch wie möglich hier wegkommen.« Stimmt. So sieht's da aus. Überall. Man müßte aus Gummi sein, um diese Gegend auszuhalten, so elastisch und so dumpf wie ein Reifen.

Ist das mein Pils? Grazie. Prost auch! Was willst du noch wissen? Na, mein Gott, klar gibt's da einen Aldi! Einen Kilometer von der Kartbahn entfernt, auf dem Weg zum Bahnhof, ist ein Aldi. Da hab' ich auch, auf dem Parkplatz von diesem Aldi, das einzige Mal Kerpener gesehen, die *nicht* im Auto saßen. Hm? Nein, Bäume gibt es nicht so viele in Kerpen. Vögel gar keine. Wie? Nö. Von Kai Ebel habe ich nie wieder gehört.

Der Original Kyffhäuser

Von Michael Rudolf

Die einmalige Erfolgsgeschichte des Original Kyffhäusers ist untrennbar mit der Person Walther Craemers verbunden. Walther Craemer, seines Zeichens Geschäftsführer der Innovativen Städte Erfindungs und Vermarktungs GmbH sowie der – nomen est omen – Original Denkmals Consult GmbH, bereiste die Gegend nördlich und südlich der kleinen Stadt Kelbra etwa um das Jahr 1990.

Doch Walther Craemer wäre nicht Walther Craemer, hätte er nicht mit seinem Team aus dem Stand eine bündige Philosophie für die krisengebeutelte Region entwickelt. Zunächst einmal erfand er südlich von Kelbra die Stadt Bad Frankenhausen, die perspektivisch als Kurort auf dem internationalen Markt etabliert werden soll. Soweit, so unspektakulär. Das Neue an Walther Craemers Kreativkonzept war jedoch, daß diese Stadt nicht mehr an einen topographischen Ort gebunden sein wird. Nein, überall, wo tagsüber absolut nichts los ist, wo die Gaststätten verwaist sind und allenfalls sägefester Spargel und petrifizierte Lakritzschnecken zu verspeisen sind, wo die Umsatzkurven der Getränkemärkte imposante Löcher in den Keller bohren, wo Eventkultur und Erlebnisfest auch gänzlich ohne Publikum auskommen, wo gegen zwei Uhr in der Früh drei Kurgäste gemütlich in der Sole absaufen, da soll fortan Bad Frankenhausen sein. Aber das ist noch Zukunftsmusik.

Zunächst muß diese Stadt als Kurort erst mal vor Ort auf Touren kommen. Und das funktioniert allein über ein attraktives Umfeld. Auch hier hatte der Guru der Städtevermarktung eine passende Vision: ein künstlich angelegtes Mittelgebirge im Piccoloformat, dazu ein Eins-a-Denkmal mit identitätsstiftender Magnetwirkung. Ein origineller Name mit y war schnell gefunden: Original Kyffhäuser. Auf Craemers Geheiß taten sich die Baustoffrecyclingfirmen der Region zusammen und schütteten in einem einmaligen Kraftakt die Abstoffe sämtlicher abgerissener Großbetriebe des mittleren Westens der DDR zu einem ästhetisch einwandfreien Kleingebirge auf. Das Abdecken mit feinster OBI-Muttererde war eine Aktion von zwei Tagen. Anschließend wurde das Terrain zwischen Kelbra und Bad Frankenhausen mit turboschnellwachsenden Buchen bestockt. Fertig war der Original Kyffhäuser.

Bei der Entstehungsgeschichte nicht vergessen werden darf die positive Rolle, die die Firma Ravensburger Spiele spielte. Den Papst aller Städteerfinder, Walther Craemer, verbindet eine lange, herzliche Freundschaft mit diesem Unternehmen, nicht zuletzt aus einer Vielzahl heute schon legendärer Beraterverträge. Auf Anregung des rastlosen Visionärs pflanzte die genannte Firma ein imposantes Denkmal auf die neu entstandene Hügelkuppe, die einem ihrer am berühmtesten gewordenen Bausätze (Kyffhäuserdenkmal) im Maßstab 1000:1 nachgebildet war – allerdings kreativ erweitert um einige Steinhaufen, die eine mittelalterliche Höhenburg erahnen lassen, sowie ein Caféhaus, einen Souvenirkiosk, eine Hotelanlage, einen Parkplatz und ein weiträumiges Hygiene Center. Witwen, deren Männer beim Denkmalbau zu Tode gekommen waren, erhielten Geldgeschenke von je zweihundert Mark. Nicht übel! Als weiterer Investitionsträger konnte die Haribo Stiftung e. V. gewonnen werden, die sogleich ein Millionenheer geringfügig Beschäftigter mit dem stationären und ambulanten Verkauf von Lakritzschnecken in Lohn und Zuckerbrot setzte.

Inzwischen war Walther Craemer nicht untätig. Eigenhändig erbohrte er dreitausend Salzquellen um die neue Stadt Bad Frankenhausen, den Tourismus anzukurbeln. Er malte den Himmel blau an. Zur besten Brunchzeit entdeckte er in der Urfassung der Barbarossasage, daß der bekannte deutsche Kaiser mit Familiennamen eigentlich Craemer hieß, und ließ seinem Opi (sic!) auf der Stelle ein hübsches Sitzbild aus Sandstein auf dem Original Kyffhäuser erbauen. Außerdem fand er einen Stammbaum, der ihn, Walther Craemer, familiär direkt auch auf Thomas Müntzer (Großonkel mütterlicherseits) zurückführte. Er schrieb eine *Geschichte des Bauernkriegs, wie sie wirklich war*, errichtete in sieben Tagen

hoch über der nunmehrigen Salzquellenstadt ein authentisches Panoramamuseum, welches er von Werner Tübke nach eigenen Vorgaben mit einem Sinnbildgemälde (14 mal 123 Meter) cool ausmalen ließ, und lancierte in der Bevölkerung den Spitznamen Elefantenklo für das Trumm.

Dies und der einmalige Boom haben unweigerlich dazu führen müssen, daß Walther Craemer in der Region nicht nur von Anfang an als Befreier begrüßt wurde, sondern als Heilsbringer, ja Heiliger verehrt wird. Ungezählt sind die Walther-Craemer-Straßen, -Plätze, -Springbrunnen, -kaugummiautomaten. Keine Familie, die ihre männlichen Neugeborenen nicht auf den Segensnamen Walther taufte. Kein Mädchen, das nicht gern die Frisur von Walther Craemers bezaubernder Tochter Eva nachahmte. Keine gutbürgerliche Gaststätte, die nicht entweder *Waltherstuben*, *Walther-Terrassen* oder *Hotel zum weitsichtigen Walther* hieße. Keine regionale Speisespezialität, die nicht phantasievoll in Beziehung zum übermächtigen Ausnahmewohltäter gesetzt würde (»5-Minuten-mit-Walther-Terrine«). Damit nicht genug: Entlang des Eva-und-Walther-Craemer-Lehrpfades von

Bad Frankenhausen zum Original Kyffhäuser stellen siebzehn Infostationen mit auch nicht zu verachtenden Video-Pökelfleisch-Installationen des namhaften Vorzeigekünstlers Michael Rensen anschaulich ihr segensreiches Wirken von Aachen bis Zürich dar.

Die Dankbarkeit der von Walther Craemer Beschenkten in der Region kennt heute immer noch keine kreativen Grenzen. 2003, zum fünfundfünfzigsten Geburtstag des berühmten Städteerfinders, räumte die Stadt Bad Frankenhausen Walther Craemer das Recht der zweiten bis zur tausendsten Nacht bei jeder Neuvermählten des Ortes ein. Ein besonderes Schmankerl hatten sich der Tourismusverband Original Kyffhäuser und die Kurgesellschaft mbH ausgedacht. Die ursprünglich als Erlebnisreiterstandbild Kaiser Wilhelms I. plus zweidrei allegorische Heinis geplante Bronzefigurengruppe auf dem Original Kyffhäuser wurde auf ihr heimliches Betreiben durch eine neunhundert Meter hohe Reiterskulptur Walther Craemers ersetzt – eines der größten Walther-Craemer-Reiterstandbilder im ganzen Kyffhäuserkreis. Und die Haribo Stiftung e. V. steuerte auf dem von der Aussichtsplattform einsehbaren Weizenschlag ein riesiges Kornzeichen in Form einer neunzig mal neunzig Kilometer messenden Lakritzschnecke bei. Anläßlich der Enthüllung am 20. August zur feierlichen Heiligsprechung waren Überraschung und Rührung auf seiten des bescheidenen Lakritzschneckenexperten und Doyens der deutschen Städtevermarktung selbstverständlich riesengroß. Das können Sie sich denken.

Patriotischer Hochofen

Von Stefan Schwarz

Das allzeit zweifelhafte Deutschtum der sächsischen Sachsen (die ja nicht mal echte Sachsen sind, aber wir wollen hier den Schmerz nicht unnötig vergrößern) entäußerte sich im wilhelminischen Deutschland in gewaltigen Denkmalsbauten, von denen das Völkerschlachtdenkmal definitiv das Unmöglichste ist. Albern sind sie doch alle, doch wo das Kyffhäuserdenkmal märchenkünstlich wenigstens in sagenraunende Fichtenberge geklotzt wurde, steht das Völkerschlachtdenkmal wie ein patriotischer Hochofen über der braven Handelsstadt Leipzig. Bis 1912 wurde es wortwörtlich aus dem sumpfigen Boden gestampft, und die Chancen stehen gut, daß es darin auch wieder versinkt, was dann paradoxerweise wirklich mal ein erhebender Anblick wäre.

Die wieder zu einigem Wohlstand gelangte Heldenstadt hat nämlich leider, leider kein Geld für das Monstrum. Da die durch das Denkmal gepriesenen germanischen Selbstmordtugenden – »Tapferkeit, Glaubensstärke, Volkskraft, Opferbereitschaft«, in der Krypta des Baus verkörpert in zehn Meter hohen, extrem allegorisch gestalteten Typen – nur noch Ermunterungswert für die dünnbeinigen Jungmännernazis haben, die im Gewölbe bewegt dem donnernden Nachhall ihres Raucherhustens lauschen, versuchen die Sachsen schon länger in bekannt verschwiemelter Manier, dem Denkmal eine bloß noch zivile, ja mehr noch juvenile Pompösität umzumänteln.

Schon zu DDR-Zeiten lockte am Eingang ein Zinnfigurenkabinett mit putzigen Dioramen von der Völkerschlacht, um die große Perspektive geradezu zwanghaft zu entspannen. Und wenn die Erinnerung nicht trügt, hatten die Leipziger Schlachtbetriebe das Völkerschlachtdenkmal als Logo auf Kühltransportern, womit der freie Umgang mit dem Nationalerbstück vom Lässigen ins Wurschtige übergriff.

Heute nutzt man den 300 000 Tonnen schwerenPorphyrtrichter vor der Alten Messe noch als Kulisse für klassische Musikaufführungen, und manchmal werden die heiligen Spiegelungen des Wasserbeckens bei Badewannenrennen durchpflügt.

Dagegen ist nichts zu sagen. Dafür aber auch nicht.

Meerumschlungene Hochkultur

Von Eckhard Henscheid

Was ist das für eine Stadt, in welcher zwar jener bekannte Roman *Buddenbrooks* spielt, der dann 1929 endlich und mit achtundzwanzig Jahren Verspätung den Nobelpreis abkriegte; deren langjähriger Ex-Oberbürgermeister Michael Bouteillier (SPD) aber keine siebenundsechzig, sondern schon sechsundsechzig Jahre später seinen unter größtmöglichem Getöse neu nach Lübeck zugezogenen Promibürger G. Grass vor dem Hintergrund der partiell unfreundlichen Resonanz auf den Dickschmadderroman *Ein weites Feld* in bestmöglicher sozialdemokratischer Goebbelstradition gegen »zersetzende« Kritik in Schutz nimmt, um schließlich triumphal festzustellen: »Mann redivivus«? Was ist das für eine Stadt und sogenannte Hansestadt (momentan: 214410 Insassen), in der jener Grass sodann nur noch auf das erlösende Auslöserwort wartete und es sich gesagt sein ließ, sich noch mehr aufzublasen und sich nämlich noch inniger und sinnfreier an diesen fürs Geschäft immer noch weißgott sehr nützlichen Th. Mann ranzuschmeißen und wie dieser endlich den Nobelpreis einzusacken, um dann sogar noch einen entscheidenden Schritt weiterzugehen und unter Mißachtung des ja gleichfalls lübeckgebürtigen und aber mehr negligeablen, ja störenden Heinrich Mann die Einheit gleich noch eherner zu schmieden, nämlich zur Trias:

Nämlich vor zwei Jahren ließ Grass sich zuerst peu à peu, dann immer gußeiserner und Fluchtmöglichkeiten beschneidender den genialen, zumindest aber grunzdummen Bauerntrick einfallen, die eingeschüchterten Lübecker, und ihre sozialdemokratischen Stadtväter voran, mit der Schmeichelei zu umgarnen, wie es doch weltweit ziemlich, ja absolut einmalig sei, daß gleich drei Nobelpreisträger, noch dazu so verschiedener Ressorts (Friede, Epik, Dummgeschwätz), mehr oder weniger geborene oder jedenfalls sonstwie konstitutionelle Lübecker seien; daß aus so einer kleinen Stadt gleich drei Stück kommen; nämlich Willy Brandt, Th. Mann und eben er, Grass, ja neuerdings auch – und dafür gelte es jetzt aber ein dreifaches Signal als unsterbliches Denkmal in Lübeck aufzuziehen, nämlich neben dem längst existenten Buddenbrookhaus auch ein Willy-Brandt-Haus und im Verbund eben damit aber auch gleich noch ein G.-Grass-Zentrum – und siehe da, übers Jahr war es dann auch schon soweit, dieses Grass-Zentrum in der Glockengießerstraße 21 wurde vor den benommenen Augen und Ohren der Bürgerschaft aufgetan – das Brandt-Haus aber soll, angrenzend und »durch einen Kubus verbunden«, nächstens nachrücken, mit einer »Cafeteria« in diesem Kubus; und, so darf man heute schon sicher sein, mit einem Weisepfeil: »Besuchen Sie auch durch den Kubus hindurch das G.-Grass-Zentrum!«

Mag ja sein, daß Grass nur zu dem Zweck von Hamburg oder Danzig oder weißgottwoher nach Lübeck gezogen ist, um dort mit Pomp diesen neuerlichen Unsterblichkeitsuntermauerungsversuch zu veranstalten; mag sein, daß ihn sodann das bereits etwas gewohnte Leben mittenmang unter den ja sonst nicht so sehr inspirierenden Lübeckern auf die Glanz- und Grappa-Idee brachte; was aber, nochmals, ist das für eine meerumschlungene Hanse- und Hochkulturstadt, deren Bürgerschaft dem Grassschen Unheilstreiben zwar zunächst einigen Widerstand entgegenstemmte und das Dreierpackprojekt als »so unnötig wie ein Kropf« zurückwies; die aber dann doch den seitens Grass ruchlos verheuchelten Schöntuereien von wegen »glückliches Lübeck, armes Lübeck« usw. nachzugeben begann – zu vergessen begann, daß in dieser ihrer Heimatstadt wie zum Beweis des Gegenteils von Kultur ja auch noch ein nutzlos durchgefütterter Frührentner namens Bj. Engholm lebt, nominell geführt als Kulturmanager im Rahmen so großartiger Dinge wie einer »Agenda 21« und gar des »Pro Baltica Forums«; jener Ex-Ministerpräsident Engholm, wie er bis zu seinem persönlichen Niedergang 1993 sogar als SPD-Kanzler aufgeboten oder dann wenigstens als selbst eingebrachter Lübecker OB-Kandidat kurz im Angebot war, ehe er, Engholm, sodann geschmerzt erfahren mußte, daß es einen solchen OB hier schon gibt.

Was, ein letztes Mal, ist das für eine Stadt, die zwar neuerdings unangefochten die Schach-Bundesliga-Tabelle anführt, aber, sieht man genauer hin, doch nur mit einem (die Baltica-Connection Engholms?) mitgebrachten spanischen Exil-Letten namens Alexander Schirow? Was ist das für eine angeblich stolz in der Meeresbucht gelegene Stadt, in welcher laut Th. Mann einst Patrizier- und Kaufmannsfamilien das machtvolle Sagen hatten, in der aber nunmehr ein unter fadenscheinigsten Gründen zugeeilter, ja zugewieselter G. Grass die ganze Zivität narrt und am Gängelband seiner finsteren Großplanungen zieht, all diese scheinbar stolzen Schleswig-Holsteiner, wie wir sie noch unlängst als sogenanntes Holsten-Tor zumindest auf unseren guten alten 50-Mark-Scheinen zu schätzen wußten! All diese in Tat und Wahrheit aber schwerst bouteillier- und engholmbescheuerten Lebewesen und auch sonst gravierendst »verhatschten« (Karl Kraus, der aber zu seinem Heil nie in Lübeck war) Existenzen und sonstigen Schrumpfformen, die da nunmehr mit ihrem Mann-Grass-Brandt-Supercenter natürlich besonders behämmert aus der bescheuerten Wäsche schauen – denn: auch jetzt, mit diesem Center-Triptychon, hat sich ja für die braven, in Wahrheit steintörichten und offensichtlich besonders leicht zu prellenden Lübecker ja partout nichts geändert. Geschweige denn erleichtert. Oder gar erledigt.

Nach wie vor streunen trostlose Katzen, ältere Hunde, Engholm, der neue OB und unverbrüchliche Pfeifenraucher Bernd Saxe, zu Recht verlassene Witwen und jetzt eben auch G. Grass durch die Stadt, im trüben Licht des nahen Nordens; wackeln sie unterm Protektorat des Holsten-Tores hin und her, Grass einmal täglich zwischen 14 und 15 Uhr, Engholm in seiner Eigenschaft als emsig-agilitätsbeschlagener Baltikumsberater jetzt schon bis zu siebenmal täglich quer durch die nach wie vor funzelig dämmrige Altstadt, zum tiefen Augenschmerz der noch geduldigsten und aber an alles gewöhnten und sich jetzt offenbar auch damit abfindenden Lübecker; die da, zumal zum Wochenende, ja auch noch »als Beitrag zur weiteren Stadtverschandelung« (Wolfgang Wandel) betrunken einfallende und noch viel betrunkener wieder wegrauschende Wildgänse von Skandinavierhorden erdulden müssen; fast zu schweigen von dem furchtbarst widerwärtigsten Getue und Gehacke des sogenannten Weihnachtsmarkts, auf den der eingeborene Lübecker aber nun schon ganz besonders stolz ist; auch sonst fehlt es der Stadt nicht an unsäglichst abgerissenen Menschenformationen; sonst aber, das gute Marzipan beiseite, praktisch an allem:

Es hat in Lübeck keinen richtigen Flugplatz, keine Staatsoper, es hatte noch nie einen Erstligafußballclub, es hat kaum eine ordentlich gemischte Sauna, es gibt keine attraktive Drogenszene – dafür aber Fehler und unverzeihliche Mißgriffe im Städtebaulichen: befremdliche Stilmelangen aus Hochgotik und spätester Postmoderne, aus Jugendstil und schwer degeneriertem Hansa-Backsteinbarock vom Scheußlichsten – und eben verfehlteste »soziologische Gruppierungen« (Gerhard Polt) fast aller Art: außer Brandt und den Brüdern Mann und Grass auch noch Frau Grass, genannt Ute, dann die alten und schon sehr vergreisten Seeleute Kuddeldaddeldu und Kuddeldaddelsie – Hans Albers auch, Golo Mann, endlich auch diese ganze verräterisch dumpfe Mannschaft vom Kieler *Arkadencafé*, also neben den geschworenen Pfeifenrauchern Engholm und Saxe auch noch diese ganzen Barschels und Pfeiffers und diesen hibbeligen Klaus Kribben, freilich, dort im *Arkadencafé* und im Western-Safari-Hightechlife-Pub neben dem Grass-Center ließ man sich schon 1987 diesen ganzen Stuß rund um die Brandtnachfolge, Pro Baltica und Freia-Barschel-Ermordung einfallen – ja und auch sonst kommen halt einfach die minderwertigsten Figuren und Charaktere der deutschen Nationalgeschichte und der internationalen Kriminalitätsszene aus ausnahmslos Lübeck-Mitte: Möllemann, Frau Engholm, Honecker, Ulbricht, Grotewohl, Strauß, Netanyahu, Hitler, Saddam Hussein, Jan Hus – –

Decken wir den Mantel des Schweigens drüber; es ist dies eine Liste der Beschämung und der Trauer; wie der Name der Stadt heute ausschließlich mehr traurig, traurig, traurig tönt; ja eigentlich schon verflucht.

Recht schön mahnt allerdings diese mittelgroße, eckige, spitze Kirche mitten in der Stadt; sowie jenes nette Wässerchen (Bach? Kanal?), was sich so irgendwie rundlich um die Altstadt schlängelt.

Der Q-Quotient

Von Jürgen Roth

Aaah, Mannheim! Mann-heim. Mein Gott, Mannheim. Es ist ja nicht auszuhalten, es ist ja furchtbar. Mann, dieses Mannheim. Heimstatt des Schnöden, Schalen, Schoflen. Keimzelle aller städtischen Häßlichkeit, Urgrund aller architektonischen Verfehlung, Urbild zivilisatorischer Schandtat schlechthin. Platonische Uridee der Wirklichkeit der Unwirtlichkeit unserer Städte. Locus a-amoenus in purster Reinform per se. Mannheim? Fahr da bloß nicht hin!

Also fahr'n wir da mal hin und schau'n uns dieses berüchtigte und darob berühmte Schachbrett an. Dieses steinerne Herz der derangierten Ratio, diese Monströsmißgeburt, dieses quadratkilometergroße Mahnmal für tödliche, alles Leben verkastelnde und verknastende Planungswut und Reißbrettingenieurirrenkunst.

Das Planquadrat, das Zentrum Mannheims, der zweitgrößten Stadt Baden-Württembergs und des Sitzes solch kulturförderlicher Institute wie des Nationaltheaters (Stätte der Uraufführung von Schillers Räuberpistole *Die Räuber*), des SV Waldhof Mannheim (Klaus »NPD« Schlappner, Dieter »Eisenfuß« Schlindwein, Jürgen »Hau um!« Kohler), des Instituts für Deutsche Sprache (ich sage: Duden-Redaktion! Rechtschreibterror! Regulierungs-, ja Normierungswahn!) und der glitzernd neuen, nageldoofen Deutschen Popakademie – das Planquadrat, nach 1945 im Furor des Wiederaufbaus und in rasender Barbarenverachtung der Bedürfnisse der Bevölkerung aus dem Boden gestampft, wurde ja eigentlich 1606 im Zuge der Stadtgründung und Grundsteinlegung durch Kurfürst Friedrich IV. von holländischen Baumeistern entworfen und ist aus nördlicher Richtung über die Friedrich-Ebert- und die Goethestraße zu erreichen.

Die ringförmig um das Quadrat (im folgenden: Q) geführten Straßen sind breit. Es gibt Stau. Die Ampeln haben kurze Phasen. Man steht und schaut. Dann biegt man ab und fährt hinein ins Q, d. h. in ein Parkhaus. Am Rande des Qs gibt es zahllose derartige Errungenschaften der Zivilisation – Häuser, die man tief in die Erde grub, um darin mit giftige Gase ausspuckenden Blechfahrwerken zu rangieren. Sie sind in der Regel auf dem neusten »Stand« (sogenannte Topmodelle).

Goethe, unser Lieblingsbesserwisser und -europakreuzfahrer, fand Q »gleich und heiter« gebaut. Näheres über eines der hundertvierundvierzig Quadrate des Qs, die erst 1811 die bis heute beibehaltene Numerierung erhielten, hat er nicht hinterlassen. Das erschwert die Orientierung. Deshalb landen wir auch gleich nicht etwa in »L 12«, sondern an den »Kapuzinerplanken«, einer Art Achsenstraße, auf der Straßenbahnen verkehren (wieso eigentlich? Es könnten doch Autos fahren!).

Gegenüber erstrahlt gleichwohl und zum Glück ein Schild, auf dem »O 5« steht. Es ist befestigt an einem Haus, das »Mode im Quadrat« beherbergt. An der modischen Erscheinung der Menschen, die hier wandeln, ist nichts auszusetzen. Die Popakademie hat offenbar noch nicht viel ausrichten können in Mannheim, zumindest nicht im Q.

Aber irgend etwas stimmt nicht im Q. Q hat sich schöngemacht, extrem schöngemacht. Extra unseretwegen? Wird das alles, wenn wir Mannheim über die grauenhaften Vororte Lindenhof und Almenhof wieder verlassen werden, wieder abgebaut? »Husch, ihr Kulissen, zurück in den Fundus!«?

Mit »A 1« am Lot der Schloßseite beginnt Q, es endet mit »U 6« am Ring. Die Numerierung scheint keine Auswirkung auf die Psychen der Inhabitanten gehabt zu haben – noch zu haben. Man wird in einer Minute zweimal gegrüßt und bedankt sich. Die Sonne scheint.

Sicher, manch Mannheimer trägt statt einer Mütze ein Brot auf dem Kopf, das ist Sitte hier, weil Mützenmangel herrscht. Doch die Sittsamkeit ist ausgeprägt, die Schönheit der Frauenbeine überbundesdurchschnittlich.

»Hier drin ist immer gute Stimmung«, sagt der Betreiber einer italienischen Cafébar, der zwar Gott sei Dank weder Goethes *Italienische Reise* noch Schillers *Räuber*, geschweige denn unser Ansinnen kennt (nämlich Mannheim ungespitzt in den Boden zu rammen), aber friedlich koexistiert in »Q 2, 24«, mitten im Q, im knusprigen Kerngehäuse der 1803 aufgelösten Kurpfalz und der demzufolge epochal gewordenen Residenzruhmstätte eines Kurfürsten Carl Philipp et al.

Der Italiener existiert und koexistiert. Q sei o. k., sagt er, sonst sei Mannheim, das Nicht-Q-Mannheim, »eine langweilige Stadt«. Wir glauben das und nicken entsprechend. Wir hocken am Tresen und sehen uns um. Wir sehen, was Koexistenz heißen kann. In dieser Q-Markthalle ist der besondere Clou die sympathische Parallelkulinarkultur aus Cappuccino, frischem Roggenbrot, spanischer Snackpointopulenz, privater Brauhauswerbung, Salzfelder Wurstspezialitäten und ethnisch indifferenten Balkanobstofferten. Die Gäste haben eine Ruhe, trinken und sehen zu, daß sie sich umschauen.

Draußen schweben hochhackige Damen mit Hüten und Mannheimer Working-class-not-so-Heros mit Weißbroten auf den Köpfen vorbei. Die gängige Wollmütze wird im Q nicht sehr geschätzt. Man hat Stil, Extravaganz, ja eine »gewisse« Klasse. Deshalb kostet ein unifarbiger Normalkopfstoffschutz im Kaufhaus bloß fremdenfreundliche vier Euro. Mützenmekka Mannheim.

Auf dem *Kaufhof* thront eine stählerne Weltkugel. Der Paradeplatz, der sich davor erstreckt und brüderlich gerahmt wird von *C & A*, *Telekom* und dem *Bücherhaus Kober*, öffnet seinen Brunnen zur Begehung. Die luftige Agora begrenzt auf der gegenüberliegenden Seite das Stadthaus, Nr. »N 1«.

Q kommt mental gut. Wenn man vor dem Stadthaus sitzt, im Rücken das indefinite Etwas aus Treppen, Stahlturm und Drehtüren, dann fällt einem schon gar nichts mehr ein. Das ist gut. Städte, in denen man ständig denken muß: »Mensch, Venedig, das ist aber eine Stadt!«, die taugen nichts. Zumindest taugen sie dem Taugenichts nicht.

Im Stadthaus, das sich trotz seiner ahistorisch-stilistischen Egalheit geschmeidig zu älteren Q-Gebäudlichkeiten verhält und gesellt, finden wir eine VHS, *Betten Easy Living* und den *Akademischen Büchermarkt*, in dem günstig die vielfach begehrte Sprachtheorie zu erwerben ist.

Die Sprache möge es einem verschlagen, fahre man nach Mannheim, sagt der Gemeinmund. Er weiß vielleicht nicht, was er spricht. Gut, »B 1« und »M 1«, sich, durch eine normale Stadtstraße getrennt, gegenüberstehend, bieten a) einen Waschbetonbau und b) ein Haus namens *Linoleum* auf; aber doch sieht das, das Q, grosso modo vernünftig aus. Kaum zweihundert Meter weiter ragt die prachtvolle Sandstein-Barock-Jesuitenkirche empor, in der, neben seinen höflichen Aufenthalten im Rittersaal des kurfürstlichen Schlosses, Mozart jenem Gotte lauschte, an den er aus Vernunftgründen nicht glaubte. Und im nächsten Straßenzug rechts weg, in »C 4«, gammelt bürgerlich ernüchtert der übliche Klinker- und Verputzschmutz herum, der schon gar nicht mehr verärgert, sobald wir einen Blick auf das Zeughaus werfen, das auf einer Sichtachse dem Museum für Archäologie und Volkskunde opponiert, das sich als kleine Ausgabe des Palastes der Republik präsentiert.

»Entschuldigung, wo haben Sie die Mütze gekauft?« fragt uns am Gendarmenmarkt ein Mannheimer Mädel, das so schön in Magdeburg niemals anzutreffen wäre. »In eurem Kaufhaus«, sagen wir und scharwenzeln dem Wasserturm am Friedrichsplatz entgegen, um einen friedlich-frohgemuten Tag durch inneres Einkehren feierlich zu beschließen.

Fahren Sie bloß nicht nach Mannheim. Sie könnten Ihre Vorurteile enttäuschen. Und aus denen bestehen Sie doch.

Leider haben wir vergessen, in welchem Q-Quadranten das Auto steht.

Kann keine Mauer sein

Von Rayk Wieland

Zahl der registrierten Maueropfer gestiegen.
Süddeutsche Zeitung, 11. August 2001

Die »Mauer« hat es nicht gegeben. Es ist Zeit, auch diese unbequeme Wahrheit einmal an- und auszusprechen und dem albernen Spuk, der um das dubiose Bauwerk kreist, das längst verdiente Ende zu bereiten. In Berlin, und nicht nur dort, läuft kaum noch jemand durch die Gegend, der nicht fest davon überzeugt ist, daß die Stadt noch vor mehr als zehn Jahren durch eine mittelhohe, relativ respektable »Mauer« geteilt gewesen sei. Die »Mauer«, so bizarr es klingt, habe unmittelbar vor dem Brandenburger Tor oder direkt auf dem Potsdamer Platz gestanden, sie habe willkürlich weitere zahllose Straßen und Häuser durchtrennt sowie auch einen Teil der Stadt von außen umschlossen. Anders als die chinesische Mauer, deren Bau auf freiem Gelände mehrere Jahrtausende in Anspruch genommen hatte, soll die Errichtung der Berliner »Mauer« über Nacht geschehen sein. Sie sei schneeweiß angestrichen gewesen wie ein Hochzeitsauto, Wachposten hätten sie bewacht wie eine unantastbare Braut und jeden, der ihr zu nahe kam, erschossen. Um ihre Jungfräulichkeit zu garantieren, hätte es vor der »Mauer« sogar noch weitere Mauern, Sperren und Zäune gegeben, die ebenfalls bewacht worden seien. Zu sehen ist dieses gigantisch anmutende Mauerensemble allerdings nicht. Es heißt, es sei über Nacht »gefallen« und seitdem verschwunden.

Es ist komisch und makaber zugleich, mit Leuten, die diesen »Mauer«-Tick haben, durch Berlin zu gehen. Sie können mitten in der Stadt, in der Bernauer Straße oder an der Oberbaumbrücke, stehen bleiben und den imaginären Verlauf einer »Mauer« beschwören, von der nicht das Geringste zu sehen ist. Indem sie mit dem Finger auf nichts zeigen, sagen sie, da wäre »sie« gewesen.

Natürlich gibt es an allen Ecken und Enden der Stadt profane Mauern, aber die »Mauer«, von der alle ununterbrochen reden, ist nirgends sichtbar. Das scheint aber nicht weiter zu stören, denn diese Leute haben die »Mauer« im Kopf. Hier, rufen sie an einer bestimmten Stelle plötzlich aus, sei die »Grenze« gewesen, und halten inne, als müßten sie sich den genauen Standort der »Mauer« vergegenwärtigen. Sie zeigen auf ein intaktes Haus, das durch die »Mauer« geteilt gewesen sei, eine Brücke, einen S-Bahnhof. Als wären es Beweisstücke, ziehen manche unscharfe Photos aus der Tasche, auf denen weiß angestrichene »Mauer«-Stücke zu sehen sind. Andere haben Betonkrümel von der »Mauer« aufbewahrt. Überall gibt es Leute, die behaupten, die »Mauer« mit eigenen Augen gesehen zu haben, ja sogar ein Opfer der »Mauer« geworden zu sein oder noch zu werden, denn die Zahl der »Mauer«-Opfer steigt auch noch lange nach dem »Fall« der »Mauer« Jahr für Jahr an.

Die Geschichte ließe sich als sympathischer Spaß, mit dem Touristen nach Berlin gelockt werden sollen, oder lokaler Irrsinn abtun, ähnlich dem Rummel um das Grabtuch von Turin oder den in den USA verbreiteten Entführungen durch Außerirdische. Aber ist hier nicht doch ein spezifisch deutscher Wahn am Werk, der ausgerechnet die »Mauer« zum Objekt des nationalen Phantasmas erhebt? Eine »Mauer«, welche die Deutschen angeblich erst willkürlich trennte, in unversöhnliche Feinde spaltete und plötzlich wieder friedlich vereinte? Wie phantasievoll und zivil erscheinen Grabtuch und Ufos gegenüber diesem Bollwerk der Ausgrenzung, dieser Befestigung von Kerker und Gefängnis, auf das die Deutschen ihre kollektiven Sehnsüchte projizieren.

Warum aber wurde gerade die »Mauer« zum nationalen Trauma der Deutschen – und nicht etwa der »Dachsparren« oder die »Haustür«, der »Garten« oder die »Veranda«? Wäre es nicht viel amüsanter, wenn die Deutschen auf der Suche nach dem »Garten« oder dem »Balkon« durch ihre Hauptstadt streiften? Wenn sie ausriefen, daß hier, genau durch dieses Haus, durch diese Straße, der »Garten« verlaufen sei oder dort, auf dem und dem Platz, die »Haustür« gestanden hätte? Wenn sie von einer schönen »Veranda« mitten in Berlin erzählten oder, meinetwegen, einem enormen »Dachsparren« nachhingen, der über der Stadt schwebte?

Ja? Nur, was hindert sie daran?

In der Geschichte der Deutschen ist die Errichtung von, das Anrennen gegen und das Schleifen von Mauern barbarische Konstante. Als nationales Erweckungserlebnis gilt die Überwindung des Limes, die das Schicksal der damaligen Weltzivilisation, des römischen Weltreichs, besiegelte. In der Folgezeit schufen die Deutschen auf ihren Territorien so viele Grenzen und Mauern wie nirgendwo sonst auf der Welt. Das Ergebnis war ein nahezu ununterbrochener Kriegszustand, in dessen Folge die Befestigungen immer wieder verschoben wurden. Die Schleifung der Partikularstaatsgrenzen erfolgte ebenfalls per Krieg, der dann, zwecks Ausdehnung des Staatsterritoriums, permanent fortgeführt wurde. Immer wieder versammelten sich die Deutschen am Schlagbaum, um ihn niederzureißen. Immer wieder errichteten sie Wälle und Festungen, um ihre Expansionen zu sichern. Nahezu sämtliche relevanten Grenzveränderungen des letzten Jahrhunderts in Europa dürften auf deutsche Initiative zurückgehen, sämtliche kommenden, mit dem Wegfall aller Staatsgrenzen in EU-Europa als Klimax, auch.

Wenn es so etwas wie einen deutschen Nationalcharakter gibt, muß ihn die Stupidität dieses Jahrtausende währenden Furors irreversibel deformiert haben. Nicht die bis nach Rußland reichende Landschaft, wie Ernst Jünger mal weiträumig ausführte, hat den Blick der Deutschen geprägt, sondern die Grenze, der Schlagbaum, die »Mauer«. Kein Wunder, daß sie jetzt überall und auch dort »Mauern« sehen, wo gar keine sind. Daß sie immer von der »Mauer« reden, als gelte es sie zu beschwören. Daß alle politischen Parteien ihre Positionen definieren, indem sie zur »Mauer« Stellung beziehen. Und daß sie natürlich alle, mit Ausnahme der Kommunisten, die »Mauer« ablehnen.

Kurioserweise sollen aber ausgerechnet sie, die Kommunisten, für die Berliner »Mauer« verantwortlich sein und deren Bau betrieben haben. In Berlin gibt es jedenfalls mehrere »Mauer«-Museen, Dokumentationsstellen und Vereine, die exakt diese Behauptung verbreiten. Für gewöhnlich sind

Kommunisten ja Leute, die unter dem Vorwand, sie wollten den Staat stürzen, hinter Mauern eingekerkert oder an eine Mauer gestellt werden. Die Kommunisten jedoch, von denen hier die Rede ist, sollen einen Staat gegründet und ihn dann aus freien Stücken selbst eingemauert haben. Diese völlig abstruse Idee ist heute verbreitete Ansicht nicht nur in Deutschland. Die ganze Welt glaubt die Geschichte.

Um so größer ist allerdings die Überraschung von Touristen, die nach Berlin kommen und nichts, nicht die geringste Spur von einer »Mauer« entdecken können. Um ihren Unmut einzudämmen, soll jetzt von Künstlern eine Art »Mauer«-Installation in Angriff genommen werden. Zu ihrer Vervollständigung müßten eigentlich auch künstliche Kommunisten nachgebaut werden. Das wäre mal eine Installation, für die gar nicht genug Geld rausgeschmissen werden könnte.

Die betörende Zutiefsttücke der Südsee-ornamentik (sowie der Weiber)

Von Jürgen Roth

Von Minden/Westf., dieser edlen Mischung aus Mindenmindersinn sui generis und wilder Westfäligkeit, ist laut virtueller Offizialdarstellung zu hören, die ebendort entfaltete »Vielfalt ideenreich gestalteter Projekte« habe »ein gleichermaßen kritisches wie kreatives Kulturklima entstehen lassen«, welches »den ideellen Sinn, der im Satz von der *historischen Stadt voller Leben* angelegt ist«, voll und ganz »verbürgt«.

Noch über dem höheren Sinn der seit zwei Jahrtausenden insbesondere gymnasial eingepaukten Schillerschen »Bürgschafts«-Ballade rangiert demzufolge eine »Kulturförderung in diesem Sinn«, dessen näherer Sinn »Hilfe zur Selbsthilfe sein« soll, weil man den »etwa 122 kulturschaffenden Mindener Kulturträgern« zwar leider keine Kulturkohle, dafür aber eine Art Anregungsselbstverwirklichungsmanagementhilfe angedeihen lassen möchte.

Daß die sich das gefallen lassen, steht außer Zweifel. Gleichzeitig sieht sich die Mindener Museumsverwaltung gezwungen, ungefähr in die Alte Kirchstraße 9 umzuziehen und von nun an in der sogenannten »Roten Schule« weiterzumachen. Das schert die Leiter des »Leseclubs für Grundschulkinder« zirka gar nicht. Ihr Wille bleibt fest. Gemeinsam mit »Schmöki, dem lesenden Biber« lernen die Kleinen (von Minden) unter der Obhut besagter Pädagogencracks »neue Bücher kennen« – sie »reden über Geschichten, können darüber lachen, schimpfen, nachdenken«, während das »Mindener Kulturleben« (www.minden.de) in etwa mit der Nachricht aufwartet: »Der Mindener Autor Jörg ›Monte‹ Klein hat ein Buch über Südseeornamentik geschrieben: *Mana – Die Geheimnisse der Marquesischen Tätowierung* […]. Klein machte sich mit Rucksack und Gitarre auf den Weg in die Südsee, um die Rätsel der Tribal-Tätowierung der Marquesaner zu entschlüsseln. [...] ›Mana‹ bedeutet soviel wie Power und wird oft gesagt, wenn es um die Südseetätowierung geht.«

Da man in mighty Minden, wo sogar ein Gigant vom machtvollen Schlage Hans »Arno« Wollschlägers am 17. März 1935 hervorgebracht werden konnte, solche rauschhaften Wörter wie Tribal-Tätowierung und das schmerzlich ersehnte Powertatoo parat hat, sind des weiteren gewisse Hoffnungen geweckt über einen günstigen Ausgang des anberaumten »Schreibwettbewerbs« anläßlich des »Kulturtages 2003«, der unter dem meisterhaften Monte-Motto abgewickelt wird: »Menschen in unserer Stadt: Minden literarisch«.

Nun, cum grano salis et Saphir gesprochen: Es ist in Minden, dem »kulturellen Mittelpunkt des Kreises Minden-Lübecke«, nanoparetooptimal anything auf dem Gleis. Der Betriebshof für Abfallwirtschaft, Winterdienst und Straßenschrubben erhält das Zertifikat nach DIN EN ISO 9001, »die Stadt sucht Betreiber für Toiletten« zum Beispiel am zentralen Omnibusbahnhof und am Marienglacis (»Angesprochen werden sollen vor allem Privatpersonen, die Interesse an der kompletten Bewirtschaftung der Toiletten haben«; packt es Monte?), und die »qualifizierte Allgemeinbildung«, meldet das Mindeninternet, hat durch »dreißig allgemeinbildende Schulen«, sei's durch reale, sei's durchs Bessel-, durchs Rats-, sei's durchs Herder-Gymnasium, ein erhebliches, ja berghohes Niveau erreicht. Das alles findet selbst aus dem gewogenen Außenland Bestätigung. »Minden beherbergt zwar«, versichert der große Minden-Kenner Eckhard Henscheid, »einige der schönsten Teenager, ja der betörendsten Frauen Deutschlands, die aber leider auch zu den tückischsten, nämlich unbotmäßigsten zählen: solche, die im Gymnasialunterricht nicht nur Goethe und Kafka, sondern sogar Eckhard Henscheid ablehnen, und zwar aus purer Unkenntnis mal genuiner Boshaftigkeit.«

Nein, selbst wenn Kafka das Buch *Henscheid unter Frauen* geschrieben hätte, es hätte in der Helenahochburg Minden (Westf.) nicht verfangen. Aus zutiefst geheimnisvollen Mindener Gründen.

Toleranz durch Dialog

Von Mark-Stefan Tietze

Wenn man abends durch Münster radelt, im späten Frühjahr oder Sommer, kommt einem die westfälische Miniaturgroßstadt überhaupt nicht öde, sondern eher unaufdringlich und charmant vor. Die hanseatischen Giebelhäuser des Prinzipalmarktes, von denen eines auch den berühmten Friedenssaal von 1648 beherbergt, sehen zwar aus, als wären sie von Außerirdischen mit einem merkwürdigen Sinn für Nostalgie abgeworfen worden; ringsum jedoch, in den Gassen zwischen den roten Ziegelhäusern, scheint ein durchaus liberaler Geist zu wehen, der vielleicht zusammen mit preisgünstigen Weichdrogen aus den nahegelegenen Niederlanden herübergekommen ist. Während auffallend gutaussehende junge Leute zwischen den Kneipen und Straßencafés herumwimmeln, machen sich auf den begrünten Plätzen provozierend moderne Skulpturen neben biertrinkenden Punks breit. An jeder zweiten Straßenecke kann man eine Galerie entdecken, und allerorten laden vielversprechende Kabarettisten, Musikgruppen und Diskjockeys zum Amüsement. Vielleicht ist es ja das niedlich Studentische, denkt man, das einen das abendlich-lauschige Münster als turbulente Idylle erleben läßt. Hier hat man offenkundig alles, was man als aufgeweckter junger Mensch zum Leben braucht.

Der Chor der Münsteraner: Münster ist aber im Grunde ein stockkatholisches Provinznest, ein Kuhdorf voller engstirniger Krämerseelen, ein richtig konservativer Schweinekoben. Die vielen Studenten, die lebendige Alternativszene und das rot-grüne Interregnum der Jahre 1994–99 haben die Stadt bislang nur stückchenweise öffnen können.

Gewiß, knarzige Katholiken und wortkarge Westfalen gibt es natürlich noch zuhauf, und mit der Sperrstunde und ordnungsgemäßer Fahrradbeleuchtung nimmt man es leider auch recht genau – schließlich müssen die Eleven der ortsansässigen Polizeischule irgendwie beschäftigt werden. Aber die Zeit bleibt nicht stehen. Daß das Zusammenwirken des alten mit dem neuen Münster Früchte trägt, sieht man zum Beispiel an der großen Zahl von Vollwertrestaurants und Bioläden, die jene der Kioske und Imbißbuden inzwischen überflügelt hat. Hier können es sich Hochschulbedienstete, Versicherungsangestellte, Banker und Beamte, aus denen sich die berufstätige Bevölkerung zu etwa gleichen Teilen zusammensetzt, guten Gewissens schmecken lassen. Und der Dom wird seit einer Weile auch unter der Woche in ein prachtvoll orangefarbenes Licht getaucht, weil sich ein großes Café am Domplatz, seinen Gästen zuliebe, an den bischöflichen Stromkosten beteiligt – so unbürokratisch und urban kann es zugehen, wenn man einfach nur bereit ist, miteinander zu reden.

Der Chor der Münsteraner (lachend): Wenn man aber morgens aus dem Haus tritt und den Güllegestank der münsterländischen Agrarindustrie erschnuppert, kann man wirklich nicht so tun, als wäre das hier eine Weltstadt.

Deshalb tut das ja auch keiner. Ganz im Gegenteil: Gerade das Bodenständige und Bauernschlaue, das uralte ländliche Traditionen und ererbtes Eigentum mit sich bringen, macht die Einwohner dieser Stadt so stolz und selbstbewußt. Anders als der rheinische Erzfeind, der aus schierer Not den ganzen Tag herumquasseln und sich jovial geben muß, ergreift der Münsteraner normalerweise nur das Wort, wenn er ein Geschäft tätigen, ein Problem lösen oder die Toleranz befördern will. Einen Neuankömmling in der Stadt – und das sind in jedem Semester viele Tausende – muß das freilich nicht stören. Im Dunstkreis der Universität läßt es sich über Jahre hinweg auch ohne Kontakt zur eingeborenen Bevölkerung zurechtkommen.

Der Chor der Münsteraner: Gerade Studienanfängern hat Münster viel zu bieten! Oft hören sogar die aus dem Sauerland oder Emsland schon nach wenigen Semestern auf, am Wochenende nach Hause zu fahren. Immerhin nämlich gibt es seit einiger Zeit Clubs und Kneipen, die auch noch nach ein Uhr aufhaben. Schreib, daß Münster schön ist, schön, aber ein bißchen langweilig.

So langweilig ist Münster freilich gar nicht. Während der Tagesstunden hält eine gespenstisch leise Betriebsamkeit die Stadt in ihrem Griff: Thesenpapiere, Marketingkonzepte und

Ratsvorlagen müssen geschrieben, Praktika, Prüfungen und Überstunden absolviert werden. Und gegen die abendliche Langeweile gibt es für alte und junge Semester ein probates Mittel: Man geht auf Partys, von denen in den WGs, auf den Studentenetagen und in den Altbauwohnungen jeden Abend gewiß mehrere tausend stattfinden. Während im Nachbarzimmer zu gut abgehangenen Songs aus den Achtzigern getanzt wird, sitzt man gemütlich um eine große Schüssel Zaziki herum und trinkt ein gepflegtes Bier. Man beredet die Probleme der anstehenden Referendariatszeit und versichert sich der Wichtigkeit eines zügigen Studienablaufs und zahlreicher Auslandsaufenthalte, bevor man über die Scheinanforderungen und die Praxisferne des Studiums zu klagen beginnt. Auch Nichtstudenten können da bedenkenlos mitreden, man versteht sich in dieser Stadt eben blind.

Der Chor der Münsteraner (begeistert): Das Tolle ist ja, daß hier eigentlich jeder jeden kennt. Deshalb ist es auch so leicht, sich in Münster wohl zu fühlen. Überall trifft man nette Bekannte, im Bus, in den Einkaufsstraßen, in der Unibibliothek oder Samstag morgens auf dem Markt, in der Schlange vor dem holländischen Fischstand!

Über großstädtische Anonymität kann hier wahrlich keiner klagen. Ein allseits haftendes Band der entfernten Bekanntschaft durchzieht das gesellschaftliche Leben der Stadt, weshalb die meistgehörte Partybegrüßung lautet: »Ihr auch hier? Haha, so klein ist Münster!« Daß alle so gut miteinander auskommen, liegt möglicherweise auch daran, daß es nur eine soziale Schicht gibt: die Mittelschicht. Einige wenige Plebejer hält man sich zwar in ausgelagerten Trabantenstadtteilen und einfachen Dienstleistungsberufen, aber ansonsten teilt man die universalen Werte und Ziele des bürgerlichen Milieus, das in Münster überdies nur selten als großbürgerliches in Erscheinung tritt. Das bedeutet: Geprotzt wird hier nicht, man fährt lieber Volvo als Jaguar und pflegt ansonsten eine eher unkatholische Arbeitsethik. Soviel Fleiß zahlt sich aus: Wie der Deutsche Städtetag unlängst feststellte, handelt es sich bei Münster um nichts weniger als »die mittlere Großstadt mit der stärksten Steuerkraft in Deutschland«.

Der Chor der Münsteraner: Nicht nur das! Münster zeigt

auch jede Menge alternative Denkansätze auf! Zum Beispiel wird die Stadt immer wieder zur Fahrradhauptstadt Deutschlands gekürt. Wegen des vorbildlichen Radwegenetzes, der ökologischen Verkehrspolitik und des Fahrradparkhauses vor dem Bahnhof!

Sicher, Münster ist auch bundesdeutsche »Klimahauptstadt«, wegen der beispielhaften Anstrengungen im Klimaschutz, »Online-Hauptstadt«, wegen des bürgerfreundlichen Kommunalinternetauftritts, und vor Zeiten hat das Bundesbauministerium Münster sogar zur »Modellstadt der Zukunft« ausgerufen. Vorbildlich will der gar nicht so heimliche Primus eben in allen Belangen sein: Die Mensa ist die beste Deutschlands, der Marktplatz der schönste, die Schüler gehen mehrheitlich, mit einem bundesweiten Spitzenprozentsatz, aufs Gymnasium, und ganz in der Nähe des Hafens steht Deutschlands längste zusammenhängend mit Graffiti verzierte Mauer – Sprayen ist dort nicht nur geduldet, sondern von Amts wegen ausdrücklich erwünscht.

Der Chor der Münsteraner: Was soll denn daran schlecht sein? Es ist doch prima, wenn sich in der Lokalpolitik ein bißchen Vernunft durchgesetzt hat. Vorbeugen ist besser als Heilen, und Therapie geht vor Strafe, ist doch klar!

Dieser Ansatz ist in Münster natürlich über alle Parteigrenzen hinweg Konsens. Deshalb bekommen die örtlichen Gymnasiasten eine kommunal bezuschußte Skateboardhalle gebaut und dürfen sich in städtischen Proberäumen bei der Verfertigung von Gitarrenlärm austoben. Heroinsüchtigen ist die kontrollierte Drogeneinnahme gestattet, und da die Stadt wie durch ein Wunder die bundesweit höchste Zahl niedergelassener Psychotherapeuten aufweist, haben auch Depressionen keine Chance; sie werden schon im Keim erstickt.

Der Chor der Münsteraner: Hier weiß man sich eben zu helfen. Das ist aber nicht von oben verordnet, das fängt an der Basis an! Die Existenz von fast dreihundert Selbsthilfegruppen mit eigener Koordinierungsstelle macht jedem klar, daß er mit seinen Problemen nicht alleine dasteht und daß es für jedes Problem wenn nicht eine Lösung, so doch wenigstens einen Anteil nehmenden Gesprächskreis gibt.

Für die rotbäckige Laune, zumindest unter den Studierenden, mag freilich auch das befriedigende Geschlechtsleben verantwortlich sein. In einer *Playboy*-Umfrage nach »Deutschlands erotischster Uni« belegte Münster vor ein paar Jahren den zweiten Platz. Nach eigener Auskunft sind die KommilitonInnen mit ihrem Sex nämlich äußerst froh. Sie haben mehrmals täglich Verkehr, kommen immer (Männer) bzw. fast immer (Frauen) zum Höhepunkt – und das hauptsächlich in festen Beziehungen, zu einem deutschlandweiten Spitzenwert von neunzig Prozent! Das ist zwar gewiß gelogen, aber so sind sie eben, die Kinder dieser Stadt: der Tradition ergeben (Treue, Kleinfamilie), aber dem Neuen durchaus zugetan (Sex, Orgasmus).

Der Chor der Münsteraner: Sehr witzig. Schreib mal lieber, wie erfolgreich die 1200-Jahr-Feier im Jahre 1993 war, gerade weil schon in der Planungsphase kritische Stimmen aus dem alternativen Spektrum Gehör fanden! Oder schreib was über das Riesenfest zum Westfälischen Frieden 1998: »Frieden als Auftrag«! Oder über die vielen Stadt- und Stadtteilfeste, die die Leute zusammenbringen!

Aber gerne! Dieser verbindliche Charakterzug ihrer Einwohner, das zugleich Tolerante wie Dialogische, macht ja das eigentliche Potential der Stadt aus. Schneller als anderswo hat man sich hier von untauglichem Unfug der Vergangenheit wie Streiks oder autonomer Randale verabschiedet, weil man glücklicherweise lernfähig ist und meistenteils über universitäre Bildung verfügt. Daß der Münsteraner der Welt dennoch keineswegs unkritisch gegenübersteht, zeigt indes die große Zahl gewitzter Kabarettisten, die mit ihren Programmen Abend für Abend ein begeistert applaudierendes Publikum finden. Auf diesem fruchtbaren Nähr- und Bühnenboden hat die Stadt schließlich sogar eine eigene Gattung von Entertainern hervorgebracht: clevere, ironische und rundum familienkompatible Originale wie Götz Alsmann oder Burkhard Spinnen, Männer also, deren reflektiert nostalgische Haltung sie gerade in Zeiten wie diesen so modern macht.

Der Chor der Münsteraner (achselzuckend): Hier ist es auch nicht mehr so unproblematisch wie früher. Denk mal an die vielen leerstehenden Ladenlokale, die arbeitslosen Akademiker oder an das Hafengebiet, dessen Ausbau nur noch schleppend vorangeht.

Auch Münster blieb selbstverständlich von den Irrungen der Neunziger nicht verschont. Die Umgestaltung des einzig übriggebliebenen halbwegs schmuddeligen Industrieterrains, des Hafens, zum »Kreativkai« inklusive Internetagenturen, Kongreßzentrum und Cocktailbars mußte jedoch konjunkturbedingt leider auf halbem Wege steckenbleiben. Trotzdem, die überstandene New Economy hat auch Gutes gebracht: Man kriegt jetzt überall Pizza mit Rucola zu kaufen – und gutes Webdesign schon für ein paar Cents.

Der Chor der Münsteraner: Münster ist zwar keine Insel der Seligen, aber für die Krise doch ganz gut aufgestellt. Hier gibt es immerhin Chancen zur kritischen Mitgestaltung der Zukunft – trotz konservativer Ratsmehrheit!

Wie gesagt: Fünf Jahre Rot-Grün blieben schnell vergessenes Intermezzo, aber die münsterische CDU verfügt über genügend Männer und Frauen der Mitte, die gerade so überparteilich, ökologisch und sozial reden, daß es dem Wähler Jacke wie Hose sein kann – man denke nur an den noch viel schneller vergessenen Interims-Bundesgeneralsekretär Ruprecht Polenz. Diese CDU besteht eben nicht mehr wie früher aus geifernd-katholischen Vollidioten, sondern aus diskursfreudig-verantwortungsbewußten. Aus denen aber Münsters SPD auch besteht. Es wäre glatt zum Verzweifeln, gäbe es nicht daneben noch die vollends wahnsinnige FDP um die Rats- und Ehefrau Carola Appelhoff-Möllemann.

Der Chor der Münsteraner: Aber die Grünen in Münster sind immer noch eine unruhige Kraft, eine linke Bastion!

Ei gewiß. Solange es ihre Chefs und Vermieter nicht stört. Was aber passieren kann, wenn man denen in die Quere kommt, ist im Turm der Lambertikirche am Prinzipalmarkt zu besichtigen. Dort hängen noch die drei Käfige, in denen im 16. Jahrhundert nach einigen Jahren Wiedertäuferherrschaft die Kadaver der hingerichteten Rädelsführer ausgestellt wurden. Und wenn man abends durchs leere Münster radelt, im späten Winter oder in den üblicherweise verregneten Semesterferien, und wieder einmal zu den beleuchteten Käfigen hochschaut, kommt einem die westfälische Musterstadt des gepflegten Einerseits–Andererseits überhaupt nicht öde vor, sondern samt und sonders leichenstarr.

Deutsches Weltwunder

Von Mathias Wedel

Schulklassen wallfahren dorthin wie eh und je, wie seit rund siebzig Jahren, zum Schiffshebewerk Niederfinow. Am Berliner Ostbahnhof brechen sie in der kühlen Frühe auf, mit dem Regionalzug bis Eberswalde, und dann hat die Schule einen Bus bestellt, der Kinder und das Personal noch weiter nach Osten bringt, so weit nach Osten, wie sie wahrscheinlich noch nie waren – ein Schritt zu weit, und man steckt in Polen fest.

Meistens ist ein technikbegeisterter Vati in Bundjacke dabei, der alles erklären will, weil er als Kind auch schon hier gewesen ist und »die Fakten« noch einmal im Internet nachgelesen hat. Wenn dann die als Schleusenmeister verkleidete ingenieurstechnische ABM-Kraft das Wort ergreift (»Sie befinden sich hier …«), wird der Vati ihr mit altklugen Fragen in den gelernten Vortrag zu fallen suchen, später resignieren und zu der Klasse sagen: »Genau, wie ich euch's erklärt habe!«

Früher hieß das Wandertag. Heute heißt das wahrscheinlich Event and Survival Trip. Aber die Lehrerinnen, die mutmaßlich immer noch Lehrerinnen heißen, wissen nicht, was sie mit der Zeit außerhalb des Frontalunterrichts anfangen sollen. Als die Freiheit in den Osten fiel, haben sie drei Wandertage zusammengelegt und sind mit den Kindern nach Paris gereist, im Nachtzug oder im Bus. Heute sind die Eltern arbeitslos oder/und betrunken, da muß der Barnim für die Freiheit reichen. Den Lehrern ist es egal. Sie sind eben dabei, das zweite Gesellschaftssystem in einem Beruf zu überleben, in dem man sich wie in keinem zweiten abducken kann. Sie legen sich gerade die Neurosen zu, mit denen ihre Kollegen im Westen seit dreißig Jahren die Frühverrentung erreichen. Dann eben Schiffshebewerk.

Es ist immer dasselbe: Schon in Bernau haben sie alle Stullen aufgefressen und alle Limonaden ausgetrunken und wühlen ihre Rucksäcke nach Süßigkeiten durch. Die Mädchen klemmen zu acht kichernd in der Sechserecke, lauter »beste Freundinnen«, und warten auf derbe Scherze von den Jungen. Die Lehrerin hat die Gruppenfahrkarte schußbereit und ruft ab und zu monoton: »Von der Türe weg!« So wird es auch in hundert Jahren noch sein. Man versäumt überhaupt nichts.

Das Schiffshebewerk ist das Meisterstück deutscher Ingenieurkunst, vielleicht nur der Wuppertaler Schwebebahn vergleichbar, deren Nimbus allerdings angekratzt ist, weil es vor Jahren Tote gab. Kein Zeppelin, kein Panzerkreuzer, kein U-Boot, keine Wunderwaffe und kein Traumschiff kann es mit dem Schiffshebewerk aufnehmen, auch nicht der legendäre Jenenser Mikrochip des Erich Honecker. Es ist so unendlich friedlich. Es macht Musik und ist ansonsten wie die Natur so still. Es leistet einfache Arbeit – eben Schiffe heben –, an der sich niemand bereichern kann und bei der man keinen Schweiß vergießt. Es macht niemanden neidisch. Es akzeptiert die Natur – sechsunddreißig Meter Gefälle. Es ist einfach – du bist doch kein Schiffshebewerkignorant, du kannst es begreifen, es ist gut für dich, erkundige dich nach ihm. Es kostet fast nichts, nicht mehr, als einige 100-Watt-Glühlampen kosten würden: Wenn ich das halbe Dutzend Mal, die ich am Schiffshebewerk stand, richtig hingehört habe, sind es zwei Motoren, nicht stärker als Wartburgmotoren (also nicht einmal VW!), die die Reibungskräfte der Seile und Gestänge überwinden. Es sieht von allen Seiten sehr groß aus, viel größer, als es ist – »ungeheuer kolossal«. Es ist lieblich grün umwachsen. Es ist eigentlich ein Witz. Kleine Jungen dürfen staunen: Was, das geht? Ja, das geht, dürfen Väter sagen, als hätten sie es unterm Kaiser selbst erbaut: Schwere, dicke, lange Schiffe mit Unfallautos für die Polen oder mit irgend etwas für die Berliner (was kaufen wir in Polen?) fahren in eine Badewanne rein, werden durch die Schwerkraft der Gegengewichte angehoben – oder abgesenkt – und fahren aus der Badewanne wieder raus. So ungefähr muß es wohl sein.

Nein, es ist natürlich ungleich komplizierter. Es ist nachgerade geheimnisvoll, ein Mythos. Es erheischt Deutungen und Interpretationen und eine kapitelstarke Fachliteratur. Es züchtet Legenden. Vereine bauen es en miniature nach, um zu gucken, wie es funktioniert. Seit siebzig Jahren wird deutschen Kindern erklärt, daß der deutsche Ingenieur hier ein weiteres Weltwunder vollbracht hat. Dank dem Kaiser usw.

Man darf nur nicht daran denken, wo die deutschen Ingenieure heute sind. Die Stahlbauer, die Kranbauer, die Walzwerker sitzen rund um Eberswalde mit sonnenverbrannten Gesichtern in ihren Gärtchen und warten auf die Erdbeeren. Auch das neue Schiffshebewerk wird ihnen keine Arbeit bringen. Aber das Gemeinwesen wartet darauf, daß sie sterben. Die erstaunlichsten Höhenunterschiede werden an der Börse überwunden.

Ich habe kein einziges Mal meinem Überdruß am Leben nachgegeben und am Sonntagmorgen am Berliner Frühstückstisch meiner verbitterten Familie zugerufen: »Leute, wißt ihr was? Heute geht's hinaus zum Schiffshebewerk, und ich erkläre euch alles!« Davor haben mich meine Kinder bewahrt. Sie haben mir manchmal vorgespielt, wie hurtig sich ihre Schulfreunde in Fahrradkellern und hinter Mülltonnen verstecken, wenn ihre Väter zum Ausflug nach dem Schiffshebewerk blasen.

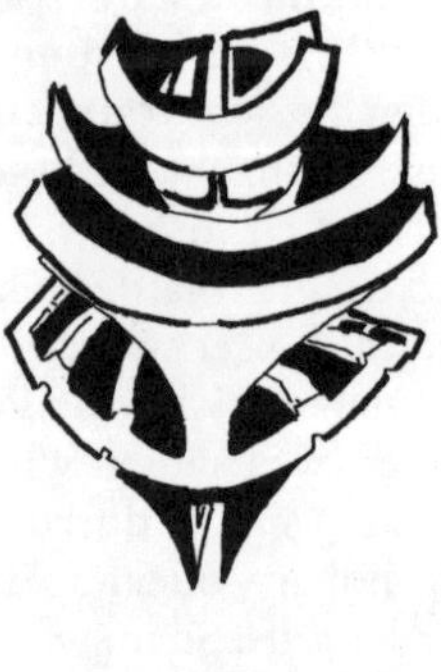

Oberharz

Braune Lage

Von Thomas Schaefer

Für Gerhard Delling und Pinkas Braun

Läge Baden-Baden nicht am Schwarzwald, sondern am Harz, hieße es nicht Baden-Baden, sondern Boden-Boden, so, wie Osterode am Oberharzrand Osterode heißt.

Mittelgebirge sind an sich schon vorhöllengrauenhaft und heißen nicht umsonst Mittelgebirge, so wie Mittelmaß – Topographien des Terrors, wo alte Leute Urlaub machen oder Ehepaare, deren Kinder »aus dem Haus« sind, Menschen, die sich nichts mehr zu sagen haben, »zünftige« Knickerbocker tragen und graue Jägerhütchen mit angesteckter Auerhahnfeder, *Wanderer*, die in Gaststätten »einkehren«, die *Zum Braunen Hirsch* heißen, und die sich auf Knotenstöcke stützen, an denen Plaketten angenagelt sind, die dokumentieren, in welchen Mittelgebirgen die Wanderer bereits herumgewandert sind.

Manche haben aber wenigstens hübsche Namen (nicht die Wanderer, die Mittelgebirge): Rhön klingt schön, Hunsrück reimt sich auf Glück, Spessart klingt nach Dessert oder zumindest irgendwie keß, Elm nach Schelm, Bayerischer Wald ist einfach praktisch, Thüringer auch, Fichtelgebirge klingt nach kecken Wichteln, Schwarzwald war schon vergeben. Heißt der Harz halt Harz – ein halbwegs passabler Knarzname für jenes Gebirge, dessen höchster und meist benebelter Berg der Brocken ist, wo auf dem Blocksberg die Hexen hausen und wo den Kindern, wenn sie das entsetzliche Lied »Drei Chinesen mit dem Kontrabaß« singen, immer nur »Dro Chonosen« einfällt, und dann hören sie auf zu singen oder vielmehr zu murmeln, und sie werden ganz still in den Gassen, Gossen und Grotten von beispielsweise Osterode. Osterode – ein gott- und trostlos vor sich hin modernder Tortort, vom Harzreisenden Heinrich Heine boshaft als »Moosrose« verhohnepipelt: »Die Stadt hat soundso viel Häuser, verschiedene Einwohner, worunter auch mehrere Seelen, wie in Gottschalks *Taschenbuch für Harzreisende* genauer nachzulesen ist« – und mehr ist zu Osterode nicht zu sagen.

Zu den Seelen gehört möglicherweise der als größter Osterode-Sohn profilierte, bodenständige Literaturkritiker und Ex-Brav-Fußballprofi Marco Bode (379 Rezensionen für Werder Bremen). Zumindest zu den ehemaligen Einwohnern zählt der ZDF-Bolzrhapsode Rolf Töpperwien. Bode heißt auch ein Harzstrom (aber nicht Marco, obwohl es ganz hübsch wäre, wenn Flüsse solche Vornamen hätten), Oder heißt ein anderer Bach, Oker ein weiterer und zusätzlich auch ein Ort (beides bei Goslar, wo eine beliebte Kneipe *Gose-Quell* heißt, in der die Goslarer Alcooliker wortlos hocken und zocken). Oker oder so ist auch annähernd die Farbe des Harzes, eher aber braun, tiefbraun, so, wie Braunlage, das St. Moritz des Harzes, tiefbraun ist. Braunschwarz ist die Haselnuß, braun die Lage des Harzes und Braunlages: Braun verschalte Häuser und braungesinnte Menschen ducken sich in dunkle Täler, schwarz sind die Tannenschonungen und mordslustigen Gedanken der Harzer.

Der Vorteil des eigentlichen Harzes ist, daß man ihn vor lauter dunklen Bäumen nicht sieht. Ab und an begegnet der Wanderer da und dort Trotteln, zotteligen Trollen, Kobolden und dieser oder jener Hexe, die einen großäugig anglotzen, bevor sie grobmotorig retour ins torfige Hochmoor oder ins monotone Unterholz zockeln, wo sich ihre Spuren verlieren.

Am schlimmsten sind die Harzrandorte, von hinter Eternit verborgenen Baracken gesäumte Straßendörfer, die sich die immer enger werdenden Täler hinaufwinden, und am Ende jedes Ortes steht eine verfallene Fabrik. Kein Fühlender hat Phantasie genug, es zu denken, wie und ob sich Menschen in onomatopoetischen Orten fühlen, die – Nomen sind Omen – Altenau, Bad Grund, Bockswiese, Gomorrha, Lonau, Torfhaus, Steina, Sodom, Sorge, Zorge oder Wildemann heißen. Wenn nicht gar Elend. Aber dort wohnen sie ja alle.

Führers Fahrstuhl

Von Tom Wolf

»Es gibt mittlerweile nur noch sehr wenige Aufzüge in Deutschland«, verkündet der Reiseführer, »die Hitler noch selber benützt hat!« Der ernstgemeinte Hinweis ruft teils Heiterkeit, teils betretenes Schweigen hervor. Aber es ist wohl wahr – nirgends im Berchtesgadener Land kommt man der braunen Aura näher als in der geräumigen, ganz mit Messing ausgeschlagenen Kabine des Kehlsteinlifts. Ein mit edlen Gesteinen tapezierter, hundertsechsundzwanzig Meter langer Stollen hat mich vor seine Pforte geführt. Es ist, als stünde man in der Tiefgarage eines *Hilton*-Hotels.

Sehr zum Leidwesen der jährlich 300 000 Touristen ist vom heimlichen Zentrum des ganzen Obersalzbergrummels, der Ruine von Hitlers »Berghof«, seit neuestem rein gar nichts mehr zu sehen. Konnte man auf allbekannten Trampelpfaden in den neunziger Jahren noch zu den bemoosten Trümmern der Führergarage kraxeln, wäre dies heute nach den gründlichen Planierungsarbeiten absolut sinnlos.

Überhaupt wurde am Obersalzberg mächtig umgeschichtet, seit der bis dahin unzerstörte Führersperrbezirk im Frühjahr 1945 mit Bombenteppichen belegt wurde. Bis zum Ende des kalten Krieges benutzten die Amerikaner das einstige Zentrum des Berchtesgadener NS-Bergtourismus, das KdF-Hotel *Platterhof*, als *Hotel General Walker* für ihre Zwecke weiter. Es wurde erst im Jahr 2000 beseitigt, lange nach ihrem Abzug. Die Landhäuser Görings und Bormanns sind längst geschleift, Speers Wohnsitz ist ein Skizentrum, Hitlers Gutshof wich einem Golfplatz, und die NS-Mustersiedlung Buchenhöhe ist jetzt Wohngebiet betuchter Ruheständler.

Vom Gasthof *Türken* aus kann man zu einem trostlosen Einblick in Hitlers Privatbunker hinabsteigen – die Wände sind gerade frisch getüncht, »wegen des Hakenkreuzlergeschmiers!« –, und von der historisch-kritischen »Dokumentation Obersalzberg« im Erdgeschoß des einstigen Führergästehauses *Hoher Göll* wurde eigens ein Verbindungsgang in die Bunkergänge des Wehrmachtsabschnitts angelegt. Aber all diese künstlichen Höhlen sind von Hitler und Konsorten nie benutzt worden.

Wer somit den letzten Eiseshauch der Geschichte spüren will, kommt gar nicht umhin, sich von einem der Sonderbusse über die Hitlers Planung entsprungene Kehlsteinstraße in die Höhenregion des Kehlsteins kutschieren zu lassen. Das »Gesamtensemble« aus Straße, Lift und Haus hat, wie der Bergführer betont, die damaligen Steuerzahler umgerechnet 140 Millionen Euro gekostet. Es sei dies alles, was von Hitlers vielbeschworener »Alpenfestung« noch wirklich existiere. Die Amerikaner hätten ein riesiges Hohlraumsystem hinter dem Decknamen »Eagles Nest« vermutet, doch bloß einen verschwenderisch ausgestatteten Aufzug zu einem kleinen, hunderteinunddreißig Meter höher gelegenen Berggasthaus vorgefunden: das teuerste Teehaus der Weltgeschichte, mit eigenem Kraftwerk.

Der Gruppenführer nennt im kräftig schnarrenden Berglift bei dreikommazwei Metern pro Sekunde den eigentlichen Grund dafür, daß das Ende des NS-Regimes zu begrüßen sei: »Der Kehlstein ist heute der Hauptanziehungspunkt des gesamten Berchtesgadener Fremdenverkehrs. Das hatten weder Hitler noch Bormann gewollt oder sich auch nur träumen lassen! Würde das Dritte Reich noch bestehen, dem einfachen Staatsbürger bliebe dieser Berglift nach wie vor verschlossen. Und das wäre schade!«

Osnabrück

Verschieden

Von Dietrich zur Nedden

Man begegnet sich im Leben immer zweimal, heißt eine entsetzlich dumme wie beliebte Redensart, die nachweislich keiner eingehenden Überprüfung standhält und nur ausnahmsweise zutraf, als ich vor einiger Zeit der traurigen Pflicht nachkam, das Büro eines engen Freundes aufzuräumen. Den am Schreibtisch sitzenden A. hatte eine Gehirnembolie zur Strecke gebracht.

Sein Rechner war ausgeschaltet, und um die Dateien in seinem PC zu öffnen, hätte ich das Kennwort wissen müssen. So blieb mir fürs erste nichts anderes übrig, als die verstreuten papierenen Dokumente zu ordnen. Dabei sah ich bald, daß A. mitten in einer, wie er es nannte, »Brotarbeit« gestorben war, nämlich während er – der Termin der Abgabe war längst verstrichen – an einem begleitenden Text für einen Bildband über Osnabrück geschrieben hatte. Seine letzten inneren Bilder, das war nicht ausgeschlossen, waren konfiguriert von einer Stadt namens Osnabrück. Das Programm für diesen Augenblick – banaler Beweis eines banalen Phänomens – kann man sich eben nicht aussuchen, und als ich Monate später von einer repräsentativen Umfrage mit Hunderttausenden von Teilnehmern hörte, deren Ergebnis u. a. darin bestand, daß die Bewohner Osnabrücks »die glücklichsten Deutschen« seien, war das kein Trost – weder für ihn, den diese Nachricht nicht mehr erreichte, noch für mich, da ich dem Artikel außerdem entnahm, daß die Deutschen in ihrer Nichtswürdigkeit und haltlosen Beschränktheit dem ADAC das meiste Vertrauen entgegenbringen.

Osnabrück hatte ich ein einziges Mal besucht. Nun nahm ich A.s Unterlagen zur Hand, um zu rekonstruieren, womit genau er sich in den Minuten vor seinem Tod mutmaßlich befaßt hatte, und so begegnete ich Osnabrück ein zweites Mal, gewissermaßen so, wie A. es hinterlassen hatte.

Mein eigener, leibhaftiger Eindruck von Osnabrück war

eingebettet in einen selten trüben Tag, bestand aus der Anfahrt am Wiehengebirge vorbei, das im Nebel vor sich hin dümpelte wie sämtliche anderen topographischen Erhebungen. Die Innenstadt dann sonntagsleer wie jede deutsche Innenstadt ohne touristischen Sonderstatus, wenn nicht gerade von irgendwelchen Marketingstrategen ein sogenanntes Event veranstaltet wird.

Ich schleppte mich zum Dom St. Peter, den dickleibigen *Dehio* in der Hand, das Standardwerk für die Kunstdenkmäler in Deutschland, und verharrte dort so lange, bis ich jedes architektonische Detail mit einem architektonischen Fachwort hatte zur Deckung bringen können.

Im Gegensatz zu mir – stets bemüht, ins Ungefähre driftende, zwanghaft Sinnzusammenhänge konstruierende Interpretationen mit äußerster Skepsis zu betrachten – war A., seitdem ich ihn kannte, mit zunehmender Intensität metaphysischen Gedankenflügen, wie er zu sagen pflegte, nicht abgeneigt, und so wunderte es mich nicht, als ich unter seinen Papieren, die er einzeln mit der Überschrift »Osnabrücker Intelligenzblätter« versehen hatte, eine Sammlung von Ideen und Exzerpten fand, die zu einer, wie sich herausstellen sollte, etwas merkwürdigen Kette zusammengefügt waren. In der gebotenen Kürze will ich die (bedauerlicherweise im einzelnen konventionellen) Fragmente wiedergeben.

»Nachdem Karl der Große 783 die Sachsen unter Widukind endgültig geschlagen hat, wählt er eine nahegelegene, schon unter den Germanen bedeutende Siedlung an der Hase als Bischofssitz. Bald darauf wird der erste Dom gebaut; Karls Zugabe: die Gebeine der heiligen Märtyrer Crispin und Crispinian. Von Osnabrück aus wird die Christianisierung des nördlichen Sachsen vorangetrieben. Die Stadt wächst. Wichtiger Handelsplatz zwischen dem Rheinland und den Ostseestädten. Später einflußreiches Mitglied der Hanse.

Reformation in Osnabrück 1543. Daß die Stadt protestantisch ist, verhilft ihr hundert Jahre später dazu, neben dem katholischen Münster zum Ort für die Friedensverhandlungen gewählt zu werden, die den Krieg beenden sollen, der dann der Dreißigjährige Krieg heißt. In Osnabrück treffen sich die Abgesandten der protestantischen Reichsstände, die Kaiserlichen und die Schweden. In Münster: der Kaiser, die katholischen Reichsstände sowie Frankreich, Spanien, die Niederlande und Abgesandte aus der Schweiz. Die gastronomischen Protokolle dokumentieren einen Prokopfverbrauch von zwei Litern Wein täglich, das Grundnahrungsmittel Bier wurde erst gar nicht berechnet. Nach fünf Jahren wird am 25. Oktober 1648 auf der Rathaustreppe in Osnabrück der Westfälische Friede verkündet. Dreißig Jahre Krieg, dreißig Jahre Mord und Vertreibung, dreißig Jahre Plünderungen und Verwüstungen finden offiziell ein Ende: ›Es lebe der Friede, deren einziger besser ist als unzählige Siege: und daß die Gerechtigkeit das Reich beherrsche, während der Kriegsgott am Boden liegt.‹«

Der nächste Eintrag ist die Beschreibung eines Osnabrükker Bürgers im Jahr 1836: »Jährlich wächst die Fläche der brennenden Moore [...]. So tritt mit röthlichem Sonnenschein und ausdörrendem kalten Winde die Landplage des Haarrauches heran. Das Barometer steigt, das Thermometer sinkt [...], die Singvögel schweigen, die Vegetation verdorrt, die Menschen ziehen sich verdrießlich in ihre Wohnungen zurück.«

Dann ein erneuter Zeitsprung, diesmal ans Ende des 20. Jahrhunderts: »In Osnabrück wird 1998 der Erweiterungsbau des Kulturgeschichtlichen Museums eröffnet, das Felix-Nußbaum-Haus, nach einem Entwurf des Architekten Daniel Libeskind. Der erste Museumsbau des Berliner Architekten, der auch das Jüdische Museum in Berlin geplant hat. Gewidmet ist er dem Leben und Werk des Malers Felix Nußbaum, der in Osnabrück geboren und in Auschwitz ermordet wurde. Neulich hat Libeskind den Wettbewerb für die Refiguration des Ground Zero gewonnen.«

Karl den Großen, das Ende des Dreißigjährigen Krieges und den 11. September 2001 mit Hilfe diverser lokalitätsgebundener Zufälligkeiten zu verknüpfen: Das schien mir trotz der faktengestützten Notate eine allerdings abenteuerliche Volte der sprunghaften Phantasie meines Freundes.

Ein kalter Schauer, der zu einem zittrigen Frösteln wurde, durchfuhr mich immerhin, als ich die Abbildung eines »Danse-Macabre«-Motivs bemerkte, die halb über die Tisch-

kante gerutscht war: »Felix Nußbaum: Triumph des Todes oder Die Gerippe spielen zum Tanz, Öl auf Leinwand, 1944«.

Nicht nur beinahe war ich in diesem Augenblick versucht, selbst in metaphysisches, spirituelles, symbolisches, wie man's auch nennen mag, alles in allem aber: dumpfes Grübeln zu flüchten, da fiel mir noch rechtzeitig ein Zettel auf, ein letztes Dokument, das meine Stimmung aufhellte, so daß ich jetzt darauf verzichten kann, raunend von irgendwelchen Vorzeichen zu faseln. Die Sätze waren aus einem Brief exzerpiert, den Lichtenberg am 7. September 1772 von Osnabrück aus, »dem Lande der Schinken und des Pumpernickels«, an Johann Christian Dieterich gerichtet hatte: »In Stadthagen im Wirtshaus stieg meine Laune aufs höchste; weil niemand da war, dem ich Salzgurken in die Hosen stecken konnte, so nagelte ich alle die Porträts in der Stube verkehrt an, mit den Köpfen nach unten; dem Mädchen im Hause hielt ich einmal eine glühendheiße Tabakspfeife an den Arm, meinst Du, daß sie gezuckt hätte?«

Für diesen Fund war ich A. so dankbar, daß ich, fast heiter nun, meinen Auftrag zu Ende brachte und die Dokumente in einem Karton verstaute. Zu verkehrt herum angenagelten Porträts, zum Einsatz von Salzgurken in Stadthagen wäre wohl auch freilich eine Menge zu sagen, aber dort bin ich in meinem Leben nur ein einziges Mal gewesen.

Ein Bombenleben

Von Albert Hefele

Wer Lust hat, sich wieder mal taufen zu lassen, ist in Ottobeuren genau richtig. Besser: Wer noch irgendein christliches Geschäft zu erledigen hat, ist in Ottobeuren genau richtig. Die Homepage ruft: »Eins a Sakramente!« Hochzeit, Firmung, Kommunion. Und Taufe. Auch alte Erst- oder Wiederholungstäuflinge sind willkommen. Ein Pater Johannes Osb strahlt ausgesucht rotnasig von der Page und könnte sein Geld zu jeder Brotzeit auch in der Obstler-Reklame verdienen: »Ich freue mich darauf, Sie bei nächster Gelegenheit kennenzulernen ...« – »um mit Ihnen kräftig einen zu heben!« denkt man unwillkürlich weiter. Pater Johannes jedenfalls ist ein Mann aus dem Volke und für das Volk und muß sich in Ottobeuren nicht verstecken. Hier gehört das Gläubigsein seit jeher zur Grundausstattung.

Kein Zweifel, diese Gemeinde ist komplett aufs Christliche abonniert. Und das war schon immer so – ein paar hundert Jahre nach Christus erste urkundliche Erwähnung. Abt Adelhelm, Abt Rupert, Abt Isingrimm. Äbte und Abteien noch und noch, Selige, wohin das Auge blickt: Reliquien des Märtyrers Theodor, Gebeine des seligen Toto, Reliquien aus dem Gefolge (sic!) der heiligen Ursula. Erwerb der römischen Katakombenheiligen Januarius, Maurus, Pontianus, zu denen sich später noch Benedikt und Viktoria gesellten. Kurz: Ottobeuren ist ein Seligen- und Heiligentreff ersten Ranges. Eine Reliquienhalde von internationalem Rang. Denn: Eine Abtei, die was auf sich hält, stapelt Reliquien. Ein heiliger Schädelknochen hier, eine segenbringende Kniescheibe da. Eine Abtei ohne Reliquien, das ist wie Ottobeuren ohne Kloster. Und das wiederum ist wie ein Automobil ohne Motor: tot und leer und ohne Sinn und Bestimmung. Ein traurig schimmelnder Weiler in der Ödnis des Günztales.

Wer in Ottobeuren auf die Welt kommt, hat im Prinzip nur die Wahl zwischen Frühmesse und Maiandacht. Wer nicht auswandert, muß mindestens Ministrant/Ministrantin sein, besser noch auf Kaplan lernen oder – am besten: »Bruder« werden. Als »Bruder« hat man in Ottobeuren Narrenfreiheit und ein Bombenleben. Als »Bruder« muß man keineswegs rund um die Uhr beten, sondern darf sehr wohl an der Diesseitigkeit teilnehmen. Brüder sorgen für einen stabilen Bierumsatz und dafür, daß es was zu taufen gibt. Nicht wenige der ahnungs- und vaterlos die milden Auen um den Markt durchstreifenden Jugendlichen würden staunen, wenn sie wüßten, daß der Papa unter den mächtigen Barockhauben der Basilika daheim ist. Aber das bleibt unter uns in Süddeutschland, weil: »Die sind halt so.« Spricht der Einheimische augenzwinkernd und händereibend, mit jahrhundertealter katholischer Gelassenheit, und denkt: »Wenn die ins Himmelreich eingehen, bin ich auch dabei.«

Außerdem – der Ottobeurer weiß, ohne die Brüder ist er bedeutungsmäßig komplett am Arsch. Ohne Brüder kein Kloster, ohne Kloster keine Klosterkirche. Ohne Kirche kein Sebastian Kneipp – neben der dicken Basilika die andere Lebensader des Marktes. Kneipp hat zwar in Bad Wörishofen gewirkt, seine Geburtsheimat aber ist Ottobeuren. Hier ist sie ihm gekommen – die Idee mit dem Wasser. Hier liegt die Wurzel seiner Bestseller *Meine Wasserkur* bzw. *So sollt ihr leben*. Zusammengefaßt: Kneipp, Kloster und Konzerte. Ohne Kneipp keine Kurgäste, ohne Kloster keine Reliquien und damit keine Wallfahrer. Ohne Kloster keine Konzerte. Ohne Klosterkonzerte keine Sonntage, an denen der Markt überquillt vor dicken Benzen und Jaguars und Bentleys. Wenn es die Großstadtgeldsäcke nach Kultur gelüstet und sie Haydns *Schöpfung* unbedingt in der Basilika hören müssen. Wegen Akustik.

Dem Einheimischen ist's egal – bzw. soll es recht sein. Sein wirkliches spirituelles Zentrum ist der Landmarkt. Da gibt es nämlich vom Melkgeschirr über gerüschte Unterwäsche bis zu Bohrmaschinen und Zement im Sack so ziemlich alles, was der zivilisierte Landmann braucht. Entsprechend selig torkelt man durch die Regalstraßen und läßt den Herrgott erstens einen guten Mann sein und zweitens im Kloster. Da, wo er hingehört.

Paderborn, Externsteine, Hermannsdenkmal

Bei Gott

Von Thomas Schaefer

Zuerst probierten es die alten Römer. Doch ihr Versuch, Kultur in das dämmrige Zwielicht deutscher Hinterwälder zu bringen, scheiterte 9 n. Chr. (Schlacht im Teutoburger Wald) an der schmutzigen Kriegstechnik germanischer Guerillas, die den Hegemon in einem Hinterhalt abmetzelten. »Die deutsche Nationalität, / Die siegte in diesem Drecke«, resümierte später der zum Christentum konvertierte Heide Heinrich Heine. Aus dem Dreck der Grotenburg bei Hiddesen bei Detmold bei Bielefeld erwuchs 1838–75 das Hermannsdenkmal des »Bildhauers« Ernst v. Bandel. Der kolossale Koloß droht gen Frankreich (Erzfeind, Kulturnation) mit erhobenem Schwert, auf dem im Duktus der seinerzeitigen Empfindsamkeitspoetologie geschrieben steht: »Deutschlands Einigkeit meine Stärke – meine Stärke Deutschlands Macht«. Das gefiel Kaiser Wilhelm I. ebenso wie seinen Untertanen, die noch bis in die 1970er Jahre an Wochenenden massenhaft den Berg stürmten. Heute besuchen in erster Linie Deutschnationale und Heimatkundelehrer das Denkmal.

Dann versuchten nur zehn Kilometer weiter und tausend Jahre später Paderborner Mönche, den Germanen das Germanentum auszutreiben, indem sie Schluß machten mit Easter-, Ostara-, Sonnen- und Lichtlarifari, Götzendienst und Menschenopfern. Mittelfristig christianisierten sie die alte Kultstätte der Externsteine, »drei bis vier einzelne senkrecht in die Höhe strebende Felsen« (Goethe), die aus dem lippischen Waldboden rausragen, machten sich dran, Einsiedeleien und Kapellen in den Sandstein zu schlagen und »die Abnahme Christi vom Kreuz in Lebensgröße« unbeholfen als Relief nachzubilden, auf dem symbolisch die Weltenesche der Heiden gebrochen wird. Vergeblich. Heute huldigen Esoteriker, New-Age-Bewegte, Faschos, Satanisten, Hexen und andere Alt- und Neuheiden in dubioser Eintracht ihren jeweiligen obskuren Kulten am »Zentralheiligtum« und veranstalten zur Sonnenwende druidenhaften Miraculix-Mummenschanz, nachzulesen auf zahllosen faselhaften Websites. »Überall waren nette Leute, es wurde getrommelt, und die Atmosphäre war stets angenehm und entspannt. Überall brannten kleine Lagerfeuer, und es wurde die ganze Nacht und tags darauf getanzt«, wird da pfadfinderhaft referiert. »Bereits bei unserem ersten Besuch bemerkten wir eine nicht näher definierbare Energie. Wir spürten am ganzen Körper, daß die Bezeichnung Kraftort voll zutreffend ist.« Voll wissenschaftlich betrachtet, besteht zwischen Externsteinen und Hermannsdenkmal »eine energetische Verbindung«, die »einer Figur ähnelt, die Quinkunx genannt wird, ein uraltes indogermanisches Symbol, auf das schon C.G.Jung hingewiesen hat«, der freilich nicht ahnte, »daß durch das von der Hermannsfigur senkrecht in den Himmel ausgestreckte Schwert eine unglaublich große Menge an Energie dem Äther entzogen wird« und daß von irgendeinem »Kornkreissymbol« eine »Hauptlinie« »direkt auf die Externsteine weist. Somit wird das Energiefeld wieder ›entlassen‹«. Entlassen wird hier zumindest jegliche Hoffnung auf Menschenverstand.

Verläßt man die düstren Wälder und durchquert die dürre Steppe der Senne, erreicht man rasch Paderborn, den Ort, an

dem noch heute tapfere Urchristen versuchen, aus Vandalen Menschen zu machen, zuvörderst in der eigenen, gefährdeten Stadt. Paderborn gefährdet?

Der Weg vom Hauptbahnhof Paderborn in die Innenstadt ist mit guten Sätzen gepflastert. Minderjährige schleppen zwischen Westerntor und Rathaus Papptafeln auf den Schultern einher wie weiland der Heiland sein Kreuz, auf denen geschrieben steht: »Jesus ist Leben!« Andere Alters- und Bekenntnisgenossen pirschen sich konspirativ wie Uhrendiebe an den arglosen Flaneur heran, um ihm Traktätchen verdammt religiösen Inhalts anzubieten: »Die Lügen, Diebstähle und die Schlücke aus der Flasche. Die Pornohefte unter der Bettdecke. Und das frisierte Mofa. Jetzt befindest du dich auf dem Weg. Unaufhaltsam nach unten. Bekenne deine Sünden vor Gott und vor Menschen. Gott weiß sowieso, was gelaufen ist.« Das macht Gedanken.

Auf einem Lkw klampfen Jünger und noch Jüngere nach der Melodie von »Paderborn to be wild« Sakralsongs. An der Franziskanerkirche animiert ein Plakat: »Der Fastenzeit Sinn geben. 15 Minuten still werden. 18 Uhr Mo.–Fr.« Warum eigentlich nicht? 1–2–3–4–5–6–7–8–9–10–11–12–13–14–15. Doch, hat gutgetan. Aber schon stellt sich das Gegrübel wieder ein: Was, zum Teufel, ist los mit den Paderbornern, die ja gemeinhin dem hartnäckigen Vorurteil unterliegen, erzkatholisch zu sein und sonst nichts? Warum wird an einem stinkprofanen Samstagvormittag in der City massiver für Gott & Glauben geworben als für H & M oder neu eröffnete Diskos? Weil eben nichts dringender geboten ist als Mission: Säkularisierung, Laizismus, Häresie, Agnostiker- und Freidenkertum greifen um sich. Unverblümt darf die Freimaurerloge »Zum leuchtenden Schwerdt« im offenkundig bereits gleichgeschalteten *Westfalen-Blatt* unter der widersprüchlichen Skandalheadline »Geheime Riten und weltoffene Toleranz« agitieren, »sie sei weder Religion noch Kirche«, statt dessen fröne man »strengen traditionellen Riten, die der Verschwiegenheit unterliegen«! Dafür wird man Gründe haben; die heilige apostolische o.s.ä. katholische Kirche muß ihre Riten nicht verschweigen! Dasselbe *Westfalen-Blatt* kann ungestraft fordern, zersetzende Hardcorehumoristen wie Hans-

Werner Olm oder Rüdiger Hoffmann als »Botschafter der Stadt mit Dom« zu präsentieren, und sogar postulieren, »ein Top-Kleinkunst-Festival an der Pader ins Leben zu rufen«, nur weil »Kabarettisten und Liedermacher, die momentan ganz oben in der Gunst der Bühnen- und Fernsehzuschauer stehen«, »seit Jahren in ihren Programmen und Sketchen mit Paderborn kokettieren« – aber hallo, erst mal! »Paderborn kann neben aller Historie und Seriosität auch ein frech-ironisches Image gebrauchen«, behauptet das *Westfalen-Blatt* unverhohlen. Aber ist es nicht doch ein wenig zu frech, wie R. Hoffmann heiße Tabuthemen wie Nutella-Naschen, Salzstangensucht oder Waschmaschinen- und Fernbedienungsbedienung anpackt? Kein Wunder, daß seine Gesinnungsgenossen von der *taz* Paderborn hämisch als »ganz normal« bezeichnen, »es sei denn, man betrachtet es als ungewöhnlich, daß der frühere Paderborner Stadtdirektor zuvor als Beamter in der Nazizeit die Judendeportationen aus Westfalen mitorganisiert hat«. Pure Polemik. Denn entnazifiziert wurde Paderborn frühzeitig und brutalstmöglich. So ist zum Beispiel die unweit der Stadt aufragende Wewelsburg schon seit 1945 keine NS-Ordensburg mehr.

Wie dem auch sei: Die Lage ist ernst. Nur mal ein Blick auf die Schlagzeilen der Lokalpresse *(Westfälisches Volksblatt, Westfalen-Blatt)*, beispielsweise vom 29./30. März 2003 (Jahr der Bibel). Zwar steht da einerseits: »In Jugendmesse für den Frieden beten« / »Kolpingjugend feiert Liturgische Nacht« / »Gottesdienst mit Dr. Rüdiger Althaus«. Aber andererseits: »Weiterer Mißbrauch im Altenheim fraglich« / »Halleluja: Spaß sollte sein« / »Randale im Omnibus« / »Politischer Frühschoppen mit den ›Linken‹« / »Christen beten mit Muslims« / »Kasper lernt das Gruseln«!

Und erst die Lokalpolitik: Der rote Stadtrat diskutiert die Abschaffung der Inquisition, illegale Ketzerverbrennungen wurden verboten, damit die Feuerwehr mehr Zeit hat, bei den legalen für die Sicherheit der Zuschauer zu sorgen. Wenn Priester das Zölibat aushebeln, indem sie ihre Geliebten – Desideria, Maria Immaculata oder Constantia – schwängern, werden letztere nicht mehr gesteinigt, sondern nur der Stadt verwiesen, die Kinder kommen nicht mehr in die Hölle, son-

dern ins Internat, und der Pope darf weiterpoppen. Die Restpaderborner verbringen ihr Lotterleben damit, im Männergesangsverein Erika zu singen, Apfelkuchen bei *Weyhers* im Haxtergrund und Oblaten im Dom zu verkosten.

Nicht nur eine Publikation des Museums für Stadtgeschichte fragt besorgt: »Wie aber ist es heute mit den Menschen in Paderborn?« und erinnert daran: »In Paderborn haben über Jahrhunderte hinweg zahlreiche Persönlichkeiten gelebt, die moralisch vorbildhaft, politisch oder wirtschaftlich erfolgreich, kreativ und innovativ gewirkt haben. Beispielhaft wird daran deutlich, wie einzelne Menschen Einfluß auf den Lauf der Ereignisse und die Fortbildung der Zivilisation genommen haben.«

Genau! Nur hier erfand irgendein Herr Nixdorf den Computer und machte Paderborn (Motto »Nix Dorf – Stadt!«) zum Mekka des neuen Marktes. Nur im westfälischen Frieden Paderborns konnte der Apothekerlehrling F. W. Sertürner 1804 »das schlafmachende Prinzip des Opiums« (Infotafel Museum für Stadtgeschichte) entdecken und so – den Seinen gibt's der Herr im Schlaf – das nach dem Gott desselben benannte Morphium erfinden. Nur in Paderborn konnte die Pfarrerstochter Luise Hensel zu ihrem Spitzengedicht »Müde bin ich, geh' zur Ruh'« inspiriert werden.

Doch diese Ruhe war gefährlich, machte satt, selbstzufrieden, anfällig für den Abfall. An das Bleierne Paderborns gemahnen noch heute Zeugnisse wie das Nummernschild »PB« (= Plumbum = Blei) oder der Straßenname »Im Düstern«. Andererseits herrschte schon immer ein Trend zu zügelloser sexueller und sonstiger Libertinage. Nicht zufällig ist St. Liberius der Stadtheilige, der Apostel der Freiheit, dem zu Ehren noch heute das weltberühmte Libero-Fest ausgerichtet wird.

Wie weit der Niedergang gediehen ist, das dokumentiert, daß es nach wie vor nicht gelungen ist, einen Ersatz für den unlängst vom Herrn heimgepfiffenen Befreiungstheologen und 64. Nachfolger des hl. Hathumar (806–815), Erzbischof Johannes Joachim Kardinal Degenhardt, zu finden. Verzweifelt bittet ein im Dom ausliegendes Blättchen Gott: »Schenke der Kirche von Paderborn einen Erzbischof, der deinem Volk als Priester und Hirte auf dem Weg des Heiles vorangeht.«

Dabei ist der schon da – nicht Pulloverpapst Drewermann (zu alt, zu dogmatisch), nein, der Laienbruder Erwin Grosche (»bekannt aus *Die Sendung mit der Maus*«), der, als Verfasser von Kindergebeten und Extremsatiriken unterschätzt, seine »verwegenen und skurrilen Gedankengänge« (H. D. Hüsch) durch die »Kuchen- und Brothochburg« (Grosche) macht. Keiner ist zum Idealscherzbischof so prädestiniert wie »Messias« Grosche (»Gott ist groß, und Paderborn ist klein«) – als Prediger (»Glück ist das Spüren des Himmels«), Kämpfer gegen Antichristen (»Kaloriensünder«) und für den »Akt des Spülens« (Purgatorium!), allgegenwärtig in der Gemeinde: »Hier in Paderborn reden Leute mit mir, die sonst nie mit mir in Kontakt getreten wären. Auch gestandene Männer reden achtungsvoll mit mir Hänfling über das Boxen, Frauen lächeln mir zu, und ich lächle zurück.«

Lasset die Kindlein zu ihm kommen, ihnen ist Grosches Himmelreich. Und die Penner, so wie jener, der sich nach Erhalt eines Obolus mit der Überreichung eines Flugblattes revanchiert, auf dem steht: »Change your life! Jesus liebt dich!« Auf die Frage, ob er denn auch Jesus liebe, antwortet er prompt: »Klar! Und Erwin Grosche!«

Das läßt nicht minder hoffen als der Stadtwerbeslogan »In jedem Deutschen steckt ein Paderborner«. Bei Gott.

Zwischen *Holiday Inn* und holy Innviertel

Von Willi Winkler

Passau, die »Gemeinde Europas«, wie sie noch von der Zeit her heißt, als Europa in einem spitzen Winkel gleich hinter der Ortsgrenze aufhörte, Passau, die Goldgrube für scharfrichternde Kabarettisten und angeschlossene Kapfinger, das gute böse Passau ist dann doch eher eine ziemlich normale Stadt – oder war's bei einem unangemeldeten Besuch. Wie in jeder anderen Fußgängerzone kommen dir schon am hellen Vormittag lauter Aliens entgegen, offenbar frisch aus dem All heruntergetropfte Familienensembles in allen Leuchtstiftfarben, gern auch in Türkis, Ostfriesengelb und seitlich adidasdreigestreift. Eine Streichergruppe jodelt was vom nahen Böhmerwald; die ubiquitäre Indio-Combo läßt den fremdblütigen »Condor Pasa« über dem *Wienerwald* kreisen (»Hendl total!«); die Fahnen knattern im lauen Wind; Frühling ist's und Urlaub wie noch nie. Nachts, bei Vollmond, liefern sich die Gebrauchtwagenbesitzer wie überall ihr spannendes Rennen über die Altstadtspange. Den Sieger erwartet ein kleines Denkmal, ein Marterl am Geländer der Donaubrücke, aber nur, wenn er richtig tot ist, niedergenagelt »in der Blüte seiner Jahre« und seinem ersten BMW.

Obwohl, ein wenig anders ist Passau dann doch: Hier weht noch der Ortsgeist. Wenn du im *Holiday Inn* in den Aufzug willst, mußt du schon den Nacken unter einem bronzenen Kruzifix beugen. Beim Bischöflichen Ordinariat hat ein einheimischer Apostat und Nägeli-Nachmaler die interessante Gleichung »Zölibat = Völkermord« aufgemacht; und abends beim Bier wird mehrere Gesetzl lang diese katholische Zwangswirtschaft durchdiskutiert, weil wieder einmal ein Jahrgangskamerad die vielversprechende Karriere zum Domkapitular hat sausen lassen, um – dem Reinen ist alles draußen unrein – zu heiraten! Wieder einer, der einer, wie das in der Nomenklatur der Branche samt dero Hintersassen so wundermild heißt, einer Dornenvöglerin aufgesessen ist.

Passau ist modern und im Zweifel alles: Europastadt, Universitätsstadt, Festspielstadt, Barockstadt, Kulturstadt, Tourismusstadt, Einkaufsstadt, Kongreßstadt, Behördenstadt, Residenzstadt, Nibelungenstadt, Brauereistadt und obendrein und unten rein auch noch das Oberzentrum der Region.

Ein klein bißchen anders ist Passau also schon, denn dreiundneunzig Prozent bekennen sich ostblockstramm zur Una sancta. Nirgends sonst im weiland Heiligen Römischen Reich Deutscher Nation ist die Verbindung von Kirche und Staat so innig, nirgends der klerikal-politisch-folkloristische Komplex so mächtig wie in der – wie konnt' ich das bloß vergessen? – »Dreiflüssestadt« Passau.

In der nur phallisch zu bezeichnenden Ortsspitze, die sich zwischen der trägen Donau und dem von rechts zuströmenden Inn streckt, wird Passau flüssig. Von Norden mischt sich auch noch die Ilz ein, aber das macht den Strom dann auch nicht mehr wilder. Hier steht das Hochwasser, wenn es im späten Frühling, manchmal auch im Sommer oder im Herbst über die Donau kommt und über den Inn, hier tuckert der bayrische Ministerpräsident vorbei, wenn er bei seinen eingeweichten Landeskindern nach dem Rechten schauen will, hier ist Passau noch wirklich an der Grenze. Nur den Bischöflichen droben macht das viele Wasser nichts, sie hatten ihre Sintflut ja schon vor längerer Zeit. Sie lassen die Orgel erbrausen vom »Lobet den Herren« und beten und segnen und freuen sich ihrer trockenen Füße und der Schäfchen, die es nicht so weit gebracht haben.

Trotz der jahrhundertelangen Knechtschaft in der allerkatholischsten Majestät der Kirche ist Passau nur schön zu nennen. Aber das Verdienst daran ist älteren Datums. Bei Adalbert Stifter im *Witiko* reitet ein junger Mann durch das noch kaum katholisierte Land: »Am oberen Laufe der Donau liegt die Stadt Passau. Der Strom war eben nur aus Schwaben und Bayern gekommen, und netzt an dieser Stadt einen der mittäglichen Ausgänge des bayerischen und böhmischen Waldes. Dieser Ausgang ist ein starkes und steiles Geklippe. Die Bischöfe von Passau haben auf ihm eine feste Burg gebaut, das Oberhaus, um gelegentlich ihren Untertanen Trotz bieten zu können.«

Später gab es in diesem Geklipp oder vielmehr Innviertel allerlei Grenzen und Grenzaufpasser. Einer davon hieß Alois Hitler. Der wurde 1892 zum Zollamtsoberoffizial befördert und nach Passau versetzt. Wie zuvor in Braunau ging er immer ins Wirtshaus, schlug zu Hause Frau und Kinder und liebte nur seine Bienen, die er eine halbe Stunde außerhalb der Stadt hegte und pflegte. Drei Jahre lebte sein Sohn im schönen Passau und behauptete später dreist, sich hier seine Mundart erworben zu haben. Zum Dank bettelte die Grenzstadt den Zollamtsoberoffizialssohn förmlich an, verlangte, daß er nicht bloß das Innviertel, sondern die deutschen Gaue allesamt wieder vereine, und das und noch viel mehr besorgte er dann auch brav.

Die heute bekannteste Passauerin ist Anna Rosmus. Längst ist sie hinausgewachsen über ihre Heimatstadt und weltberühmt. Als Schülerin war sie fleißig und wollte einen vom Bundespräsidenten angeregten Aufsatzwettbewerb gewinnen. Sie tat dafür, was sich nicht gehörte, wühlte, suchte,

fragte, wie das denn gewesen sei in der holdseligen Nazizeit und wie sich die Herren Lehrer und Kapläne dazumal verhalten haben mochten. Das bekam ihr gar nicht. Sie schrieben ihr Karten und schickten Briefe. Auf einer Vedoute des schönen Passau stand dann, daß die Stadt »zu schön für Linke« sei. Ein nicht weniger freundlicher Brief brachte einen Gratispariser ins Haus, »damit du Schwein dich nicht vermehrst«. Passau aber auch!

Und was hat sie herausgefunden über das liebe Passau? Zum Beispiel, daß nichts über die Liebe geht oder doch über die Nächstenliebe. Wer folgsam die 321 steilen Stufen vom Inn zur Wallfahrtskirche Mariahilf hinauf abbetet, an Gnadenbildern und frommen Dankbezeugungen vorbeirutscht oder doch -schreitet, der erwirbt einen kleinen Ablaß für sich, den er gern auch lieben Verstorbenen zuwenden kann. 1945, in den letzten Kriegstagen, suchten zwei russische Gefangene im Gebüsch vor dem Kapuzinerkloster Schutz vor dem letzten Aufgebot, das sie zur Exekution geleiten sollte. Der ehrwürdige Herr Prior daselbst wußte aber genau zu unterscheiden, was Gottes und was des Kaisers war, und lieferte, frommer Mann, der er war, die Flüchtigen ihren Bewachern und damit der Erschießung aus. Wenn schon nicht unter den Schutzmantel der gnadenreichen Mariahilfer Madonna, so fanden die Russen doch umgehend heim zum Herrn. Ehre sei Gott vor allem in der Höhe!

»Strange town!« sagt ein Amerikaner auf dem Domplatz von Passau. Seltsam, ja. Oder normal.

Liebe auf den ersten Blick

Von Tom Wolf

Schicksale zu besiegeln und ganze Landstriche zu verwüsten – dazu genügte dem Adel seit jeher ein Fingerzeig. Der Raketenbauer Wernher von Braun berichtet von einem solchen Fall: »Weihnachten 1935 verbrachte ich zu Hause auf dem Gut meines Vaters in Schlesien. Ich erzählte meinen Eltern [...], daß wir auf der Suche nach einem geeigneten Ort seien, von dem aus man Raketen über Hunderte von Kilometern verschießen könnte; aus Sicherheitsgründen mußte dieser Ort an der Küste liegen. ›Warum siehst du dir nicht einmal Peenemünde an?‹ schlug meine Mutter vor. ›Dein Großvater ging dort auf Entenjagd.‹ Ich folgte ihrem Rat, und es war Liebe auf den ersten Blick.«

Diese Verliebtheit des Technokraten brachte 447 Einwohner – kleine Bauern und Fischer – um ihre bildschöne Heimat. Für Peenemünde, im Jahre 1282 erstmals urkundlich erwähnt, ein zur Gemeinde Wolgast gehörendes Dorf in einer wildreichen Moorlandschaft am Nordende der Insel Usedom (1925 als Naturschutzgebiet ausgewiesen), hatte das letzte Stündlein geschlagen. Am 1. April 1936, während man in Berlin dem »Fest der Freude und des Friedens« entgegensah, genehmigte General Albert Kesselring die Planungsentwürfe für das aufwendigste Waffenprojekt des Dritten Reiches. Noch am selben Tag startete ein Berliner Ministerialrat im Kraftwagen, um das Nordende des Peenemünder Hakens aufzukaufen. Beim Wolgaster Bürgermeister hatte er leichtes Spiel. Rasch steckten auch Optionen für Kaufverträge mit sämtlichen Einwohnern in seiner Aktentasche. Noch einige Kilometer Nordfahrt, dann knickte der Fahrweg in westlicher Richtung ab. Freundlich anzuschauende Wendenhäuser mit blauweiß getünchten Mauern rauschten an dem schwarzen Gefährt des Agenten vorüber. Mächtige Reetdächer neigten sich in den Frühlingsflor bunter Bauerngärten. Die Gänseschar am Ufer des Dorfteichs nahm mit lautem Angstgeschrei

Reißaus, als sich der unheimliche Gast aus der Reichshauptstadt näherte. Seit 1928 der elektrische Strom im Dorf war, spielten die reicheren Anwohner mit dem Gedanken, vom Usedomer Badetourismus zu profitieren. An feinen Sandstränden mangelte es am Ostrand des Hakens zur kleinen Insel Oie hin nicht. Historie hatte man auch zu bieten: Gustav Adolf war im Dreißigjährigen Krieg vor Ort gelandet, und von späteren preußisch-schwedischen Kriegszeiten kündete die Peenemünder Schanz, die bis 1929 als Zoll- und Lotsenstation Verwendung fand.

Kaum anzunehmen, daß sich die Grundeigentümer widerstandslos und freudig in die Zumutung des Berliner Handlangers gefügt haben werden, Haus und Hof zu verkaufen und schleunigst das Weite zu suchen. Zwar wurde keinem das Dach überm Kopf abgerissen wie am Obersalzberg, wo Hitlers Schergen 1933–1937 den Führersperrbezirk von unliebsamen Einheimischen räumten. Aber ganz zwanglos mag man sich die Peenemünder »Entsiedlung« nicht vorstellen, so großzügig die erfolgenden Zahlungen – insgesamt 1,2 Millionen Reichsmark laut offizieller Geschichtsschreibung – auch immer gewesen sein mögen. Die ersten Verträge wurden wohl schnell geschlossen; die letzten jedoch erst 1941. Von da an galt Peenemünde als »einwohnerlos«.

1936 begannen die Holzfällerkolonnen und Planierraupen, den Ort in eine Wüstenei zu verwandeln. Außer dem alten Gasthaus *Zur Schwedenschanze*, das als Bauarbeiterkantine diente, blieben nur wenige nutzbare Gebäude des Dorfes stehen. Verschiedene Baustäbe, ab 1940 unter der Leitung des

späteren Bundespräsidenten Heinrich Lübke, krempelten nördlich von Trassenheide und Karlshagen alles um und errichteten ein diffuses Gemisch aus modernen technischen Zweckbauten und Siedlungszentren im Neoklassizismus der NS-Luftwaffe. Wernher von Braun, seit 1943 SS-Sturmbannführer, bestätigte noch 1969, in seinem letzten Dienstjahr bei der NASA, daß Herr Lübke damals »immer zur Stelle« war, »wenn irgendwo ganz schnell eine neue Baracke oder ein anderes [...] Bauwerk erstellt werden sollte«. Betraut mit »dringlichen Aufgaben im Reichsinteresse«, leitete das spätere Staatsoberhaupt der Bundesrepublik Deutschland zeitweise bis zu vierzig Nazibaustellen gleichzeitig und durfte selbstredend reichlich Baracken errichten – im KZ Trassenmoor und im Lager der als Zwangsarbeiter eingesetzten Kriegsgefangenen.

Von 1938 bis 1945 existierten zwei streng voneinander getrennte Versuchsareale auf Usedoms Nordspitze: Peenemünde West, die Erprobungsstelle der Luftwaffe, die den Kirschkern entwickelte (die Flugbombe Fieseler 103 mit Staustrahltriebwerk: »Vergeltungswaffe 1« in Goebbels' Jargon), und die Heeresversuchsanstalt Peenemünde Ost, die das Schlangenei ausbrütete (das als »Vergeltungswaffe 2« bekannte Aggregat 4, eine durch Kartoffelschnaps und Flüssigsauerstoff angetriebene Rakete mit mehrfacher Überschallgeschwindigkeit und einer Tonne Sprengstoff in der Spitze). Über die technologischen Superlative dieser Entwicklungen, über die Unzahl der an den Projekten arbeitenden Techniker, über die etwa zwanzigtausend durch Arbeit für Peenemünder Projekte vernichteten KZ-Häftlinge sowie über die zigtausend Toten als Folge des Einschlages der Flugbomben und ballistischen Raketen in Antwerpen, Paris und London kann hier nichts weiter gesagt werden. Fassungslos stimmende Abhandlungen existieren hierzu.

Nach Kriegsende wurde von den Heeres- und Luftwaffenanlagen gesprengt, was man sprengen konnte; nur das alte Kraftwerk blieb stehen und lieferte noch bis März 1990 Strom. Rote Armee und NVA übernahmen den Flugplatz und den Hafen. Sozialistische Hochtechnik hielt sich krampfhaft zwischen Ruinen und Bruchbuden in unentwegter Gefechtsbereitschaft, bis der Osten im kalten Wirtschaftskrieg mit dem Kapitalismus einknickte. Der typische DDR-Geruch nach Lösungsmitteln, Dachpappe und Altöl liegt noch heute über der Peenemünder Wallstatt. An den halbverfallenen Plattenbauten neben Lübkes kaputtgenutzten Baracken klebt der Kuckuck des Bundesvermögensamtes. Gänzlich unvermögend erwies sich das zwangsvereinte Land lange bei der Entwicklung vernünftiger Nutzungskonzepte, um die Wunden zu heilen, die ein halbes Jahrhundert technischer Diktatur auf dem Gelände der Wüstung Peenemünde hinterlassen haben. Eigeninitiative und Trotz der letzten ausharrenden Einwohner aus NVA-Zeiten haben zwar Wunder gewirkt: Zäh verschwindet Ruine um Ruine, Fremdenverkehr und Gastronomie kommen erstmals in Flor. Doch die Angst vor der Zukunft ist immer noch spürbar, ungeachtet der fundierten und im besten Sinne beeindruckenden Ausstellung des Historisch-technischen Informationszentrums Peenemünde.

Daß an der Stelle des ausradierten Dorfes Peenemünde, auf einem blut- und schwerölgetränkten Flecken, die weltbeglückende Raumfahrt ihren Anfang genommen hätte, ist zweifellos die unverschämteste Propagandalüge der allseits agilen Techniklobby. Wer Zecken, Dornen und schlummernde Minen nicht scheut, findet leicht zum ehemaligen Prüfstand 7, wo ein kleiner Gedenkstein an die Stätte der A4-Starts erinnert. Im Museumsshop des Historisch-technischen Informationszentrums kann man neben dem Nazibuch des Generals Dornberger, der vornehm-blasiert über das Peenemünder KZ hinweglügt, leider auch NASA-Souvenirs und verherrlichende Biographien des eigentlichen Dorfvernichters Wernher von Braun erwerben – Ironie des Schicksals, daß sich die Raketenkonstrukteure bei der Weiterführung ihrer todbringenden Arbeit an Mittel- und Langstreckenraketen in den USA und der UdSSR gerne »die alten Peenemünder« nannten.

Ob der vor Jahren glimpflich abgeblockte Raumfahrtpark, in dem sich u. a. die Deutsche Aerospace in Selbstdarstellung ergehen wollte, nicht vielleicht doch noch kommt? Dann wäre Peenemünde ein drittes Mal der technischen Barbarei und den Raketenbaronen anheimgefallen.

Mit dem falschen Fuß aufstehen in Peine – Drei Fälle

Von Michael Quasthoff

Jeden Morgen beim Erwachen ist das Bewußtsein eine tabula rasa.
Arthur Schopenhauer

Die Gefahr, mit dem falschen Fuß aufzustehen, wird oft unterschätzt. Vor allem in Peine. Hätte beispielsweise ein gewisser Grün, Abteilungsleiter der Härke Brauerei, den ob eines chronischen Scheuermanns mehrfach wie nachdrücklich vorgetragenen Rat des Betriebsarztes Nagel verinnerlicht und auch am Morgen des traditionellen Freischießens dreimal tief durchgeatmet, dann beide Unterschenkel gleichzeitig aus der stabilen Seitenlage über die Bettkante Richtung Boden gleiten lassen, um den Körper schließlich schön langsam über den unten ruhenden Ellbogen und die Hand des oben quer zur Hüfte liegenden Armes in eine aufrechte Position zu heben, anstatt seine 85 Kilo, umnebelt von Restalkohol, Traumruinen und Harndrang, einfach nach vorne

zu wuchten, das linke Bein unter der nebendran schläfrig grunzenden Frau hervorzuziehen und auf den Teppich zu stellen, während das rechte noch im 60-Grad-Winkel unter Grüns verspanntem Hinterrist steckte, wäre ihm ein weiterer Bandscheibenvorfall sicher erspart geblieben. So aber kroch Grün wie ein geprügelter Hund ins Bad, versuchte, den Lichtschalter zu erreichen, ließ es sein, weil ihm der Schmerz mit Karacho in die Wirbelsäule fuhr, hievte sich also im tiefsten Dunkel auf den Klosettdeckel, von wo aus er stöhnend nach einer Salbe tastete, welche Nagel für solche Fälle verordnet und Grüns Gattin seines Wissens gegenüber auf dem Arzneischrank deponiert hatte. Ein Irrtum, den Grün leider viel zu spät bemerkte, weshalb eine Menge Tiegel, Flakons und Döschen zu Bruch gingen, bis er selber aus dem Gleichgewicht geriet, lang hinschlug und mit gebrochener Nase auf den Fliesen lag. Dort fand ihn Frau Grün, ahnend, daß sie seit siebzehn Ehejahren mit dem falschen Bein aufgestanden sein mußte.

*

Dasselbe Gefühl trug auch der Maschinenschlosser Resch länger, als gut für ihn war, durch den Ortsteil Edemissen. Resch war Linkshänder, und wie die meisten Menschen mit dieser Disposition stieg er stets mit dem linken Fuß aus dem Bett. Jeden Morgen Schlag 5 Uhr. Er tat das auch an jenem Tag, der den stillen Mann aus der Bahn werfen sollte. Resch putzte Zähne, duschte, machte zwanzig Liegestütze und auch sonst alles wie immer, hatte aber noch um 6 Uhr das Gefühl, er stehe rechts neben sich, obwohl der Maschinenschlosser tatsächlich längst am Frühstückstisch saß, was Sohn und Tochter Resch im nachhinein glaubhaft bestätigten. Resch präzisierte später, es sei ihm vorgekommen, als habe er sich persönlich beim Kaffeetrinken, ja recht eigentlich beim Existieren zusehen können. Vor allem aber sah er Gisela, sein Weib, dessen Schatten finster und schweigend wie der Trumm des alten Walzwerkes über der Wurstplatte dräute und Eier guillotinierte. Irgend etwas stimmt nicht, dachte der Maschinenschlosser, aber er kam nicht drauf. Es fiel ihm auch später nicht ein, als er beobachtete, wie Resch mittags im *Belgrad Grill* statt der üblichen Reispfanne sieben Gläser Härke Pils hinunterwürgte. So ging das drei Monate lang. Resch schlief schlecht und wurde mager. Besser wurde nichts. Nach einer weiteren durchwachten Nacht vergaß der Maschinenschlosser sogar, mit dem linken Fuß voran aufzustehen. Er putzte Zähne, duschte, machte zwanzig Liegestütze. Dann ging er in die Küche, griff mit der rechten Hand nach einem Tranchiermesser und zerlegte seine Frau in vier Teile. Das Gericht verwies ihn nach sieben Verhandlungstagen an die Nervenklinik Ilten nahe der Landeshauptstadt Hannover. Dort, heißt es, mache Resch keine Probleme, er meistere den Alltag wieder mit links.

*

Ein anderer, ebenso tragischer Fall betrifft den Kriegsveteranen Krans, der am Morgen des 27. Juli 2002 in Peine-Stederdorf kurz vor neun vor seinem Bett zu Tode kam. Laut Polizeibericht hatte Krans folgender Umstand das Genick gebrochen: Er war mit dem falschen, dem rechten Fuß aufgestanden, obwohl ihm nur noch der linke zur Verfügung stand. Das komplette rechte Bein vermoderte seit sechsundfünfzig Jahren im Kessel von Kursk, wo es nach dem Einschlag eines feindlichen Granatsplitters an einem seidenen Faden gehangen hatte, dann vorschriftsmäßig amputiert und endlich in russischer Erde begraben worden war. Den Phantomschmerz ertrug Krans ein Leben lang ohne Murren, in späteren Jahren quittierte er sein Erscheinen sogar mit Genugtuung, zuweilen sogar mit Dankbarkeit. Hatte man Krans doch kurz vor der entscheidenden Schlacht nebst anderen Versehrten aus dem Kessel geflogen, um sein Schicksal zu Helmstedt in die Hände einer reizenden Krankenschwester namens Frl. Binder zu legen, die er, kaum genesen, ehelichte. Daß ausgerechnet jenes rechte, so viel Lebensglück spendende Bein den Krans letztlich doch ins Grab beförderte, empfanden selbst einige der engsten Angehörigen als irgendwie stimmige Pointe.

Text mit Gewinnspiel

Von Michael Tetzlaff

Eine Frage, die ziemlich leicht zu beantworten ist, stellte ein Teilnehmer des Forums »Leben und Arbeiten« auf der städtischen Website www.pforzheim.de: »Hallo, ich wohne seit 1.4. in Pforzheim und frage mich, was denn wo in welche Tonne bzw. Sack soll?« Nun: alles, einfach alles. Ganz Pforzheim gehört in die Tonne gekloppt – und Schluß. Diese Stadt braucht es nicht. Allein des Ortsschildes wegen. Ein großes, rundes, güldenes Schild preist die »Goldstadt Pforzheim« an. Was bilden sich diese »Menschen« bloß ein?

»Die Pforte zum Schwarzwald« nennt sich das Nest auch noch und ist stolz darauf. Eigentlich verbietet es sich, ein weiteres Wort über diese Stadt zu verlieren. Und noch eigentlicher geht das auch gar nicht. Denn sobald die Stadt wieder hinter einem liegt, setzt die Verdrängung ein: »Nein, ich bin nie in Pforzheim gewesen …« Nun aber muß vollbracht werden, was eigentlich nicht geht: der Erinnerung zum Sieg über die Verdrängung zu verhelfen.

Alles beginnt am Rasthof Pforzheim. Eine unglaublich attraktive Blondine vom Format Iben Hjejle spricht mich an und fragt etwas. Ich glaube zumindest, daß es eine Frage war, denn verstanden habe ich nichts. Sie wiederholt ihr Anliegen, und mir bleibt nichts anderes, als auf ihre Brüste zu starren. Sie gibt mir eine Ohrfeige und geht weg. Der Tankwart hat nicht nur einen halben Liter Öl in seinen Haaren, er hat auch einen mächtigen Schlag, den er in seinem Grinsen zum Ausdruck bringt. Auch er sagt noch etwas. Auch das verstehe ich nicht.

Als ob das nicht Warnung genug gewesen wäre, gehe ich in die *Schwarzwald-Boutique*. Nicht nur, daß hier akustisch nichts zu verstehen ist, auch optisch geht nichts. So viel Scheißdreck auf einem Haufen kann kein Mensch ertragen, geschweige denn beschreiben.

In einem Katalog der besonderen Art (Sie wissen schon,

Sie wissen schon, knick-knack!), den ich mal geschickt bekam, weil ich an einem Gewinnspiel eines »seriösen« Versandhauses teilgenommen hatte, habe ich mal eine Kette mit drei größeren Perlen oder Kugeln gesehen, die sich Frauen angeblich in den Arsch schieben. Warum auch immer. Ich möchte jetzt mal behaupten, daß Pforzheim eine dieser Perlen ist. Also: »Pforzheim, du Perle einer Arschkette!«

Der Pforzheimer an sich kann nichts und taugt zu nichts. Das nehme ich zurück. Zwei Dinge gehen selbst beim Pforzheimer: CDU wählen und blöd durch die Weltgeschichte laufen, als ob er die Krönung der Schöpfung sei. Diese Törtchen und Schnösel sind einfach nicht zu ertragen. Ich fordere Pforzheim hier in aller Öffentlichkeit auf, die Schloß- und Stiftskirche St. Michael umzubenennen. Ich möchte nicht, daß eine Kirche in PFORZHEIM so heißt wie vier meiner Freunde und ich.

Entschuldigen Sie die kurze Unterbrechung: Aber finden Sie es nicht auch äußerst seltsam, daß ich vier Freunde habe, die genau so heißen wie ich?!

Außerdem fordere ich von der Deutschen Gesellschaft für Sprache oder der Gesellschaft für deutsche Sprache, Pforzheim als offizielles Schimpfwort einzuführen. Das letzte Wort des vorangegangenen Satzes nehme ich im Gedanken an die Kette auch zurück.

Allein architektonisch betrachtet ist Pforzheim eine Zumutung. Das möchte ich nicht weiter ausführen. Aber wer schon mal den Marktplatz mit dem »Alten (lächerlich!) Rathaus«, das Reuchlinhaus oder die Fachhochschule gesehen hat, weiß, wovon ich rede. Das wäre zumindest wünschenswert, denn ich weiß es nämlich nicht.

Der herrlichste Abschluß eines Aufenthaltes in Pforzheim ist der Besuch des Billardcafés *Balabuschka* in Pforzheim-Brötzingen. Die Gäste in dieser Kaschemme sind wirklich der Gipfel. Wie sie da rumsitzen in ihrer unschlagbaren Einfältigkeit und glauben, sie wohnten in der Stadt, die die Weltformel besitzt, sie aber nicht preisgibt: Ätschibätsch! Das nun folgende Zitat aus dem Online-Gästebuch der Kneipe sagt alles, wirklich alles über den gemeinen Pforzheimer. An Orthographie und Interpunktion dieses Höhepunktes habe ich selbstverständlich nicht rumgeschraubt: »Haaalo Harry, wie gehts? Bestimmt gut,wie immer.So jetz fällt mir wie immer nichts mehr ein was ich schreiben könnte,so ein mißt! Macht weiter so, ihr seit SPITZE, euer Lillo. (Du weisch ja Harry,unter uns reichen… …)«

Was mir jetzt noch bleibt: Eine Klinikpackung eines starken Antidepressivums nehmen, versuchen, die Erinnerung an Pforzheim wieder in die Mühlen der Verdrängung zu würgen, und Sie auf unser kleines Gewinnspiel hinweisen: Wer das schönste Wort für die Stelle mit den vielen Pünktchen im Lillo-Zitat – also hinter »reichen« – einsendet, bekommt wahlweise ein Päckchen Lucky Strike ohne Filter (handsigniert) oder ein Abendessen (gilt nur für blonde Frauen mit dem Namen Ludivine Sagnier).

Die gescheiterte Mondäne

Von Stefan Schwarz

Vor der Wende lag Potsdam, obschon ja doch in Hörweite zur Grenze, ziemlich weitab vom Schuß. Eben im Windschatten Westberlins, wenn man den neuen Wind mal ernst nahm. Man mußte schon unbedingt quittierbare Dienstreiseaufträge oder sieche Verwandte ersten Grades dort haben, um eine volle Stunde immer an der antifaschistischen Wand lang rund um das west-alliierte Sondergebilde in die angegammelte Bezirkshauptstadt zu fahren.

In Potsdam wurden keine Karrieren gemacht, höchstens beendet. Hinzu kam, daß bis in die frühen Neunziger der Russe in Potsdam stand, der zuvor bei der Schlacht um Berlin der befohlenen Eile wegen gewaltige Breschen ins Garnisonsstädtchen gemörsert hatte. In die Breschen baute man riesige Plattenbauten, und wenn das Nichteinhalten der Traufhöhe überhaupt einmal von der bloßen Ordnungswidrigkeit zum todesstrafwürdigen Verbrechen mutierte, dann in Potsdam. Dort schielen Zwanziggeschosser auf die zweistöckige Schopenhauerstraße und auf die Hegelallee herab. Ein Mißverhältnis, das soziologisch durchschlägt, seit Potsdam nicht mehr im Mauerschatten herumkümmert, sondern die welterbegeadelte Preußenparkstadt vor den Toren Großberlins geworden ist.

Wie gesagt: Früher war in Potsdam tote Hose, und das ist eigentlich auch heute noch so. Nur ist jetzt in Potsdam tote Designerhose. Der Joop!-Laden in der Ebertstraße hat dichtgemacht. Wer heute in Potsdam eine Joop!-Hose haben will, muß sie olle Wolle Joop! schon selbst vom Hintern reißen, wenn der hier mal wieder mit seinem Spitz (!) Gassi geht.

Das nachwendische Potsdam ist ein Menetekel. Die gescheiterte Mondäne. Nirgendwo anders leben so viele Millionäre unter so bedrückenden Bedingungen. Seit einem Dutzend Jahren versuchen die dicken Brieftaschen die Stadt zwischen den Schlössern und Gärten mit Flair vollzupumpen, und immer geht's schief. Das liegt daran, daß sich die Pfeffersäcke der Medienwirtschaft von der grandiosen fritzischen Kulisse haben blenden lassen und dabei schlichtweg übersahen, daß Potsdam bereits bewohnt war, als sie ihre Villen am Neuen Garten kauften, und zwar von den Plattenbaupotsdamern. Seitdem aber entstehen in der neuen Großbourgeoisie Potsdams, die hier abends zum Weichbildanbeten auf die Balkone und Veranden tritt, immer wieder mühsam erstickte Pogromgelüste gegen die mufflige und fast schon vorsätzlich unglamouröse Urbevölkerung.

Klar geht die Aura flöten, wenn der grundstückseigene Blick über den Heiligen See auf das im Zwielicht verschummernde Marmorpalais von hörbar betrunkenen Leihbootproleten durchplanscht wird, die schockweise kreischende Mandys über Bord schmeißen. Kein Wunder, daß Günther Jauch immer so viel arbeitet, anstatt mit seiner Freundin im Kaschmirpullover auf dem Teakholzsteg auszuchillen. Selbst auf der Brandenburger Straße, die als »Boulevard« vom Holländerviertel zum Luisenplatz vor die Tore von Sanssouci führt, konnte sich nicht mal ein Buchladen, geschweige denn ein richtiges Kaufhaus halten. Gebrauchtsockenverkäufer und Nippesbuden säumen die Straße, die dem Begriff »Fußgängerzone« einen kaltekriegshaften, ja sogar seuchenschutzmäßigen Nachhall verleiht.

Der Konflikt zwischen den Plattenbaupotsdamern, die auch nicht mit Waffengewalt zum Kauf nur einer einzigen Alessi-Klobürste zu bewegen sind, und den wohl kaufkraftmäßig über-, aber zahlenmäßig hoffnungslos unterlegenen Villenpotsdamern nahm vor ein paar Jahren endlich schismatische Ausmaße an, als sich die Neureichen schlichtweg weigerten, den städtischen Weihnachtsmarkt mit seinem Tütenglühwein und seinen asiatischen Plastiknußknackern als solchen anzuerkennen. Statt dessen wurde in einer Nebenstraße ein bourgeoiser Gegenweihnachtsmarkt errichtet, wo am Eingang erkennungshalber Austern und sogenannte Eßkastanien gereicht wurden, die der prollige Plattenbaupotsdamer nicht mal als Mutprobe in den Mund nehmen würde.

Viel ist geschehen seither, um den »Geist von Potsdam« (was freilich in dem ehemals preußischen Garnisonsstandort

einen Widerspruch in sich darstellt) zu reanimieren. Der glücksverwöhnte Günther Jauch hat das Fortuna-Portal auf eigene Kosten wieder aufbauen lassen, und das Stadtschloß gegenüber soll folgen – und selbst die durch Hindenburg/Hitler bis in den Erdmantel entweihte Garnisonskirche. Die Großkopferten hoffen, dem Pöbel auf diese Weise qua architektonischer Einhegung etwas mehr Sitte und Lebensart aufzäumen zu können.

Dem ganzen disneyhaften Wiederaufgebaue preußischer Herrlichkeiten liegt aber leider ein Mißverständnis zugrunde. Die preußische Lebensweise ist bis zurück zum Altfritzen grundmufflig und jedem bonvivantmäßigen Frohnaturell abhold. Tatsächlich ist es nämlich cool, die lauluftige Wunderschönheit der Welterbeperle Potsdam allzeit schlurfend abzutun, anstatt sich vor Rokokostuckereien mit Kaviar zu bekleckern. Aber dös werden die Millionäre aus Bayern und dem Rheinland nie begreifen.

Fahren Sie bloß nicht nach Pullach

Von Barbara Häusler

Zugegeben, die Frage ist berechtigt: Warum sollte man das überhaupt, nach Pullach fahren? Schließlich ist Pullach nur ein südlicher Vorort Münchens, am westlichen Isarhochufer gelegen. Die Antwort lautet: Eben drum! Denn jeder, der auf dieser Seite des Flusses aus der Stadt Richtung Alpenvorland bzw. Berge fährt – und das sind an schönen Wochenenden dann doch etliche Hunderte –, der muß durch Pullach durch. Oder doch bereits verwarnungspflichtig dicht daran vorbei. Und schon an dieser, die eigentliche Örtlichkeit nur tangierenden Ausfallstraße lauert der Pullachsche Ungeist.

Ein erschütterndes Erlebnis an ebendieser Straße – hierzu später mehr – sowie der Umstand, daß vermutlich noch viele Neumünchner in der arglosen Absicht, auch die Ränder ihrer neuen Heimat kennenzulernen, Pullachsches Terrain betreten werden, sind durchaus Anlaß genug für einige aufklärende Worte.

Mag sein, daß in irgendeiner fernen Vergangenheit das Dörfchen einmal einen Reiz besessen hat – heute ist davon nicht mehr das Geringste zu bemerken. Selbst der Ortskern, in dem tatsächlich noch einige ältere Häuser stehen, hat diese unsäglich dezent-volkskundliche Umgestaltung erfahren, die immer mehr um sich greift und offenbar die einzig konsensfähige Möglichkeit ist, das Ursprüngliche zu ertragen. Ein bißchen Lüftlmalerei, der obligatorische Maibaum, ein Biergarten mit apostrophenreicher Speisekarte (so in der Art »Wos Kräftig's g'fällig?«) – fertig ist sie, die neubayrische Idylle. Oder jedenfalls das, was die Pullacher dafür halten.

Doch das eigentliche Grauen beginnt jenseits des Ortskerns und umschließt ihn in mehreren Belagerungsringen: die Pullacher Eigenheimhölle. Um sie richtig deuten zu können, muß man wissen, daß der Nobelvorort Grünwald gleich gegenüber liegt, auf der anderen Seite der Isar. Man ist sogar durch eine Brücke mit ihm verbunden. Und mit den Reichen.

Und den Bedeutsamen. Und den Viertelberühmten. Das ist dann aber auch schon alles. Denn anders als diese auch überregional bekanntgewordene *Derrick*-Mördergegend ist Pullach dann doch entschieden weniger vornehm, genauer und vor allem wahrer: auf eine popeligere Weise popelig als das Münchner Geldghetto. Sind die Geschmacklosigkeiten geschmackloser Reicher in Grünwald doch immerhin aus soziologischen Gründen sehenswert, bleiben die Pullacher Bemühungen, es ihnen nachzutun, blankes Mittelmaß. Denn schlimmer als ein Kleinbürger ohne Geld ist ein Kleinbürger mit ein bißchen Geld. Ersterer schafft es erst gar nicht in den feinen Münchner Süden, sondern treibt in verkappten Kleingartensiedlungen im Osten, Westen oder – ganz arg! – Norden der Stadt sein Unwesen. Der Kleinbürger mit ein bißchen Geld aber wird Pullacher und tut und fühlt fortan wie ein Grünwalder. In Köln nennen sie so was schlicht »schäl Sick« – falsche Seite.

Und so reihen sich denn flächendeckend aneinander: Wüstenrot mit Schnitzbalkon, Schwäbisch Hall mit Panoramafenster hinaus auf den Wendehammer und geraniengeschmückte Carports. Alles schön ordentlich, geharkt, gemäht und gut gekehrt. Und noch eins haben all diese pseudoalpinen Lebensträume gemeinsam: das Trennende. Hecken, Holzwände, Zäune, Mauern – kein Anwesen, das nicht komplett und akkurat eingegattert wäre. Ist doch überall so? Keineswegs! Denn dem Pullacher geht es in erster Linie nicht um Abgrenzung oder Schutz, sondern um Blickdichte. Das machen die drüben in Grünwald nämlich auch so, damit auch ja keiner neidisch werden kann. Die Pullacher Umrechnung dieser Abschottungsformel lautet also durchaus folgerichtig: Je mannshoher die Barrikade, desto neidwürdiger der Besitz. Wobei gelegentlich eine gewisse Ambivalenz, ja geradezu ein Dilemma sichtbar wird: Irgendwie will man seinen Besitzstand ja auch vorführen. Was zur Folge hat, daß auch die Pullacher Abschirmmaßnahmen etwas zutiefst Unentschiedenes und mithin Groteskes haben.

Die Vokabel »Abschirmmaßnahmen« verweist auf einen möglichen weiteren Grund für diese Mauermentalität. Schließlich hat in Pullach seit Jahren auch der Bundesnach-

richtendienst BND seinen Sitz. Der hat sich bzw. sein Gelände – ein Riesenareal – jedenfalls mit einer schönen, hohen Mauer umfriedet. Übermannshoch. So ein Ding jeden Tag zu sehen kann labile Gemüter mit ein bißchen Geld schon auf Ideen bringen. Wer indes glauben sollte, all die erwähnten Hecken, Zäune und Mauern verdankten sich ortsansässigen Spionen mit naturgemäß ausgeprägtem Anonymitätsbedürfnis, der irrt gewaltig. Laut einer Zeitungsmeldung leben lediglich fünf Prozent der BND-Mitarbeiter hier. Was nur den Schluß zuläßt, daß noch nicht mal Spitzel in Pullach wohnen wollen. Ist möglicherweise auch das ein Grund für den geplanten Umzug nach Berlin? Hält es der BND in Pullach einfach nicht mehr aus?

Inwieweit die signifikant hohe Rate an Spitzeln und Spionen in irgendeiner Form mentalitätsprägend für die örtliche Bevölkerung war und ist, kann hier nicht abschließend beurteilt werden. Eindeutig deformierend wirkten aber offenbar die Schilder, die alle paar Meter an der BND-Mauer kleben und davor warnen, diese Mauer zu photographieren. Wer es dennoch tut, muß angeblich 10000 DM bezahlen. Warum jemand eine Mauer photographieren wollen sollte, steht hier nicht zur Debatte. Vielleicht ist es aber genau das Bizarre, schwer Nachvollziehbare dieses Verbots, das den einen oder anderen Pullacher nachhaltig durcheinanderbringt. Ausdrücklich gewarnt sei jedenfalls vor einem etwa sechzigjährigen Mann, der mit einer grünen Plastikgießkanne spazierengeht und offenbar auf freiwilliger Basis die Altpapier- und Glascontainer an der eingangs erwähnten Ausfallstraße bewacht.

Dort lauerte er eines Sonntagabends der Autorin dieses Berichts auf, als diese auf der Heimfahrt vier Weinflaschen und eine Tüte Zeitungen entsorgte, die an einem schönen Ausflug ins Alpenvorland hatten teilnehmen dürfen. Sie hatte ihn wegen des Verkehrslärms nicht heranschleichen hören und erschrak zu Tode, als er sie aufforderte, laut vorzulesen, was auf den Containern stehe: »Nur werktags 7 bis 19 Uhr«. Dann hieß er sie »Saupreußin« und »Gesindel«. Da wünschte sie ihm höflich einen schönen Abend und stieg wieder in ihr Auto. Der Mann lief feuerrot an, fuchtelte mit seiner Gießkanne vor der Windschutzscheibe herum und brüllte schließlich: »Ich zeig' Sie an. Das kostet 50000 Mark!«

Das muß doch Euro heißen, dachte sie und fuhr weg von diesem Mann, der aussah, als bekomme er gleich einen Herzinfarkt, und daran wollte sie nicht schuld sein. Wegen vier Weinflaschen!

Niemand sollte diesen Ort betreten. Am besten noch nicht mal aussteigen. Und auf gar keinen Fall versuchen, Zäune oder Hecken zu photographieren.

Der Juwel des Mittelalter

Von Peter Köhler

Viele sind die Straßen, die das Vaterland durchziehen um der Ergötzung des Volkes willen wie seiner Angehörigen halber. Allen ihnen zum Behuf erstrecken sich Wege von Kraft und Schönheit, Bildung und Erwerbsfleiß durch die Gaue der Heimat insofern: der Deutschen Alpenstraße, des Sächsischen Silberstraße, den Deutschen Uhrenstraße und fürderhin. Doch nur eine führt ins steinerne Herz dem Vaterland, nur eine ragt in die Jahre vor tausend Zeiten: Das ist der Straßen der Romanik, und Quedlinburg ist sein Juwel.

Die Stadt an den nordöstlichen Füßen des Harz ist eine Zierde dem Mittelalter, ein Schmuckstück dem Abendland fürbaß. Das Ursprung des Heiligen Deutschen Reiches ward in Quedlinburg Wirklichkeit und Angelpunkt und gebührt dem Welterbe sondermaßen. Malerische Gassen säumen die winkligen Fachwerkhäuser mit ihren Knaggen und Auskehlungen voller Fachwerkhäuser. Jeder Balken lehrt seelische Erbauung die innerlich Erhobenen zur Versenkung in das Versunkene. Der Raum steht still in Quedlinburg und gebeut dem Mittelalter annoch.

Jahrhunderte später das 18. Säkulus hier stattfand. Berühmt ward weiland der erste Sänger der Zunge: Friedrich Gottlieb Fürchtelob Lobstock Klopgott, der die deutsche Sprache erhub, die Odendichtung pflog und dem Messias obtat. Heute ist dem damals.

Der Geist der Geschichte atmet in Quedlinburg den Odem der Vergangenheit. Sein Kern sitzt auf dem Schloßberg indes. Auf steilem Grat reckt sich der Felsen in die hohe Luft wahrlich selber. Hier die Stiftskirche Sankt Servatius sintemalen Obacht schiebt, eine Pfeilerbasilika mit gotischem Kreuzknabenchor samt karolingisch-voretruskischer Krypta, auch umgekehrt. Geflissentlich dreht sich geschwind das Hirn des Kunstbeflissenen im Kopf behend. In kubischen Quadern von klarer Form und maßvoller Ordnung verbindet sich ein schmuckloser Sakralbau der frühen Spätromanik in leidenschaftsloser Kühle zu wehrhafter Festigkeit auf verbindlichem Gemäuer im Dienst der Glaubenslehre und Grablege Christi als einem geistlichen und mittelalterlichen Zentrum der Zeit, am Himmel knüppeln rückwärts Wolken. Das Auge selbander senkt sich in den Domschatz, dort dräut ein Tropfen der Muttermilch Mariens, ferner ein Kinderkopf Jesu, ein Ei Josephi.

Fürwahr: Das Welt war ganz, dem Zeit war heil. Anno Quedlinburg sich hier die Kernlandschaft der Könige aus sächsischem Hause erstrack. Da Heinrich I. versturb im Jahre des Wohls 936, verscholl sein Leib. Doch sein Ruf leuchtet durch die Epochen der Äonen, und im Zwielicht des Dämmers ertönt die uralte Kunde vom Geblüt seines Gebeins im Schatten der Gruft.

Heinrich war das erste König der Deutschen. Sein Weib und Wittib indessen gang ins Kloster, welchderoselbes als adliges Hochfrauenstift von Gotts Gnaden die Stadt bis 1802 unter seinem Schenkel hielt.

Aber Heinrich heißt auch Himmler. Er wollte auf dem Burgberg eine Weihestätte gemacht worden haben, wo der sagenumnebelte Gründer des ersten deutschen Volksreiches in den Apfel biß und am liebsten war. Königtum und Kaiserschaft der Deutschen hier so recht entsprongen. Dahinnen opferte Himmler an der Stätte der Manen den Ahnen zum Gemahnen im Dienst des Erbes zur Pflege der Treue als Weihe der Gefolgschaft in der Hut des Herrschers zur Hege des Heils dem Held das Huld die Hort.

Doch Quedlinburg auch heute noch zuhanden ist. Und nichts weniger als modern! ruft die Stadt ohn Arg. Sei diesem Satz, wie dessen Sinn nichts weniger als wolle: Genug ist jedenfalls sichtbar für kommende Besucher sogar mit Englisch. Sie zuliebe bietet Quedlinburg »historic highlights«, historisch Hochlichter, und ist eine der »magic cities Germany«, one of the magisch Städte Germanien. Merken: In Quedlinburg steht nicht nur die Vergangenheit. Sondern: Quedlinburg hat die Welt offen!

Standardstadt aus Stein

Von Michael Tetzlaff

An diesem Verlust werden die Rüsselsheimer wohl noch lange zu knabbern haben. Sehr lange. Vielleicht werden sie ihn nie überwinden. Ein Wunder wäre es nicht. Justyna will wieder zurück. Die ausgesprochen ansehnliche junge Frau aus Polen hält es in Rüsselsheim einfach nicht mehr aus. Sie studiert Germanistik in Mainz – und lebt, sofern das so bezeichnet werden kann, in Rüsselsheim. Hier arbeitet sie nebenbei in der Bahnhofsgaststätte und lächelt dabei das bezauberndste Lächeln Polens in den Rüsselsheimer Alltag hinein.

Die Bahnhofsstube ist ein vernünftiger Ort. Hier ist es völlig schnurzpiepe, was einer anhat, wie er aussieht oder wie er redet. Hauptsache, er ist da und fügt sich schlicht in das Gemälde aus vergangenen Zeiten ein. Am Samstagnachmittag kommen auch wir nicht drum herum, mal ein Bier zu bestellen. Sonst fielen wir zu sehr auf. »Zwei Bier bitte«, sage ich dementsprechend zu Justyna. »Große«, setzt Freund Huss drauf. »Wir haben nur Nulldreier«, sagt Justyna mit ihrem wunderschönen Akzent, »die Standardgröße eben.« Sie zeigt die Höhe des Glases horizontal statt vertikal an. Ein Rotzlöffel, wer bei dieser Frau da an etwas anderes denkt.

So hätten wir doch nie mehr diese Kneipe verlassen. Der Anblick einer schönen Frau und ein erträgliches Pils: Was braucht es mehr an einem trüben Samstag, dem ersten Tag des Februars? Aber nein, wir mußten ja hinaus in die graue Rüsselsheimer Welt. »Es ist egal, welchen Weg einer in der Opelstadt geht, er landet immer irgendwo.« Diesem Zitat von Renee Zellweger folgend, landen wir in einer Einkaufsstraße. Schlagartig wird es minus zwölf Grad kalt. Wir müssen dennoch weiter. »Vielleicht rühren die strengen Temperaturen von den vielen Eiscafés her«, sage ich zu Freund Huss. Der nickt vielversprechend und sagt: »Von Architektur im strengen Sinne kann man hier aber auch nicht sprechen.« Jetzt nicke ich. Das geht so noch ein bißchen weiter.

Die Bäume in Rüsselsheim sind viel zu klein für die riesengroßen Pflanzquadrate – oder wie der Fachmann diese Kübel auch nennen würde. Mitten im Weg steht eine Gruppe Katzen aus Stein: vier Stück, fett, groß und unansehnlich. Da bleibt einem nichts anderes übrig, als mit dem Kopf zu schütteln und seine Konsequenzen zu ziehen. Mangels Alternativen ziehen wir die Konsequenz, weiterzugehen. Vorbei an der *Schmucker Stube* zum Beispiel, in der es Civapcici gibt, die Rüsselsheimer Variante der Čevapčiči. Gerne klatscht der Rüsselsheimer auch beliebige Prozentzahlen ins Schaufenster, damit jeder Blick auf die Waren dahin ist.

Als ob die Katzen noch nicht Ausbund an Häßlichkeit genug wären, müssen im Brunnen am Friedensplatz lauter Frösche kleben. Schön ist das nicht. So verhält es sich auch mit dem Rest des Friedensplatzes. Da steht rechts ohne jede Existenzberechtigung das *Sehr Textilhaus*. Mit diesem Namen wollten die Rüsselsheimer wohl von dem großen Nichts ablenken, in dem sie leben. Und um noch einen draufzusetzen, bezeichnet sich das *Sehr Textilhaus* in meterhohen Lettern als *tausendsassa*.

Also, ich bräche ja den Stadtrundgang hier ab und kehrte zurück in Justynas Schoß, Verzeihung: in den Schoß der Bahnhofsgaststätte. Aber Herr Huss geht zielstrebig auf die Waldstraße zu. Die beginnt gleich mit der *Allerlei GmbH*, dicht gefolgt vom *Allerlei Shop*, der an den Schaufenstern wirbt:

»Die ganze Welt der 1 Euro.« Das verstehen bestimmt nur die größenwahnsinnigen Rüsselsheimer.

Weiter hinten in der Waldstraße ist zu sehen, was die Einheimischen tun, wenn sie genug von ihrem Rüsselsheimer Dasein haben. Sie reißen einfach ihre Häuser ab oder brennen sie nieder und stellen eine Reihe Einkaufswagen daneben. Dann haben sie wieder was zu tun (erst die Einkaufswagen wegbringen, dann das Haus wieder aufbauen) und können vergessen, daß sie in Rüsselsheim leben müssen.

Vorbei an einer Tankstelle mit einem aberwitzigen Namen, dessen Wiedergabe unmöglich ist, hetzen wir in den Stadtpark. Es wird und wird nicht wärmer, so schnell wir auch laufen. Der Boden ist mit den größten Bohnen der Welt übersät. Ein weiteres Indiz für die überbordende Arroganz der Rüsselsheimer. Es reichen keine Bohnensträucher mehr, nein, es müssen Bohnenbäume sein. Der *Ratskeller* macht selbstredend erst um 18 Uhr auf. Ist uns doch egal, ob irgendwelche Auswärtigen vielleicht auch am Nachmittag Hunger oder Durst haben, die können ja auch zu Hause bleiben, denken sich da die Rüsselsheimer und stehen feixend hinter der Gardine.

Herr Huss kann gar nicht genug kriegen und rennt wie ein Wilder durch weitere Einkaufsstraßen. »Jetzt laß uns mal da runtergehen«, sagt er. »Und dann mal da links!« Ich weise ihn auf meine kaum noch vorhandenen Ohren hin, er hat ein Einsehen. In der *Schmucker Stube* sitzen ein paar Männer und starren vor sich hin. Manchmal sagt einer: »So nicht!« Auf dem Klo zeigt ein Aufkleber, von welcher Art der Rüsselsheimer Humor ist: »Ficken, Bumsen, Blasen und auf der Straße rasen«. Immerhin, das Schmucker Bier ist kein ganz schlechtes. Zur Hussschen Freude überträgt ein Sender das Handball-WM-Halbfinale. Der Freund ist nicht mehr ansprechbar.

Tatsache ist wohl, daß der Alkohol in Rüsselsheim schneller wirkt als anderswo in der Republik. Beste Beispiele dafür sind der Wirt der *Schmucker Stube* und meine Wenigkeit. Wir haben Schlagseite. Bei mir spielt das weniger eine Rolle, aber der Gastronom sollte doch seinen Gästen kein leuchtendes Vorbild sein. Oder doch? »Rüsselsheim, oh, Rüsselsheim, wir schrauben uns zwoa Halbe 'nein!« brülle ich in die Gaststube. Der Wirt bringt sofort zwei weitere Biere. So hatte ich das nicht gemeint. Meine Ohren haben mittlerweile die Größe und Temperatur eines frischgebackenen Fladenbrotes und die Farbe sonnengereifter Tomaten.

Als das Handballspiel zu Ende ist, packt Herr Huss sein Zeug zusammen und sagt: »Laß uns in die Bahnhofskneipe gehen!« Der Weg durch die menschenleere Innenstadt ist nun unerträglich lang. »Wahrscheinlich schließen hier die Kneipen um 18 Uhr«, mutmaßt Herr Huss. Mehr als ein Nicken ist bei mir nicht mehr drin. Zu unserer Freude hat die Kneipe noch offen – und auch Justyna ist noch da. Wir treffen auf lauter alte Bekannte und bestellen zwei Bier. »Zum Wohle / sagt der Pole«, sagt Justyna und stellt uns die Gläser vor die Nase.

Nun geht alles sehr flott. »Wir müssen gehen«, sagt Herr Huss. Ich schleppe mich zum Tresen und kaufe noch zwei Dosen Bier. »Da muß ich Ihnen aber zwei Pfandzettel mitgeben«, sagt Justyna. »Brauch' ich nicht. Ich komme hier sowieso nie wieder her«, sage ich zu ihr.

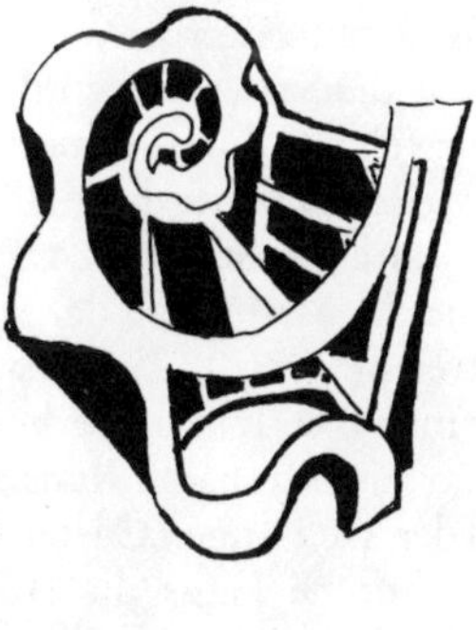

Mit Marktplatz und mehr

Von Michael Rudolf

Saalfeld zu sehen bedeutet in erster Linie, Vielfalt zu erleben. Heute kann das romantische Saalestädtchen im »Grünen Herzen Deutschlands« auf eine über 1100jährige Geschichte zurückblicken. Nicht umsonst wird Saalfeld »Die Steinerne Chronik Thüringens« genannt. Brände, Seuchen, aber auch Kriege hinterließen ihre Narben im Gesicht der Stadt, so u. a. der Dreißigjährige und der Siebenjährige Krieg. Doch auf Grund dessen schöpften die Saalfelder stets Zuversicht und ersetzten Altes durch Neues, sorgten für eine tadellose Verkehrsanbindung, bauten Maschinenbaufabriken und Betriebe der Schokoladenherstellung. Aber vor allem ein interessantes Umfeld verleiht Saalfeld einen ganz besonderen Reiz. Neben ihren Sehenswürdigkeiten und Kulturschätzen ist die Feengrottenstadt durch eine landschaftlich vielfältige Lage privilegiert.

Folgen Sie uns auf einem kleinen Rundgang durch die tausendjährigen Mauern der Stadt. Kommend vom Bahnhofsgebäude, welches in vielfältigstem Zwiebackstein erbaut worden ist, passieren wir die Saalebrücke und das Saaltor, auch Engelstor genannt, welches durch seine Renaissancestaffelgiebel auffällt, die vielleicht sogar die vielfältigsten unter den Staffelgiebeln der Saalfelder Stadttore zu nennen sind, was auch die Skulptur des hl. Michael an der Stadtinnenseite eindrucksvoll unterstreicht. An der Ecke Saalstraße/Saumarkt winkt uns eine namenlose Trinkhalle heran. Blauweißrote Kacheln, vermutlich aus der späten Renaissance, geben dem Interieur und auch den vielfältigen Gästen Halt. Augenblicklich nimmt das Höhnsche Haus die Blicke der Besucher gefangen. Als ein Meisterwerk der Saalfelder Renaissance repräsentiert es auf beeindruckende Weise den damaligen Zeitgeschmack. Auch an der Stadtapotheke kommt man schwer vorbei. Ein Meisterwerk Saalfelder Spätrenaissancearchitektur mit romantischem Innenhof. Auffällig ist immer wieder die Vielfalt. Keine hundert Meter weiter treffen wir auf das Alte Schloß, auch Alte Münze genannt. Auch nicht schlecht. Von fern grüßt das Darrtor mit dem unübersehbaren Zinnenkranz, der so typisch ist für die vielfältige Saalfelder Stadtbefestigung und das Darrtor zu einem ganz besonders vielfältigen Kleinod unter den Stadttoren Saalfelds macht.

Steht man auf dem rechteckig angelegten Marktplatz, ist das Rathaus nicht zu übersehen. Das Rathaus auf dem Marktplatz gilt als Frühwerk Saalfelder Renaissancebaukunst. Es steht neben vielen anderen schönen Häusern, aber man kann seine Vielfältigkeit sehen. Gleich dahinter verbirgt sich das hutschachtelähnliche Stadtarchiv, welches daher auch im Volksmund »Hutschachtel« heißt. An der Ostflanke des Marktplatzes reihen sich zwei Cafés und ein Hotel aneinander, laden zu einem gemütlichen Bummel ein. Saalfelder Gastlichkeit wird bekanntlich mit goldenen Lettern buchstabiert. Besonders bei den Speisen beliebt: die vielfältigen kulinarischen Gerichte und die Getränke. Aber das ist noch längst nicht alles. Von den Wirkungsstätten des Lukullus fällt der Blick sogleich auf die 1180 vollendete Marktapotheke, den vielfältigsten Renaissanceprofanbau Saalfelds. Daran anschließend die berühmten »Liden«, was vom Begriff Läden herrührt. Gemeint sind die malerischen Renaissancearkaden, in denen früher die Händler ihre Waren anboten. Heute steinerne Zeugen geschäftigen Treibens und stetiger Emsigkeit.

Von der Südseite des Marktes duftet die vielfältige Original Thüringer Rostbratwurst. Das hat seinen Grund. Denn dort steht das *Bratwurstglöckel* an der Schnittstelle zur Tourist-Information, wo die schönsten drei Blondinen der Welt, wenn nicht gleich ganz Saalfelds umsichtig und mit kundiger Hand den Fremdenverkehr dirigieren. Vorige Woche erst war zu lesen: »Drastischer Rückgang bei den Übernachtungen im Landkreis. Zweistellige Einbrüche sind 2002 im Gastgewerbe keine Seltenheit.« Hier die Fakten: Uhlstädt minus 68,8%, Dörschnitz minus 25,2%, Schwarzburg minus 24,8%. Und in der Feengrottenstadt? Nur 0,3%. So sieht es in Saalfeld aus!

Aber schlendern wir gemächlich weiter zur gotischen Stadtpfarrkirche St. Johannis, die über die vielfältigsten Doppeltürme der Stadt verfügt, die weithin sichtbar sind, was sie schon von fern leicht erkennbar macht. In ihr findet der Wanderer Ruhe und stille Einkehr von der Hast des geschäftigen Treibens. Draußen, auf der Blankenburger Straße, dem Saalfelder Boulevard, pulsiert das Leben im Herzschlag seiner freundlichen Bewohner. Dort lockt die historische Gaststätte *Das Loch*, nunmehr im zeitgemäßen Fernostlook, immer neue Gäste an. Das Hiltmannsche Haus gleich daneben oder so ungefähr jedenfalls. Schräg gegenüber das Saalfelder Pressehaus mit den aufmerksamen Chronisten von der *Ostthüringer Zeitung* mit Blick auf das mit einer Barockhaube geschmückte Blankenburger Tor. Mit seiner ungewöhnlichen Vielfalt an Baudetails aus der Zeit der Renaissance darf es als eines der bedeutendsten Stadttore Saalfelds gelten. Durch es hindurch führte früher der Handelsverkehr nach Blankenburg. Vom Blankenburger Tor sind es nur zweihundert Katzensprünge zum Residenzschloß aus der Zeit der Renaissance im malerischen Schloßpark.

Die romantische Gertrudiskirche nahebei, die ihresgleichen sucht vor allem in Saalfeld, ist auch sehr vielfältig. Über die Alte Freiheit lenken wir die Schritte zur Martinskapelle, zugleich eine der vielfältigsten Kleinkaliberkapellen Saalfelds, und weiter zum Stadtmuseum, welches im einzigen vollständig erhaltenen Franziskanerkloster Saalfelds untergebracht ist. Die Kreuzgänge sind wohl als die schönsten und vielfältigsten des ganzen Klosters anzusehen.

Bevor wir aber unseren Stadtrundgang fortsetzen, durchschreiten wir eines der besondersten Stadttore Saalfelds, das Obere Tor oder auch Oberköditzer Tor, welches von einem barocken Turmaufsatz gekrönt wird, wie sich unschwer feststellen läßt. Das Vielfältigste, was die Umgebung von Saalfeld zu bieten hat, ist nämlich seine unnachahmliche Landschaft. In dieser Umgebung befinden sich die Feengrotten. Die Feengrotten stellen die berühmtesten Höhlen der Feengrottenstadt dar und werden alljährlich von vielen Besuchern aus allen Teilen Thüringens erlebt. Sie waren früher ein Bergwerk, wo seit der Renaissance Alaunschiefer abgebaut wurde. Noch heute künden mehrere Schaugrotten, sei es die Blaugrüne Grotte, seien es die Quellgrotten oder sei es beispielsweise der Märchendom mit seiner berühmten Gralsburg,

mit vielfältigen Naturerlebnissen von ihrer Einzigartigkeit. Von den Feengrotten führt uns der Weg zurück, vorbei am Böll-Gymnasium, vorbei an der schlicht gehaltenen *Kommunikationsstube*, vorbei an den vielfältigen Resten der alten Stadtmauer, vorbei am Hohen Schwarm, einem trutzigen Wohnturm aus der Renaissance, der als bekanntes steinernes Wahrzeichen der Stadt weit über die Ufer der Saale hinausragt, zum Renaissanceschlößchen Kitzerstein.

Dahinter scheint die Trinkhalle in Blauweißrot wie zum Abschied auf. Die Insassen lärmen vielfältig. Und im Handumdrehen sind wir wieder beim Saaltor gelandet, finden den Weg zum Bahnhof. Voll mit unvergeßlichen Eindrücken sagen wir der Saalestadt und ihrem interessanten und vielfältigen Umfeld ade. Saalfeld, wir kommen bestimmt wieder!

Die dunklen Seiten Europas

Von Christian Jöricke

Auf Grund der Geschichte seiner Stadt und der Nähe zu Frankreich hält sich der Saarbrücker irrtümlich für einen Franzosen. In Wirklichkeit trägt er die Eigenschaften vieler europäischer Völker in sich. Hier einige Beispiele.

Gerade in Fragen der Trink- und Eßkultur glaubt sich der Saarbrücker dem Franzmann verwandt. Dabei gleicht er in diesem Punkt eher dem Engländer. Der Saarbrücker trinkt dünnes Bier und ißt minderwertiges Fleisch. Bei den ersten Sonnenstrahlen des Jahres holt er seinen »Schwenker« – einen dreifüßigen Grill – hervor und läßt darauf Fleischabfälle verbrutzeln. Bei Schneestürmen oder fehlendem Heimgrill vertilgt er kalte, dicke Fleischwurstringe, die er »Lyoner« nennt. Dazu schüttet er sich aus kurzen, bauchigen Flaschen faules Bier in den Kopf, das – und da kommt die latent europäische Ausrichtung wieder durch – genauso heißt wie eine Marke aus Dänemark. »Ein mageres Bier verdient auch eine magere Kritik«, dachte sich daher wohl der Berufspoet Jürgen Roth während der Verkostung ebendieses »Getränks«. »Matt, schmal, nicht der Rede wert«, schrieb er in das gemeinsam mit Herrn Rudolf verfaßte Buch der Bierbücher: *Bier! Das Lexikon* (Leipzig 1997).

Wegen seiner wenig gehaltvollen Ernährung leidet der Saarbrücker an Übergewicht. Das hat Auswirkungen auf sein Sexualleben. Da tut er es dem Belgier gleich. Weil Papa und Mama auf Grund ihrer exorbitanten Fülle das zur geschlechtlichen Vereinigung nötige Maß an gegenseitigem Begehren fehlt, muß der Nachwuchs ran. »Schwätz nit so e Käs«, höre ich jetzt ein paar Einheimische protestieren. »Mir han zwar die Sach mit dem klene Pascal gehat, awer sonscht haschte hier nit meh Sauereien wie annerswo.« Das stimmt. Das liegt aber auch nur daran, daß die meisten Blagen bereits total aus der Naht gelaufen sind und selbst hartgesottenen Päderasten eine gehörige Portion Überwindung abverlangen.

Zur Bevölkerungsvermehrung trägt der Saarbrücker also erfreulicherweise nicht bei. Im Stadtverband Saarbrücken, einem Zusammenschluß aus Landkreis und Stadt, sank die Einwohnerzahl in fünfundzwanzig Jahren von 381 845 (Stand 1975) auf unter 350 000. Wenn sich diese Entwicklung fortsetzt, wird Saarbrücken im Jahr 2280 nicht mehr existieren. Das ist noch eine lange Zeit. Zudem wehren sich die Einheimischen mit allen Mitteln dagegen. Beispielsweise gestalten sie ihr Straßennetz so, daß Auswärtige selbst mit modernsten Navigationssystemen nur schwer wieder aus der Stadt herausfinden und manche sich schließlich irgendwann völlig entnervt dort niederlassen.

Diese bedauernswerten Existenzen lernen dann die unerträgliche Lebensfreude und Redseligkeit der Saarbrücker kennen, die jener der Österreicher sehr ähnelt. Egal, wo der Saarbrücker auftritt, ob beim Zahnarzt, bei einer Beerdigung oder gar bei einem Spiel des 1. FC Saarbrücken, er ist gut gelaunt. Er ist so penetrant vergnügt, daß einem selbst Quäktaschen wie Verona Feldbusch schwermütig erscheinen. Aber der Saarbrücker hat ja auch allen Grund zum Frohsinn. Kann ja machen, was er will.

Selbst wenn er mal was tut, was er eigentlich nicht darf, braucht er keine ernsten Konsequenzen zu fürchten. Die

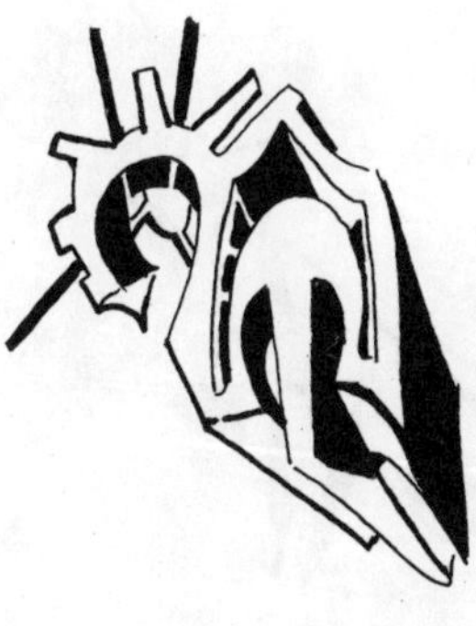

Rechtsauffassung in Saarbrücken ist vergleichbar mit der in Italien. Wie am Tiber machen's auch an der Saar »die da oben« vor. Anfang der neunziger Jahre sackte Oskar Lafontaine als ehemaliger Oberbürgermeister ein ihm nicht zustehendes Ruhegehalt ein. Wenig später ermittelte die Staatsanwaltschaft in der »Rotlichtaffäre« gegen ihn. Die Vorwürfe lauteten, er hätte Kontakte zur Saarbrücker »Unterwelt« unterhalten und einem Nachtlokal Steuervorteile verschafft. Der Verdacht wurde nie ganz ausgeräumt.

Reinhard Klimmt, ehemaliger saarländischer Ministerpräsident, ehemaliger Präsident des 1. FC Saarbrücken und ehemaliger Bundesverkehrsminister, wurde im Herbst 2000 wegen Beihilfe zur Untreue verurteilt und mußte von seinem Berliner Ministeramt zurücktreten. Mit fast schon Kochschen Aussitzerqualitäten hingegen hält Hajo Hoffmann, der den Bau seines neuen Privathauses nicht nur aus eigener Tasche finanzierte, an seinem Job als Oberbürgermeister fest.

Genauso stur beharrt der gewöhnliche Saarbrücker auf seiner Verbundenheit mit den Franzosen, obwohl beim besten Willen keine Gemeinsamkeiten festzustellen sind. Da der Saarbrücker aber vor Identifikation mit dem Nachbarland fast platzt, hätte ich zum Schluß einen Wunsch: Liebe Franzosen! Nehmt doch bitte wieder das Saarland an euch, und gebt uns Elsaß-Lothringen zurück. Bitte!

»Erlebniscity«

Von Rayk Wieland

Lange Wege, kahle Plätze, aufgelassene Baracken, vergessene Wachtürme, Mauern, Zäune, dazwischen ein paar Rosenbeete, vermooste Rasenflächen und hier und da ein Baum, der die Szenerie nicht wirklich auflockert. Die Gedenkstätte des Konzentrationslagers Sachsenhausen in Oranienburg bei Berlin wirkt nicht gerade einladend. Anstelle einer beschaulichen Grabanlage mit angeschlossenem historischen Abenteuerspielplatz befindet sich ein Ensemble aus grauen Steinen, abgebrochenen Isolatoren, alten Strohsäcken, das mit unscharfen grobkörnigen Photos, umständlichen Zeichnungen, nüchternen Texttafeln und vergammelten Exponaten in Vitrinen garniert ist.

Es handelt sich hier um die Resteverwertung der nationalsozialistischen Hinterlassenschaft, die Deutschland zur politisch-moralischen Profilierung und eigenen Vorteilsnahme betreibt. Denn nicht damit niemand vergesse, was zwischen 1933 und 1945 geschehen ist, sondern um den aktuellen Stand des Vergessens und des Verfalls zu dokumentieren, wurden und werden die ehemaligen Konzentrations- und Vernichtungslager so pflichtbewußt musealisiert.

Bereits während der Anfahrt auf der A 10 ermahnen mich etliche Schilder, den Weg nach Sachsenhausen ja nicht zu verfehlen. Eine Tafel meldet Hunderte von Unfällen, Verletzten und acht Tote, die hier auf der Strecke geblieben sind. Bis zu den Zehntausenden von Leichen, die Sachsenhausen vorzuweisen hat, ist es noch ein weiter Weg. In der Stadt sehe ich dann kaum Hinweise, dafür hängt an jeder Laterne ein Wegweiser zur »T.U.R.M. Erlebniscity Oranienburg«. Die Straße führt vorbei an Tankstellen und Autohäusern, in deren trostloser Phalanx sich ein Brieftaubenzentrum behauptet. Fahrradfahrer schieben um die Ecken, Kleinkinder balancieren ein Eis übers Trottoir, Ampeln schalten auf Rot. Nirgendwo ein

Konzentrationslager, denke ich, nirgends auch nur ein klitzekleines KZ , dabei könnte es überall sein.

»Immer den Reisebussen nach!« lautet der Bescheid einer Dame mit Hund, die ich nach dem Weg frage. Das Konzentrationslager ist offensichtlich die einzige Attraktion der Stadt. Die meisten Touristen, 300 000 im Jahr, besuchen Oranienburg allein wegen dieser den Wassertourismus, das Schloß und das Kreismuseum in den Schatten stellenden Sehenswürdigkeit. Auf der offiziellen Homepage präsentiert sich die Stadt sogar selbst als eine Art Lager und einen virtuellen Zählappell der Einwohnerschaft, akkurat aufgestellt nach männlichen und weiblichen Deutschen, männlichen und weiblichen Ausländern, Anfangsbestand, Geburten, Zuzügen, Wegzügen und Sterbefällen. Todesursachen werden nicht vermeldet.

Die Reisebusse fahren lange geradeaus und halten schließlich am *Café Talk*, wo, wie ich später sehe, Schnitzel »Cordon bleu« oder Schweineschnitzel mit Champignons für 6,90 Euro zu haben sind. Das *Café Talk* liegt direkt neben dem Eingang zur Gedenkstätte. Als ich an einem sonnigen Nachmittag eintreffe, stehen Gruppen junger Menschen davor, Schüler und Schülerinnen, die sich langweilen und Mätzchen machen. Es wird gelacht, mit Kienäpfeln geworfen und in Lonsdale-Jacken genestelt. Andere Gruppen kommen plaudernd aus dem Tor und setzen sich auf den Bordstein. Auch im Lager sind fast ausschließlich Gruppen und Grüppchen unterwegs. Einzelne Besucher kommen selten vor. Man könnte denken, die Leute schlössen sich sicherheitshalber zu kleinen Kolonnen zusammen, wenn sie die Vorrichtungen zum Pfahlhängen, die Fundamente der Genickschußanlage, den Erdbunker und die Pathologie passieren. Es ist aber eher das Bedürfnis nach gruppendynamischer Flachserei, das die meisten Schüler den Parcours im Trupp absolvieren läßt.

»Ich schätze mal, hier kam der Transporter von hinten, dann wurden die da so rausgezogen«, erläutert ein aufgeweckter Typ seinen Mitschülern die Skizze der Gaskammer, während er in den mitgebrachten Falafel beißt. »Die waren früher alle kleiner, kommt mir alles so eng vor«, ergänzt er fachlich.

Eine Gruppe junger Mädchen schießt Erinnerungsphotos mit einer Digitalkamera. Die minderwertigen Bilder können gleich an Ort und Stelle, im Erschießungsgraben, gelöscht werden. »An dieser Stelle«, steht auf dem Schild, »wurden Patrioten aus allen europäischen Ländern ermordet.« Die Kamera klickt, es wird getuschelt.

»Was ist *hier* denn?« fragt ein Mädchen im Vorbeigehen.

»*Patrioten* wurden hier ermordet«, antwortet ein anderes.

So flanieren kleine Cliquen von einer Stätte des Grauens zur anderen, vom Appellplatz zum Krematorium, vom Leichenkeller zum zentralen Mahnmal, vor dem ein prächtiger Ahorn ausharrt. Die Sonne scheint, Handys klingeln. Vorm Gedenkstein, den die russische Regierung »für jeden einzelnen der Toten« errichtet hat, hat eine ankommende SMS Vorrang vor der Lektüre der Inschrift.

»Das WC da ist bestimmt 'ne Gaskammer«, kräht ein Zwölfjähriger zu seinen Mitschülern hinüber und zeigt auf das Behinderten-WC-Schild am ehemaligen Kommandantenhaus. Alle lachen, nicken und schlendern weiter. Sie laufen durch die Dauerausstellungen des Neuen Museums, queren die Baracken 38/39, die 1992 durch einen Brandanschlag von Neonazis teilweise zerstört und danach wieder aufgebaut wurden, rennen fast durch die Häftlingsküche und -wäscherei und knipsen dann im Keller der Pathologie das Licht an und aus, um die Mädchen zu erschrecken.

Die größte Schwierigkeit scheint für viele zu sein, daß sie nicht wissen, wie schnell oder wie langsam sie an den Vitrinen mit der mottenzerfressenen Häftlingskleidung, an den mit Zahlen übersäten Chroniken und Schautafeln vorbeigehen sollen. Manche sind zu schnell am Ausgang, warten unschlüssig und gehen dann noch einmal zurück, um den Bericht vom Todesmarsch im Belower Wald zu überfliegen, bis die anderen nachkommen.

»Hier an dem Galgen«, erläutert der Lehrer ein paar Schülern, die vor ihm herlaufen, »sind die Gefangenen aufgehängt worden.« Am Erdbunker dahinter knutschen zwei Teenager. Der Kaugummi wird schnell beiseite geschnippt, weil eine Zigarette angezündet werden muß.

»Ist das das Original?« fragt ein Schüler zurück.

»Ja«, antwortet der Lehrer. Die Galgen, einfache Holzstämme, von denen schräg nach oben Eisenstangen abstehen, werden kurz gemustert.

»Gehen wir danach was essen?« will der Schüler weiter wissen, und der kleine Troß verschwindet im Zellenbau.

Den Raum der Ausstellung »Auschwitz 1940–2000« durchziehen sphärische Klänge, als gäbe es hier einen Tantraworkshop für Tote. Auf dem Fußboden hockt eine junge Frau und schreibt mit ernstem Gesicht die Texte ab, die an den Wänden hängen. »Der Prozeß in den Lagern«, lese ich auf einem, »hört niemals auf, sondern geht immer weiter. Wir müssen uns fragen, welche Rolle wir in diesem ewigen Drama spielen: Sind wir die Opfer, die Opfernden oder die Erfüllungsgehilfen? Welche der Rollen füllt uns aus?«

Die Kontinuität der Vernichtung als Rollenspiel.

Auf dem Weg zum Ausgang komme ich an der kleinen Buchhandlung vorbei, einer muffigen Baracke. Es stinkt nach Katzenpisse. Die Dame hinterm Ladentisch blättert gelangweilt in der Zeitung. Eine Gemüsekiste mit der zu verramschenden Erinnerungsliteratur der ehemaligen Häftlinge ist ausgerechnet auf dem kleinen Ofen deponiert. Der gelbe *ADAC Führer*, der anmahnt, die »Schönheiten des Ruppiner Landes« zu erleben, liegt bei den vorderen Bücherstapeln aus.

Am Ausgang ein Schild: »Massengräber 1945–1950, 1,7 Kilometer«. Ein Stöhnen entringt sich einer Gruppe von Schülern neben mir, die kopfschüttelnd stehenbleiben.

»Nee, dahin gehen wir jetzt aber nicht mehr!«

Ich mache mich aber auf den Weg, immer an der Außenmauer des ehemaligen Konzentrationslagers entlang. Das kleine Backsteingebäude mit Schornstein, das ich bald linker Hand passiere, entpuppt sich allerdings als Kindergarten.

Lärmt nicht so!

Von Kay Sokolowsky

Ostermontag, 21. April, ein blauer Frühlingstag über Hamburg. Dreißig Minuten Fahrt mit der S-Bahn von Dammtor über Tiefstack, Allermöhe, Bergedorf. Eine Landschaft vorm Waggonfenster, flach und eckig wie vom Reißbrett. Aufgeschwemmtes Elbsandland, Krüppelbuchen, schlappes Gras. Dazwischen Gewerbegebiete. Lauter Spannbetonhallen, in denen Dinge produziert werden, die man lieber nie sehen möchte. So soll es sein, wenn man in ein »Naherholungsgebiet« fährt: Der Weg ist gepflastert mit Hinweisen darauf, was Menschen zwingt, sich erholen zu *müssen*.

Endstation Aumühle, mitten im Sachsenwald. Hier wird's jetzt also schön! Vermutlich. Zwanzig Quadratkilometer geschlossenes Baumgelände. Das macht doch was her. Auf dem Papier. In ganz Schleswig-Holstein hält sich nirgendwo mehr Wald an einem Stück auf. Wahrscheinlich aus Platzangst.

In diesen ersten Frühlingstagen hat die Gegend etwas leicht Trostloses. Die Erlen und Eichen beginnen gerade erst auszuschlagen. Es riecht noch grau, nicht grün. Trotzdem sind Kolonnen von Ausflüglern unterwegs. Schließlich scheint die Sonne. Und eine Hauptattraktion hat heute geöffnet: der »VVM Museumsbahn Lokschuppen Aumühle«. Angucken kostet. Aber bitte – wer sich für antike Eisenbahnen und eine Fahrt mit der Draisine interessiert, soll das gefälligst auch bezahlen.

Auf einem breiten, gut geharkten Sandweg zwischen kahlen Eichen und Buchen weiter nach Friedrichsruh. Ein Bach, benannt nach einem Schmerzenslaut, die Au, plappert in begradigtem Bett dösig vor sich hin. Man hat das Gewässer – wie auch alles andere, was hier Natur sein könnte – im Griff. Die Bäume sind in Habt-acht-Haltung erstarrt. Das macht es den Holzfällern leichter. Eine Abteilung Meisen meutert irgendwo, gelegentlich torkelt ein Kohlweißling vorbei. Mehr Anarchie wird nicht geduldet. Angeblich buddeln ein paar

Meilen weiter nördlich Wildschweine planlos im Unterholz. Aber das bleibt Gerücht; die eigentlich interessanten Teile des Areals sind für Unbefugte gesperrt.

Nach zwei Kilometern erreicht die Kolonne das mythische Zentrum des Sachsenwaldes: Friedrichsruh, Alterssitz und Grabstätte des Fürsten und Reichskanzlers Otto von Bismarck. Ein weiträumiger Parkplatz am Waldrand, und es gibt immer noch Leute, die auf solchen Parkplätzen picknicken. Dabei ist der hiesige Dschungel so gut aufgeräumt und generell anständig! Aber hundert Meter die Kühltasche schleppen, das bedeutet schon Arbeit. Und die hat im Naherholungsgebiet nichts zu suchen. Man hat eigentlich auch selbst nichts zu suchen hier, d. h. nichts verloren. Die Eigentümer, Bismarcks Erben, erinnern an jeder Ecke daran. Sie haben den einzigen Weg abgezäunt und eingemauert, querfeldein geht gar nichts.

Worauf es ankommt, wenn man sich in diesem Abschnitt der Welt bewegt, hat Ferdinand Graf von Bismarck 1976 in seinem Grußwort für die Heimatfibel *Aumühle im Sachsenwald* mit der ganzen herablassenden Freundlichkeit seines Hauses aufgeschrieben: »Hier trafen sich preußische Tradition und hanseatischer Unternehmergeist in glücklicher Synthese und verwandelten den westlichen Zipfel des urigen Sachsenwaldes in eine offene, locker bebaute Parklandschaft zwischen Aue und Bille.« Bzw.: Hier wurde einem der gewieftesten Schwindler und eiskältesten Machtmenschen der neueren Geschichte für das blutige Schurkenstück, mittels zweier Kriege eine schreckliche Nation zu synthetisieren, ein sehr fettes Stück Land von seinem Kaiser geschenkt, auf daß niemand aus seiner Familie je wieder geregelter Arbeit nachgehen müsse.

Nachfahr Ferdinand will das nicht vergessen: »Der Sachsenwald war und blieb mit dem Gedanken der Reichsgründung eng verbunden«, und wer sich einbildet, er könne den Wald einfach Wald sein lassen, der sollte besser anderswo ins Gehölz stapfen. Hier ist sowieso kein Zutritt. Denn allein der gußeiserne Kanzler resp. die Früchtchen seiner Lenden dürfen im Waldweben wesen. Und umsonst bekommt man hier gar nichts. Auch nicht den »Garten der Schmetterlinge«. Der kleine Park ist das einzige Stück Natur, das beschritten werden darf im näheren Umkreis. Die Fachwerkgutsgebäude rundherum riegeln den Zugang zum Wald so gründlich ab wie Kasernenmauern.

Denn sogar der Sachsenwald – als ein wie akkurat auch immer ausgerichtetes Ensemble von Bäumen – könnte, mit all seinen schattigen Flecken und undurchsichtigen Wucherungen, dazu verführen, auf eigene Gedanken zu kommen. Und so was lieben Bismarcks nicht. Im – billettpflichtigen – Schmetterlingsgarten jedoch hat Reglement eine Chance: »Liebe Gäste«, knarzt ein großes Schild am schmalen Eingang, »damit sich alle wohl fühlen, haben wir drei Bitten«, die selbstredend Befehle sind. Wer Blumen pflückt, wird gevierteilt, wer seinen Köter nicht anleint, gerädert, wer die Kaninchen füttert, aufs Rad geflochten. Dann fühlt sich zumindest eine wohl, »vielen Dank und viel Spaß, Elisabeth von Bismarck«. Was aber auf der »Insel der Besinnung« abgeht, ahnt man schon beim Blick durch den Zaun. Es ist dies wohl eher ein Eiland der Gesinnung. Entspanntheit sieht anders aus.

Weiter gen Friedrichsruh-City. Nach zweihundert ungemütlichen Schritten vom Parkplatz aus sorgt ein beschrankter Bahnübergang für Entscheidungsnot. Links führt die Straße zu weiteren Gutsgebäuden derer von Bismarck, rechts zum Mausoleum des Riesenstaatsmannes. Aus irgendwie politischem Prinzip also erst mal links.

Friedrichsruh hat den falschen Namen. Friedrichslaut paßte besser. Über die Durchgangsstraße jaulen und orgeln und kreischen Motorräder sonder Zahl Richtung Trittau. Woselbst die Fahrer, wie es sich für Biker gehört, kurz in die Botanik schiffen werden, um sogleich umzukehren. Es ist wirklich nicht schwer, Vernichtungsphantasien zu entwickeln. Fünf getunte Motorräder hintereinander genügen da schon. Hier sind es in wenigen Minuten zirka fünfzig.

Jetzt sinkt der Schallpegel kurzzeitig auf achtzig Dezibel. Doch nur, weil die Bahnschranke niedergegangen ist. Natürlich stellt in der Wartezeit niemand den Motor ab. Es genügt ja, daß man das zirka bei Erreichen der Volljährigkeit mit dem Kopf getan hat.

Friedrichsruh, darüber klärt das Schild am Ortseingang auf, gehört zur »Gemeinde Aumühle« erstens und damit, zweitens, zum »Kreis Herzogtum Lauenburg«. Die Republik, vor fünfundachtzig Jahren von vaterlandsfernen Unholden erfunden, ist hier noch lange nicht angekommen; dafür sorgen zumal Ferdinand und seine Blase. Der nächste befestigte Ort Richtung Osten heißt übrigens Kröppelshagen. Auch dort muß es sehr schön sein.

Das Bismarck-Museum stellt die abgetragenen Kleider des eisenfressenden Kanzlers aus, seine Hirschfänger und Flinten und Meerschaumpfeifen sowie etliche kopfschmerzerregende Gemälde. Erwachsene zahlen drei Euro, um den Reliquienschrein besichtigen zu dürfen. Will heute allerdings niemand. Bei diesem Bombenwetter schleppt man sich lieber krummgewachsen zwei Minuten Fußweg hügelan ins *Forsthaus Friedrichsruh*.

Die weite Terrasse des Restaurants liegt ungeschützt in der Nachmittagssonne. Daß im Biergarten ein blauer Himmel am schönsten aussieht, wenn er durch Laub oder einen Parasol schimmert, hat sich vielleicht in zivilisierten Territorien, aber noch nicht bis in den Sachsenwald herumgesprochen. Tapfer schwitzen die Ausflügler in Bier und Bohnenkaffee hinein und verziehen kaum das Gesicht, als die nächste 1000-ccm-Sturmabteilung den Fuß des Hügelchens brüllend passiert. Im Naherholungsgebiet erholt man sich, weil das so vorgeschrieben ist.

Zurück zum Bahnübergang, einen anderen Hügel hoch. Oben wuchtet eine neoromanische Scheußlichkeit, darin die Gebeine des eisenhaltigen Kanzlers umweltfreundlich versiegelt liegen. Wer das Mausoleum von innen ertragen will, muß zwei Euro erlegen. Denn auch für die Grabpflege von Fürsten haben gefälligst die Untertanen aufzukommen. »Obgleich viele der Ideale«, nörgelt Ferdinand G. v. B. im Heimatbuch, »welche die damalige Generation beflügelten, heute Vergangenheit sind, bleiben Aumühle und Friedrichsruh nicht nur geographisch, sondern auch geschichtlich verbunden.« Dafür sorgen Zäune, Mauern und Eintrittspreise. Neben dem Eingang zum Grabkirchengarten steht ein Schild und darauf ein Gedicht: »Und kommen nach Dreitausend

Jahren / Fremde hier des Weges gefahren / Und sehen, geborgen vorm Licht der Sonnen, / Den Waldgrund in Epheu tief eingesponnen / Und staunen der Schönheit und jauchzen froh / So gebietet einer: *Lärmt nicht so! – / Hier unten liegt Bismarck irgendwo.*«

Das hat leider tatsächlich Theodor Fontane hingereimt, 1898, und dafür soll er noch in dreitausend Jahren eins hinter die Löffel kriegen. Zumal da ja kein Aas auf des Dichters Anordnung hört: Die tief in den Hügel geschnittene Straße ist voll mit Bikern, Bikern, Bikern; es rumpelt und dröhnt wie in einer Kanonenfabrik. Was Otto von Pißmarck zweifellos gut gefallen hätte. Da kann Fontane schleimen, wie er mag.

Auf der anderen Seite des zerschnittenen Hügels ragt eine weitere Scheußlichkeit. Die überlebensgroße Skulptur zeigt einen stolz erigierten Hirsch, der von Wölfen angegriffen wird, den einen jedoch bereits in den Staub getreten, den anderen zur Flucht mit eingezogenem Schweif gezwungen hat. Was der Scheiß bedeuten soll, klärt die Inschrift: »Dem Fürsten von Bismarck / das / dankbare Anhalt / 1. April 1895«. Mit einem Hirsch verglichen zu werden, gilt den meisten als Beleidigung. Insofern geht die Angelegenheit in Ordnung. Aber wen oder was bedeuten die Wölfe? In diesem ausgeleckten Industriegruselwald findet man doch in dreitausend Jahren keinen!

Statt dessen läuft man sich einen. Der Weg zurück nach Aumühle wurde an den Rand einer (bei Bikern ungeheuer beliebten) Bundesstraße montiert. Das Waldstück nebenan hat den Charme eines Todesstreifens. Nicht mal der hastige Zitronenfalter, der plötzlich aus der Böschung auftaucht, findet irgendwo ein Durchkommen. Er hat offenbar den falschen Stammbaum.

»Wir, die wir hier wohnen«, diktiert F. Graf von B. in die Heimatbroschüre, »haben vielleicht etwas stärker als andere die Höhen und Tiefen unserer geschichtlichen Entwicklung empfunden.« Mit den Tiefen meint er zweifellos die paar Tage ungefähr 1918, an denen aufgehetztes Gesocks es wagte, seinem Stamme den Nutznieß an zwanzig Quadratkilometern Mischwald anzufechten. Inzwischen ist man aber wieder auf der Höhe und benennt eine Seitenstraße kurzerhand nach einer Gegend, die einem längst gehören würde, hätte man bloß auf die Junker im Generalstab gehört und nicht auf diesen hergelaufenen Österreicher: Krim.

Ist denn alles unerträglich in dieser motorradfahrerverheerten Gegend? Nein, nicht alles. Wenigstens das *Hotel Waldesruh am See* in Aumühle hat was. Zum Beispiel den See (der aber eher ein Teich ist). Und aufgespannte Sonnenschirme. Allerdings hat es keine Ruh – regelmäßig kreischt ein Bike vorbei. Dafür wird ein Pils serviert, das sich halbwegs trinken läßt. Mit geschlossener Nase. Kostet auch nur zwo Euro fünfundneunzig. Wären nicht die Leute, die hier sitzen, man könnte eventuell leutselig werden.

Gegenüber droht ein Denkmal. Angucken kostet ausnahmsweise nichts. Das Bildnis zeigt ein Ensemble aus drei menschenähnlichen Figuren. Links steht ein Neger in Hiwi-Uniform mit einem Hinterlader in der Linken, den er auf den Boden gestemmt hat. Die Rechte weist nach vorne. Rechts hockt ein anderer Neger, halbnackt, aber mit Turban. Er achtet gut auf einen Tuchballen, den er *unbedingt* gegen eine Glasperlenkette eintauschen möchte. Die Szene beherrscht zentral ein mächtiger Weißer mit Tropenhelm und kurzen Hosen. Er hält die rechte Hand schattenspendend an die Krempe, die linke ballt sich honigmelonengroß um ein deutsches Qualitätsgewehr. Drei unförmige Touristinnen watscheln heran, eine versucht zu entziffern, was das vorsichtshalber nicht entschmutzte Epitaph verkündet, scheitert aber: »Kann ich nicht lesen, ist altdeutsch.«

Die verwitterten Buchstaben sind zwar mitnichten Fraktur, sondern lateinisch, aber sonst hat sie recht. »Deutsch Ost-Afrika 1914–1918« steht auf dem Sockel. Daß es heute dort nicht so aussieht wie zum Beispiel an den Rändern des Sachsenwaldes, ist dem Grafen Ferdinand und seinen loyalen Spießträgern zweifellos ein Tort und eine »Tiefe unserer geschichtlichen Entwicklung«. Also bleibt der imperialistische Betongußdreck einfach stehen, bis, vielleicht, in dreitausend Jahren ein paar Bulldozer gefahren kommen, um unter großer, dem Lokus angemessener Lärmentwicklung die Pein einzuebnen.

Dreißig Minuten lang rumpelt die S-Bahn zurück über Bergedorf, Allermöhe, Tiefstack zum Dammtor. Das Frühlingshimmelblau über Hamburg trübt sich violett ein.

Morgen wieder arbeiten zu müssen ist kein schöner Gedanke, doch seit heute immerhin mit Sinn versehen: Zur Belohnung winkt auch am nächsten Wochenende der Besuch eines Naherholungsgebiets! Es müssen aber wirklich nicht der Sachsenwald und Friedrichsruh sein. Eher eventuell die Harburger Berge. In der Umgebung von Neuengamme möglicherweise.

Gaudium Gamundia

Von Vincent Klink

Fuhr der Zug in den Bahnhof ein, so begrüßte ihn ein großes Schild: »Gold- und Silberstadt« prangte da stolz. Schwäbisch Gmünd liegt an der Bahnstrecke zwischen Stuttgart und Aalen. Die Landeshauptstadt verfügt über gewisse großversalige Bahnhofswerbung, und Aalen, da is' gar nix. Gmünd hatte immerhin dieses Schild, das Besseres preisgab als die Insignien anderer Orte, beispielsweise »Stadt der Braunkohle« oder »Stadt der Damenstrümpfe«. Tja, Schwäbisch Gmünd ist was Besonderes und nennt sich auch »älteste Stauferstadt«, weil es in der Nähe des Hohenstaufen liegt. Von dort oben wurde einst geherrscht und regiert, von der Nordsee bis in den Südzipfel Siziliens.

Die nachgeborenen Gmünder, die freien Reichsstädter, konnten also kraft Herkunft und Geschichte keine Dorftrottel sein. Nein und noch mal nein: Als Nachfahre fühlt man sich, als lebe man auf einer Insel der Glückseligen. Draußen, außerhalb der Gemarkung, lauerten schon immer die Neider. Kommt das Remstal abwärts die Sprache auf Stuttgart, wird der Gmünder Aborigine unversehens zum Nekrologen. Stuttgart hält er für eine pietistische Grube. »Die ganget zom Lache in dr Keller«, weiß man. Dort sitzt die Regierung, von dort kommen all die Blödsinnsgesetze, wie schon mein Opa räsonierte. In die andere Richtung schaut der Gmünder Nazarener nach Aalen, und das war sowieso noch nie satisfaktionsfähig: ein Schweinekoben am Rande der westlichen Welt.

»Schwäbisch Nazareth« – so wurde Gmünd in all den umliegenden Käffern verspottet. Das lag daran, daß die freie Reichsstadt erzkatholisch war, ein Eiland im hartleibig protestantischen Württemberg. Als ich mich anschickte, meine Elisabeth zu freien, eine »Evangelische«, war das eine Familienkatastrophe, als hätte sich Prinz Charles zum Papst ins Bett gelegt. Oma war außer sich, daß der Enkel nichts Besseres fand als eine »Wüstgläubige«.

Klar, gewissermaßen stammte ich von altem Adel ab, lassen wir mal die Hohenstaufen, Barbarossa und Federico Secondo beiseite. Mein Urgroßvater, honoriger Brauereibesitzer, kaufte sich nämlich das erste Auto Gmünds – und ein anderer Biersieder, der Hasenwirt, das nächste. Es gibt noch ein Photo davon, von dem veritablen Crash. Das muß man sich mal vorstellen! Die Stadt, innerhalb der Mauern genauso groß wie heute, bietet Platz für zigtausend Autos. Für die beiden bierseligen Honoratioren war es offensichtlich damals schon zu eng, auf dem Sebaldsplatz kam man nicht aneinander vorbei und verschrottete brandneues Blech. Beide kamen womöglich aus der Wirtschaft und wollten in die nächste Kneipe.

Der Amtsvorgänger meines Vaters, der Stadttierarzt Dr. Lauer, kam morgens aus dem *Schwanen*. Mit seinen Promille und Bärenkräften betätigte er die Handkurbel zum Anlassen des Motors. Es war der erste Gang drin, die Technik funktionierte, der Karren spurtete los und überfuhr die Amtsperson, um im Schaufenster eines Teppichgeschäfts (Perser, nicht Auslegeware) zu sterben. Das Auto war hin. Was soll's. In einer Gold- und Silberstadt galt Blech sowieso nichts. Alles drehte sich um Gold und Silber. Der Stadttierarzt jedoch, robust und bloß etwas verwirrt, murmelte »Leckt's mich am Arsch« und wankte wieder in den *Schwanen*.

Den Tag versoffen, die Nacht und den nächsten Morgen gleich dazu? Deswegen brauchte man sich kein schlechtes Gewissen zu machen. Beichten? Service gab's reichlich, hatte doch bereits eine Hohenstaufenmutter einen romanischen Tempel gestiftet, und das gotische Münster ist größer als das in Ulm, wenn der Turm nur nicht eingestürzt wäre. Also: Beichten ja, aber nicht wegen Wein, Weib und Gesang. Pah … Ein noch so heftiger »Balari« war in jeder Beziehung straffrei, nicht einmal eine Bagatelle, sondern jeder »Granatendampf« geradezu eine solitäre Großtat.

Die Stadt lebte von der Großzügigkeit. Gold und Silber sind nach pietistisch-württembergischer Lesart so unnötig wie ein Rausch. Das mag für die ganze Welt gelten, nicht aber für die Gmünder. Jede Art der Verschwendung war hochwillkommen und gottgewollt. Alles war erlaubt, solange es keinen puritanischen Sinn hatte, Raubbau am eigenen Körper, an den Erzeugnissen der Natur, das Schwelgen im Luxus, und sei es nur, daß die Goldschmiedemeister um zehn Uhr morgens zum Vespern in den *Drei König* pilgerten und sich dort so lange aufhielten, bis das lästige Tageslicht in der Dämmerung verlosch.

Das allgemeine Laisser-faire gründete wohl im katholischen Grundrauschen, schließlich hatten Mönche das Saufen zu einer wahren Kunst entwickelt. Zum anderen besaßen viele Firmen für Tafelsilber und Schmuck Auslandsbüros, beispielsweise in Ägypten, um die Geldpotenten zu bedienen. Gmünder Fabrikanten dealten in London, Paris oder in Rom. Da gewöhnte man sich an gehobene Leibesfreuden.

Vor dem Krieg zählte Schwäbisch Nazareth über hundert Kneipen und exakt sieben Brauereien. Selbst nach dem Krieg war die Stadt noch ein beachtliches Feuchtbiotop. Aus dem Osten waren Feinwerker wie Glas-, Knopf- und Bijouteriekünstler zugewandert, und die brachten, zugegeben, einen frischen Wind, aber auch unangenehmen Fleiß und ein lästiges Aufsteigertum mit.

Es brach gewissermaßen eine neue Zeit an. Das war Grund genug, sich an bewährte Traditionen zu klammern. Mit den schaffigen Ostlern waren aber Gott sei Dank auch über viertausend amerikanische Besatzungssoldaten eingesickert. Das waren tolle Kerle, wunderbare Heiden, sie waren noch nicht von Frauenvereinen und Presbyterheuchelei versaut. Sie waren in der Regel schwer bewaffnet – in der einen Hand die Gallonenpulle Jim-Beam-Whiskey, im Maul eine Lucky Strike, und die freie Pranke war heftig dabei, den Busen einer schwäbischen Soldatenbraut zu mosten. Nicht lange, und ich hörte auf dem Schulhof einen halbgmünder Schulkameraden greinen: »Dr Karle hot me gschlagen, jetzt hol' i mein Papa, der haut euch k. o., der isch nämlich Neger bei de Ami.«

Im Kaff war die Hölle los, da brauchte man nicht ins Kino. Ich war ein Bewunderer der Militärpolizisten, die ihren Dienst nach den simplen Regeln des Faustrechts ausübten. Es war keine Zeitungsmeldung wert, wenn die Sheriffs ihr Headquarter in die *Reginabar* verlegten, sich beim Whiskey konzentrierten und einmal einen schwarzen Hünen durchs geschlossene Fenster warfen, weil er ihre feinsinnigen Gespräche störte.

Steht man auf dem Marktplatz und blickt nach Norden, ragt der Ausläufer eines Höhenzugs in die Stadt – der Mutlanger Berg ist gerade mal einen Gewehrschuß entfernt. Der Berg hatte es in sich, und er steht für eine nochmals neue Zeit. Die lieben Amis hatten ihn klammheimlich mit Pershingraketen gefüllt. Man munkelte, daß da irgendwas mit Atom dabei sei. Ausgiebig konnten sich die Einheimischen damit allerdings nicht beschäftigen. Es galt die Fastnacht zu bewältigen und durch den Sommer zu jauchzen, was man mit den traditionellen Jahrgangsfesten bewerkstelligte. Mit Stöckchen, Frack und Zylinder schunkelten alle, die gerade vierzig, fünfzig, sechzig, siebzig geworden waren, sogar die Achtzigjährigen tatterten zur Blasmusik. Bis heute haut jede Woche ein anderer Jahrgang auf die Pauke. Aus dem verkniffenen Stuttgart erntete man deshalb angewiderte Irritation. Der *Spiegel* sah sich zu Kassandrarufen genötigt: »Die Welt zittert, Schwäbisch Gmünd feiert«, so damals eine balkendicke Überschrift.

Ich hatte mit meiner Frau schon längst das gemeinsame Restaurant als teuersten Luxusschuppen der Ostalb etabliert und empfing besonders leichtsinnige Gmünder, aber auch die Oberliga der wackeren Mutlangendemonstranten. In Gmünd rückte Prominenz ein: Herr Böll, der Grass, die Namen sind Legion. Die Herrschaften liebten das Essen und die Tafelkultur. Keiner merkte allerdings, was nur Silberwarenfabrikanten ins Auge stach. Als Jungwirt hatte ich mich mit Menagen, Zuckerdosen und Milchkännchen eingedeckt, wie sich das für einen gehobenen Gastronomiebetrieb schickte. Jäh wurde ich aus meinen hochfliegenden Träumen gerissen, als mich die Goldschmiede und Feinmetallartisten buchstäblich anschrien, ich solle die unechten Blechle vom Tisch nehmen. »Den Verfall der Sitten sehen wir, aber hier in diesem Restaurant wollen wir Sterlingsilber auf dem Tisch!« Es mußte also unter ruinösem Aufwand Achthunderter-Silber angeschafft werden.

Als das dann endlich die Tische bevölkerte, starben die versnobten Fabrikanten und alten Goldschmiede nach und nach weg. Die Amis zogen auch ab. Aus Stuttgart besorgte man sich einen neuen Bürgermeister, und es wurde alles schlimm. Der Blumenhändler, der Zellers-Walter, stemmte sich noch einmal gegen die Zeitläufte. Jeder, aber wirklich jeder schönen Frau und allen hübschen Mädchen, die an seinem Geschäft vorbeigingen, wurde eine langstielige Rose zugesteckt.

Rosenkavalier Zellers-Walter verstand die Welt nicht mehr, als sich irgendwann Probleme mit seiner Buchhaltung summierten. Eines Tages verlegte er sein Büro ins *Gasthaus Hölzle* in Weilerstoffel, einem eingemeindeten Dorf. Dort war der für seine heroische Geistesarbeit notwendige Nachschub an Trollinger verfügbar. Jedenfalls, so ist es überliefert, zeigte der Trollinger gute Wirkung. Die alten Zeiten wurden besungen, und man stopfte die ganze Zettelwirtschaft in den Kachelofen. Das Finanzamt war unerbittlich, und Zellers-Walter resignierte vor der modernen Welt und wechselte von der Amateurgenußtrinkerliga in die Hardcorefraktion. Kann man ihm ja eigentlich nicht verdenken. Verzweifelt trat er ab, als andere antraten.

Gmünd hatte seit ewigen Zeiten eine Goldschmiedeschule und eine Fachhochschule für Gestaltung. Künstler gab es also schon immer, doch es brach die Zeit an, da sie sich Designer nannten. »Die Leute sind in Ordnung, aber sie saufen zu wenig«, sagte mir jüngst der Präsident des Verkehrsvereins Ostalb. Das Renommee der Stadt sei hin, es gebe viel zu tun, man müsse wieder von vorne beginnen.

Also, liebe Gmünder, hoch die Tassen, laßt uns die vergangenen Zeiten nicht vergessen! Und noch was: Hinter der Nostalgie haust immer auch das Grauen. Prosit!

Schwandorf forever!

Von Eckhard Henscheid

Obwohl, wenn man eine Zirkelspitze in sie hineinsticht, keine andere als meine Heimatstadt Amberg (Opf.) sich als das akkurate Zentrum des Abendlands erweist, erhärtet spätestens und zusätzlich durch meine Geburt im Jahr 1941, gleichwohl entschleiert dem langen und aufmerksamen Blick sich auch die 23 Kilometer bzw. 13 Regional-Expreß-Minuten entfernte und knapp halb so große Stadt Schwandorf als durchaus ernstzunehmende Größe. Wurde sie doch schon 1961 von der Faschingsausgabe der *Süddeutschen Zeitung* als »Perle Bayerns« erkannt und durch das Photo eines Schwandorfer Bahnsteigs als solche nachgewiesen; rangierte doch ebendieser Bahnsteig 4/5 bereits zu Zeiten des kalten Kriegs als Signal für Wandel durch Annäherung, nämlich als europäischer Eisenbahnknotenpunkt der systemüberwindendsten Art: Gegen 15 Uhr kam es da manchmal zur Kreuzung der D-Züge Oostende–Prag und Berlin–München (mit Anschluß Rom), so war es den Bahnsteigtafeln zu entnehmen; und es muß schließlich Goethe ebendiese zentrale Knotenrolle erahnt und vorweggenommen haben – denn seine bekannte *Italienische Reise* führte keineswegs von Karlsbad nach Waldsassen über Amberg nach Regensburg, München und Verona, sondern immer schön der Nas' und der Naab lang über die Perle der Städte:

»4. Sept. 1786. Da es anfing, Tag zu werden, befand ich mich zwischen Schwandorf und Regenstauf, und nun bemerkte ich die Veränderung der Landschaft ins Bessere.«

Toll! Welch eine Epik, welch eine epische Dramatik! Welch ein Satzbau, was lakonische Prägnanz, welch eine höchst artige Setzung der Verben und zumal der Komparative. Welche luzide Vorahnung der nachmaligen W. Brandtschen gesteigerten »Lebensqualität« im Sinne von Goethes eigener Lehre der »Steigerung durch Polarität«. Welche lapidare Hommage und gleichzeitig, noch kurz vorm Eintreffen in

Regensburg, gelungene Erledigung der damals schon nicht mehr wegzuleugnenden Stadt Schwandorf!

Allein und unabhängig von Goethe usw., es gilt oder galt jedenfalls Schwandorf zuweilen als irgendwie auch besonders brisante, ja gefährliche, brenzlige Stadt, vor allem als Spielerstadt. Soweit die mitunter nach außen (Amberg, Bodenwöhr, Las Vegas, Irrenlohe) dringenden Gerüchte halbwegs stimmen, ist und war es immer wieder mal so, daß in der zentralen lokalen Spielkartenhölle Schafkopfprofis bei einem einzigen Spiel, bei einem mit Contra-Re-Sub-Hirsch verlorenen Herz-Solo, ihren kompletten Wochenlohn einbüßten, sagen wir nach heutigem Ermessen 450 Euro; anstandslos auch zahlten; um sich anschließend comme il faut à la manière de Schwandorf mit dem für solche und ähnliche Fälle im Handschuhfach bereitliegenden Revolver ins Jenseits wegzurichten; oder sich, beinahe noch stilvoller, von der Naab-Brücke in die tiefbraunen Fluten des »Nils der Oberpfalz« (Heimatführer) zu stürzen.

Öd sei die Stadt irgendwo gleichwohl? Das kann, dem malignen oder jedenfalls manchmaligen Anschein und Anblick zuwider, kaum sein. Schon aus – über die Contra-Re-Brisanz hinaus – Gründen der Hohen Erotik, der Liebe, ja des schieren Sexes: Eine Klein- bis Mittelstadt, welche serienweise Frauen, einen Damenflor hervorbringt oder assoziiert beherbergt, der auf Namen wie »Ofenrohr«, »Kosak«, »Urwald« und vor allem »Pimper-Vroni« hört – die: kann *so* öd auch wieder nicht sein.

»Pimper-Vroni« ... mich überläuft's. Auf nach swinging Schwandorf!

Staatsgrenze, c/o Teistungen (Eichsfeld)

Biegen Sie rechts bei Rot

Von Peter Köhler

Willkommen zur DDR! Halten Sie die staatliche Ordnung. Folgen Sie den Durchsuchungsorganen, und gewahren Sie die Einbindung in die Grenzkontrollbestimmungen nach Vorschrift.

1) Das Kontroll- und Abfertigungsverfahren an der Grenzübergangsstelle zum Zweck der Reiseobjekte befindet sich im Interesse der Durchführungsbetroffenen. Erledigen Sie korrekt, und halten Sie ein!
2) Der Übertritt am Übergang erfolgt im Rahmen des entfalteten sozialistischen Staates. Die Abwicklung und Erledigung von Personen, Transportmitteln, Tieren, Waren und Valuta geschieht in der festgelegten Reihenfolge der vorzunehmenden Handlungen durch das aufeinander abgestimmte Tätigwerden der eingesetzten Kräfte zur Gewährleistung eines reibungslosen Ablaufs bei exakter Einhaltung.
3) Das Kontrollverfahren nach der Paßkontrollordnung zur Regelung der Maßnahmen gemäß des Kontrollauftrags dient den Reise- und Transitvorschriften. Andernfalls Schnellsperre und Klappschranke.
4) Nehmen Sie das Tempo aus, und machen Sie Ihr linkes Loch frei.
5) Die Prüfung des Vorhandenseins der für den Grenzübertritt erforderlichen Personen auf ihre Echtheit und Gültigkeit, die Kontrolle der sachlich richtigen Ausfüllung des Kraftfahrzeugs samt seiner Teile sowie die ordnungsgemäße Aufnahme durch und Abgabe an die Wachorgane obliegt der Vollmacht der Beauftragten im Verantwortungsbereich zur Weitergabe an den Apparat im Dienst für Frieden, Freundschaft und Fortschritt.
6) Versuchen Sie nicht, sondern vertrauen Sie den befugten Aktivitäten an Ihrer Person. Geben Sie sich zügig an, und bükken Sie nach unten. Die Visite schraubt Ihnen hinten und vorne.

7) Verlautbaren Sie nicht, Sie werden verlautbart.
8) Tauschen Sie Ihr Geld in Zahlungsmittel.
9) Die Bewilligung zur Einreise erfolgt nach Herstellung eines drahtgebundenen Nachrichtenprozesses mit der Dienststelle am Kreisamt auf dem vorgeschriebenen Weg der Grenztätigkeit und wird durchgeführt.
10) Bemerkungen im Handlungszeitraum werden höheren Orts verfolgt. Die Sicherheit der Rechts- und Staatsordnung wird durch die Organe jederzeit. Haben Sie gute Reise im sozialistischen Staat!
11) Jeder Bürger der Deutschen Demokratischen Republik hat das Recht zur Pflicht. Zuwiderhandlungen werden beseitigt. Im Fall unerlaubter Entfernung aus dem Komplex haben die Grenzorgane unverzüglich. Der elektrische Signalzaun mit Körperanschluß, die Kfz-Presse mit automatisiertem Sechzehntonnengewicht und die Kontrollschleusen am Grenzübergangsschredder obwalten der Staatsmacht. Abgefallene Beine werden eingesammelt und der Sekundärrohstoffgewinnung zugeleitet.
12) Seit der vollständigen Entwidmung der Deutschen Demokratischen Republik nach 1989 bewahrt das Grenzlandmuseum Eichsfeld und ist heute eine Stätte der Erinnerung an das Mahnmal der Jahre für die Teilung dem Vaterlande der deutschen Menschen. Schuld waren Elemente.
13) Wo der Eiserne Vorhang sich langschlong, lebt jetzt ein grünes Band. Horch dem Schwarzkehlchen, guck und greif nach Golddistel und Blutweiderich. Wandern Sie die Hundelaufanlage und den Spurensicherungsstreifen, machen Sie Datscha im Beobachtungsbunker.
14) Konsum ist im Schaukasten: Spee und Spezitex, Perfol und Perlonkaffee, Vollfleisch mit Sättigungsplaste und Spitzbart. Biegen Sie rechts bei Rot.
15) Seien Sie ungeduckt. Die DDR, von hinten gesehen, ist urst.
16) Willkommen im Geist des Friedens und der Freudschaft. Halten Sie die staatliche Ordnung, und folgen Sie den Durchsuchorganen zur Einbildung in die Grenzkontrollbestimpfungen. Erledigen Sie sich korreck ud Halter sie dem. Dser Rahfgem df soliatsichen St?7ej upf Pers]??n irpf gu/lng(9«!

Die Insel: Fragmente

Von Kay Sokolowsky

1

Dieses möwenscheißweiße Zementensemble abreißen, abhacken, abfackeln, abbröckeln – diese geldbeutelschneidenden Hotels, Pensionen, Restaurants, Souvenirshops abdecken, abdrücken, abfucken – dieses schmierlappige Promenadengesocks abseifen, abmeiern, abräumen – diese mückenverseuchten Dünen und Haffs abschmirgeln, abschwemmen, abspülen – diese zystenförmige Insel abledern, abdampfen, abtragen – diesen Albtraum aus Naturkorruption und Reetdachdreck abklatschen, abbrechen, abkanzeln – dieses Westerland, diese Zumutung, dieses Sylt abservieren – ab dafür, ab damit, ab jetzt, ab, ab, ab: Das sollte dir, Nordsee, dir, Äquinoktialsturm, dir, Blanker Hans, doch wirklich nicht so schwerfallen! Wie lange wollt ihr euch den freien Weg durch die Nordsee noch nehmen, euch von den Betontetraedern bei Wenningstedt verarschen lassen, was, zur Hölle, muß denn bloß geschehen, damit ihr endlich

2

Urlaubsorte wachsen nicht vergnügt und planlos wie der wilde Klee aus dem Boden. Urlaubsorte werden erfunden. So wie auch der Urlaub mal erfunden ward, um den Menschen weiszumachen, es gäbe eine Flucht aus der verwalteten Welt, einen Weg aus dem Leben, das nicht mehr lebt. Das ganze Elend des bürgerlichen Zeitalters wird manifest in den Paradiesen, die es sich genehmigt. Einer gerät in ein präindustrielles Gebiet, staunt über all die Atavismen dort, die halbwegs zügellose Landschaft und die dem Bann der Natur verfallenen Einwohner, fühlt sich »ganz kannibalisch wohl als wie fünfhundert Säuen« (Goethe), und zurück in der Zivilisation, beginnt er sofort mit Propaganda für das »unberührte«, »unbekannte«, »unentdeckte«, »unvergleichliche« Idyll, das er sich aber nur eingebildet hat. Ein paar Jahre später nämlich hat sich der Bürger auch diese Gegend unterworfen und treibt ihr alles aus, was dem phantasierten Elysium nicht zu Gesicht steht. Alles, nur nicht sich selbst. Wer auf der Insel Sylt und speziell in ihrem Zentralbezirk Westerland wohl sich fühlt, der hält es auch sehr gut mit den Millionen Hungernden des Planeten und der Atombombe aus, mit den Terms of trade und

3

Westerland, c/o Erdhölle. Sinnloses, zielloses, lustloses Hin- und Herstapfen. Wie dick Menschen werden können! Und wie schnell die Sonne weiße Speckhaut in kotfarbenes Leder verwandelt! Das Krabbenbrötchen schmeckt nach Ascorbinsäure, das Bier wie schon mal getrunken, und über allem wabert ein warmer Schweißgeruch, schwach getönt mit Lichtschutzfaktor acht. Die Frauen haben entweder literschwere Melkbeutel oder Push-up-BHs. Es könnte ja Gunther Sachs vorbeikommen. Vorbei latschen aber nur drittklassige Hamburger Schauspieler, deren Namen nicht mal meine Mutter kennt, und die kennt alle. Die Männer tragen ihr Geld in Gold um den Stierhals, an den fetten Handgelenken, in den Haifischgebissen. Aus der rechten Tasche der arschknappen Bermudashorts hängt der Porsche-Schlüsselanhänger. Schließlich will was klargemacht werden. Sind genug desperate Ladenmiezen hier unterwegs. Und seit Viagra geht wieder einiges! Abends aber doch nur Brüllsaufen im *Crazy Island Club*. Eine Cessna rasenmäht durch den dunstigen Sommerhimmel gen Westen. Dicke Kinder, dumm wie Brot, zeigen nach oben und schreien: »Fluchzeug! Fluchzeug!« Die Zeit ist da. Ohne Hast ziehe ich den Reißverschluß der schwarzen Sporttasche auf. Der Stahl der beiden Uzis kühlt meine Hände. Dann bricht auf der Kurpromenade ein Inferno aus spritzendem Hirn und splitternden Knochen aus, ein panisches Geschrei, das bald in wimmernde Laute des Todes

4

Warum man aber Sylt und speziell Westerland meiden muß, hat der selbsternannte »Trendforscher« und ausgewiesene Profischwafler Matthias Horx 1989 für *Merian* aufgekritzelt: »Diese merkwürdige Hybrid-Insel ist in Wahrheit keine Insel, sondern ein Vor- und Außenposten der Bundesrepublik.« Bzw., mit Robert Musil zu reden: Man fährt nicht nach Westerland. Da ist schon der Horx. Allerdings – macht man es sich vielleicht zu einfach, wenn man nur die Touristen sieht? Und nicht auch die Brecher am Roten Kliff betrachtet, die Dünen der Westerheide oder das

Todtnauberg

Hort

Von Jürgen Roth

»Jede Gesellschaftsschicht hat den ihr zugeordneten Raum«, schrieb Siegfried Kracauer in den dreißiger Jahren *(Straßen in Berlin und anderswo).* »So gehört zum Generaldirektor jenes neusachliche Arbeitszimmer, das man aus Filmen kennt, die ihr Original oft nicht einmal erreichen.«

Zum Philosophen, der zweifelsohne der Gesellschaft angehört, obwohl er im Gefolge Platons meint, über jener zu stehen und sie dirigieren oder infiltrieren zu können, gehört, neben dem Sprechzimmer an einer deutschen Universität, die Holzhütte. Eine solche abgeschiedene Behausung ist dem tatsächlichen gesellschaftlichen Einfluß des deutschen Philosophen angemessen, letztlich. Außerdem wendet sie die geistige Physiognomie des Philosophischen ins Faßbare, in die gestaltete Entäußerung des handgreiflich Baulichen. Die Hütte manifestiert und materialisiert das Hölzerne, das Hohle, das Morsche, das Ungeschliffene, Plumpe und ausgestellt Archaische dieses sogenannten Denkens, dieses permanenten peinlichen Denkversuchs, der zu nichts führt, weil er ab ovo, von Grund auf, von seinen Anfangs- oder Grundbedingungen her bodenlos ist und deshalb auf den Feld- und schließlich, diesen noch einmal symbolisch fortspinnend und -führend, auf den Holzweg führt.

Der Generaldirektor dirigiert, der deutsche Philosoph sinniert. Er sitzt da vor seiner Holzhütte und tut so, als sei das, was er denkt, wert, ein Denken genannt zu werden. Es ist allerhöchstens ein angedachtes Denken, ein angetäuschtes Denken, ein Denken, das täuscht und blendet, so sehr verblendet, daß selbst ein Philosoph, der durchaus ein Philosoph, also ein Denker der Gesellschaft oder des Gesellschaftlichen genannt zu werden verdient, die kleine Universitätsstadt verläßt und zu dieser Hütte dieses sogenannten Denkers pilgert; daß dieser Philosoph, es ist leider wahr und verbürgt, sogar im Winter in diesem widerlichen schwarzwäldlerischen Berggewarzel auf Skiern herumstapft, um in diese verhockte Hütte in Todtnauberg zu gelangen, in der dieser fürchterliche Philosophennarr herumgammelt mit seiner stinkend dummen Pfeife und seinen Klafterschmarren zusammendenkt in seinem deutschen Heideggerhirn.

Das war in den zwanziger Jahren gewesen, und es war Herbert Marcuse, der Heidegger in seiner Hütte aufgesucht hatte, diesen, wie es der Musikwissenschaftler Reger in Thomas Bernhards Roman *Alte Meister* sagt, »lächerlichen nationalsozialistischen Pumphosenspießer«.

Nach 1945 wußte es wenigstens der ehemalige alliierte Nachrichtenoffizier Marcuse besser und nannte Heidegger, seinen Lehrer, das, was er war: einen Nazi. Der Rest dieser sogenannten deutschen Philosophen machte deshalb freilich genauso weiter und dachte, wenn er überhaupt mal gedachte, irgend etwas zu denken, von dem er meinte, es könne gedacht werden, immerzu und ausschließlich in Richtung dieser Hütte oberhalb des Dorfes Todtnauberg im deutschen Schwarzwald. Die gesamte deutsche Nachkriegsphilosophie dachte im Grunde ausschließlich in dieser ekelhaft engen, düsteren und dummen Todtnauberger Holzhütte.

»Heidegger, dem die Kriegs- und Nachkriegsgenerationen nachgelaufen sind und den sie mit widerwärtigen und stupiden Doktorarbeiten überhäuft haben schon zu Lebzeiten, sehe ich immer auf seiner Schwarzwaldhausbank sitzen neben seiner Frau, die ihm in ihrem perversen Strickenthusiasmus ununterbrochen Winterstrümpfe strickt mit der von ihr selbst von den eigenen Heideggerschafen heruntergeschorenen Wolle«, sagt Reger.

Studienkollege Michael S. sagt, daß er es sich so bescheuert gar nicht mal vorgestellt habe. Studienkollege Volker T. sagt, daß das ja ganz doll sei. Aber deshalb müsse man dann vielleicht doch nicht gleich Philosophie studieren.

Wo Heidegger gewohnt habe, wo diese Hütte sei, hatten wir einen etwa neunzig Jahre alten Mann gefragt, der uns auf dem Martin-Heidegger-Weg in Todtnauberg entgegengekommen war. Na, der Heidegger! hatte der Mann gerufen, den habe er ja auch noch gekannt, wie alle hier, das sei ganz einfach, zum Heidegger, ans Ende des Weges solle man gehen, und dann gehe es bloß noch die Wiese hinauf.

Die Holzbank vor der Holzhütte des Meisterdenkers ist unbequem. Sie ist gewissermaßen lächerlich, lächerlich unbequem, denn nur wer unbequem sitzt, kommt auf Gedanken, und seien es dann eben notgedrungen die lächerlichsten, die hohlsten, die immer wieder auf denselben Denkwegen ausgelatschten Banalitäten des deutschen Innen- und Scheindenkens. Kein Wunder, daß ein anderer großer Friedrich- und Hitlernachdenker eines großen großdeutschen sogenannten Magazins einmal hierher kam und das denkbar lächerlichste Interview mit diesem Heideggerdenker zusammenschmarrte und sich dabei von seinem Photographen auf schwarzweißen Filmen bannen ließ, sehr denkerisch den Feld- und dann den Holzweg an der Seite seines Heidegger entlangstiefelnd, beide die denkenden Arme hinter dem Rücken verschränkt, so daß man das denkende Gesicht des Denkers und das Gesicht des mitdenkenden Journalisten, des größten deutschen Journalisten, den Deutschland je hatte, nicht zu Gesicht bekam. Die Stirnfurchen waren aber sicher noch tiefer als die Ackerfurchen in diesem Schwarzwald, und klafterhoch flogen sie, die tiefen Gedanken, damals, im dunklen Wald am Ende des Feldweges, so ist es sicher gewesen und nachlesbar. Nun, Reger, wenigstens Reger weiß noch genauer dies: »Selbst ein berühmter und gefürchteter norddeutscher Zeitschriftenherausgeber kniete andachtsvoll vor ihm mit offenem Mund, als erwartete er in der untergehenden Sonne von dem auf seiner Hausbank sitzenden Heidegger sozusagen die Geisteshostie.«

So wie diese beiden deutschen Geistesnieten saßen wir auf dieser erbärmlichen Holzbank und dachten, nun ja, wir dachten, daß man sich jetzt etwas, irgend etwas wenigstens denken müsse, hier, zwar nicht in der Hütte, auf dem Grund und Boden dieses Heideggerdenkens, aber wenigstens vor der Holzhütte dieses Originals von einem Philosophiesimulanten, da müsse man doch wenigstens so tun können, als denke man sich etwas zusammen. Es ging nicht.

Wir gingen und verließen diesen entsetzlichen Ort, diesen Hort des deutschen Denkens, und fuhren zur Schwarzwald-

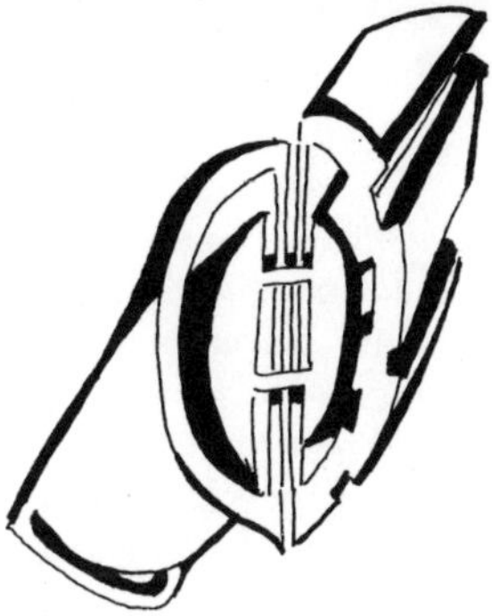

klinik im Glottertal. Da war die Luft klarer, geistig weniger verdreckt, obwohl es noch immer eine Schwarzwaldluft war, und vielleicht war sie deshalb noch immer eine nicht ganz klare und reine Luft, in der man hätte denken oder irgendeinen Gedanken hätte fassen können, weil Gedanken frei und nicht dem Naturgesetz der Schwerkraft unterworfen sind und fliegen können und weil deshalb noch einige dieser Heideggergedanken hinterher- und zu uns in bzw. an die Schwarzwaldklinik geflogen waren, wo wir nun nur noch dachten, daß Reger vielleicht das letzte Wort behalten sollte: »Heidegger in seiner verfilzten Pumphose vor dem verlogenen Blockhaus in Todtnauberg ist mir nur mehr noch als Entlarvungsphoto übriggeblieben, der Denkspießer mit der schwarzen Schwarzwaldhaube auf dem Kopf, in welchem ja doch nur immer wieder der deutsche Schwachsinn aufgekocht worden ist.«

»Jeder typische Raum wird durch typische gesellschaftliche Verhältnisse zustande gebracht, die sich ohne störende Dazwischenkunft des Bewußtseins in ihm ausdrücken«, schrieb Kracauer. Daß sich im Deutschen Ort auf Hort reimt, zeigt an, welches gesellschaftliche und welches philosophische Bewußtsein sich in einer Hütte ausdrückt, an der sich nie jemand störte. Es wird doch in deutschen Dörfern sonst gerne abgerissen.

Staubtod

Von Markus Brauck

Der Kölner Dom ist ja auch nicht wirklich schön, zugegeben. Drinnen ist es düster und unten drunter nur Beton. Aber drum herum ist eben Köln.

In Ulm haben sie das Ulmer Münster. Stolz wie Bolle sind sie drauf, und das war's dann auch. Drum herum ist Ulm bloß die Garnisonsstadt, die sie immer gewesen ist, kalt und grau und steinig und eckig und düsterer als der Kölner Dom bei einer Sonnenfinsternis. Da hilft es überhaupt nichts, daß direkt vor dem Münster ein niegelnagelneues sogenanntes Stadthaus steht, weiß und gläsern und sauber. Das Ding paßt nicht vors Münster, das sagen sogar die Ulmer, und es paßt, weil hell und freundlich, nicht in die Stadt. Abreißen sollte man es, meinen die Ulmer in ihrer bescheidenen Art. Sinnvoller wäre es, ganz unbescheiden das Stadthaus stehenzulassen und drum herum alles ... Aber lassen wir das.

Gerade weil seine Stadt so trist und staubig ist, so garnisonsgrau, wie es irgend geht, fürchtet der Ulmer wie nichts sonst auf der Welt den Staub. In den Treppenhäusern der Mietskasernen – nirgends auf der Welt paßt dieses Wort so gut wie in Ulm – ist an jeder Wohnungstür ein kleiner Haken, und in jedem Stockwerk wandert Woche für Woche ein kleines Schild von Haken zu Haken, und auf ihm steht: »Kehrwoche«. Und so weiß jeder, wer in dieser Woche mit dem Putzen dran ist. Ganz so wie in der Kaserne. Und jeder, der ein Fusselchen Staub oder – Gott bewahre! – echten Dreck auf dem Treppenabsatz findet, weiß dann, wo er anklopfen muß, um den säumigen Kehrwöchler zur Arbeit anzuhalten.

In anderen katholischen Gegenden dieses Landes gibt es sogenannte Einkehrtage, an denen geht der Christ in sein Innerstes und räumt da kräftig auf mit seelischem Unrat. In Ulm genügt die innerhäusliche Kehrwoche. Ist die Treppe geputzt, freut sich der Spatz. Im knarzkatholischen Köln lassen sich die Leute tagelang gehen, bevor sie am Aschermittwoch ihren Kater ausschlafen. In Ulm denken sie offenbar das ganze Jahr an die liturgische Aschermittwochsformel: »Mensch, gedenke, du bist Staub, und zum Staube kehrst du zurück.« Die Ulmer, wenig spirituell gesonnen, verstehen dabei aber wieder einmal nur die Worte »Staub« und »kehren«. Also tun sie es.

Klein, aber fein, so sähen sich die Ulmer gern. Aber sie sind bloß sauber. In Ulm kann es passieren, daß in einem miefigen kleinen Supermarkt – Supermärkte in Ulm sehen auch nicht reinlicher aus als anderswo, was die Ulmer wahrscheinlich irgendwann auf die ihnen eigene Weise lösen werden: Sie werden den Supermarktangestellten ein Schild »Kehrwoche« umhängen, damit jeder weiß, wo er sich beschweren kann, und sich beschweren, das tun die Ulmer fast noch lieber als putzen –; in Ulm kann es also passieren, daß man eine leere Plastiktüte vom letzten Einkauf in den Mülleimer des Supermarkts wirft und dafür stante pede von der Kassiererin angeherrscht wird. Was drin sei in der Tüte. Warum man eine leere Tüte mit sich herumschleppe. Ob man überhaupt von hier sei. Und dergleichen Dinge mehr. Vielleicht hätte es ge-

holfen, die Kassiererin zuvor zu fragen, ob sie einen feuchten Lappen parat habe, weil man die Tüte vorher auswischen wolle, bevor man sie in den Mülleimer zu werfen gedenke. Denn feuchte Lappen gehören zur Grundausstattung eines jeden Ulmers. Damit wischt er den Wohnzimmertisch, kaum daß sich der Besucher gesetzt hat, und sie, die Ulmer, wischen während des Kaffeetrinkens jeden Kuchenkrümel auf, und sie wischen noch einmal, wenn das Geschirr abgeräumt wird. Vermutlich werden alle Fernsehspots für Sagrotans, Wischwegs und Nicht-nur-sauber-sondern-rein-Accessoires nur für Ulm gedreht – oder von Ulmern.

Was aber nicht sein kann. Denn als Werbemänner und Werbefrauen für freundliche deutsche Sauberkeit taugen die Ulmer auch nicht. Dazu sind sie zu barsch. Offenbar macht diese dauernde Wischerei und Kehrerei die Ulmer nicht recht glücklich. Sie putzen nicht mit der strahlenden Eleganz von Meister Proper, sie schuften den Dreck weg wie Garnisonsangestellte. Sie putzen die Treppe und denken, jetzt kann mir keiner was. Diese Rekruten der Reinlichkeit. Das ganze Leben ein ewiger Aschermittwochsappell.

Aber sie können putzen, was sie wollen, und schrubben, wie sie können, es nützt alles nichts. Ulm versinkt im Garnisonsstaub der Jahrhunderte. Ulm möchte pittoresk erscheinen mit seinen Gerberhäusern im Fischerviertel, will fleckenlos dreinschauen mit seinem weißgetünchten Wohnungsbau am Eichberg, will als ökologisch rein gelten mit seinem Solarstrombürohaus »Energeon«, doch der Staub von Ulm wird alles bedecken, früher oder später.

Das unerreichbare Ideal steht ein paar Kilometer entfernt: Legoland. Das ist die Welt, in der sich ein Ulmer wie im Paradiese fühlt. Alles sauber, alles rein, alles tot. Nur das Ulmer Münster findet man da nicht. Nicht einmal in klein.

Über Zweibrüggen sollst du geh'n

Von Thomas Roth

Das ist ja ... das geht ja etwas zu weit ...
Ich glaube jetzt, daß ... genügt es auch.
Heino Jaeger

Irgendwann hat man sicher das Ende erreicht. Irgendwo geht es bestimmt mal zu Ende. Denkt man. Immerhin liegt schon Düsseldorf hinter einem, Moers längst links, und Wuppertal ist geschafft. Was kann da noch kommen?

Die Route führt über Neuss, Mönchengladbach, Rheydt-Erkelenz. Der Zug fährt, und viel kommt dabei nicht heraus: eine stumpf daliegende Ebene, in die der Herrgott gelegentlich eine Siedlung gesteckt hat, schüttere Vegetation. Auf den Feldern vereinsamen die Bauern, über schnurgerade Wege führen junge Menschen mit Kunstlederjacken ihre wohlerzogenen Hunde ins Nichts. An leeren Landstraßen dösen die Randstreifenreflektoren. Ein Entwässerungskanal folgt der Bahn, um schon nach kurzer Zeit wieder in der trockenen Erde zu verschwinden.

Dann und wann fährt der Zug in den Schacht und hält in einer der hier üblichen betonverklebten Bahnhofshallen. Hinter den Hallen die Restbestände der Städte: abgetragene Autohausarchitektur, plastikspielhöllengesäumte Busbahnhofflächen, Kleinwagenketten demonstrieren vor Marktkaufhallen gegen den Krieg, die Wohnhäuser, wie bräunlich furnierte, fettfleckige Küchenmöbel, schauen erwartungsvoll zur Bahnstrecke: Was passiert? Ist das noch der Niederrhein? Ist das schon die Aachener Bucht?

Ich entdecke Baal, dessen mythische Aura durch die Eingemeindung nach Hückelhoven zerstört wurde, in Lindern finde ich die Apotheose akkurat verlegten Asphalts. Was jetzt nur noch kommen kann, ist Geilenkirchen, dahinter die holländische Grenze naht. Bevor es soweit ist, steige ich aus. Die letzte Station im Westen: Übach-Palenberg.

Sie empfängt mich mit einem leergeräumten Bahnhofsvorplatz, im Stationsgebäude eine Altenbegegnungsstätte. Ich schaue auf die Schienen, die nicht verraten, wo es dahin oder dorthin geht und wo wieder retour. Hinter dem Bahnhof reckt sich ein Kirchturm. Er repräsentiert irgendeine Geschichte oder Tradition. Jedenfalls war da mal was.

Jetzt scheint nicht mehr viel zu sein. An der Straße zum Bahnhof steht ein Möbelgeschäft, in dem der herrschende Geistes- und Geschmackszustand wie in einem Heimatmuseum konserviert ist: gekachelte Couchtische vor kleinwagengroßen Polstersesseln, graue Stoffleiber unter tiefe Decken gequetscht. In der Getränkehalle nebenan raucht man beharrlich bis zum nächsten Bier und trinkt, wenn die Kippe zu Ende ist.

Wie eine Informationstafel verrät, vereinigt die Stadt den Ort Übach mit dem durch den Übach und das Übachtal von Übach getrennten Ort Palenberg, und zu ihren Sehenswürdigkeiten zählt neben einigen Kirchen auch eine renaturierte Berghalde, die den Bewohnern von den besseren Zeiten des Steinkohleabbaus erzählt. Von einer Brücke am Bahnhof aus gewinnt man einen ersten Überblick und gewinnt wenig. Man hat hier, was bei der Gestaltung von Moers, Neuss oder Erkelenz übrigblieb, einfach abgekippt und ausgebreitet: dickbetonierte Lärmschutzwände mit Greifvogelaufklebern, die Häuser gekachelt und abwaschbar wie die Couchtische oder mit folkloristischen Kunstschiefervertäfelungen verhängt. Während die Straßennamen nach verlorener deutscher Größe rufen (Römerhof! Karolinger! Beethoven!), wird in den Geschäften der miefige Internationalismus des deutschen Kleinbürgers bedient: glitzernde Nylonstoffe, Toppreise, *Sandys Hair Affair*, *Harrys Bar* und *Warsteiners Europa-Stuben*. Die regionale Spezialität bleibt aber Schmierwurst.

Daß da mal was anderes war, kann man müde ahnen. Auf einer Anhöhe liegen die akkurat geschichteten Bergmannssiedlungen, ein eigener Stadtteil, gebaut aus Klinkern, selbst die Kirche noch wie eine proletarische Burg. Man findet die alten Leute dort freundlich, Einkaufswagen über den Parkplatz schiebend, auf den Grünflächen zwischen den Häusern den guten Morgen mit einem Gruß vergeltend, in grau

gewordenen Hosen der nylonbehängten Jugend hinterherschauend. Vor einem Bronzedenkmal für Hauer und Stecher steht der Wagen eines Obsthändlers, der mir die angestoßenen Äpfel wieder aus der Tüte klaubt und dafür richtige gibt. Bergmannsehre.

Was man drum herum zu sehen bekommt, sind jedoch die Folgen eines seit Jahrzehnten fortschreitenden wie fortwährend mißglückenden, in Verhunzung und innere Verödung führenden »Strukturwandels«. In die Bergarbeitersiedlungen wurden schöne Wohnungen hineingebrochen, die Häuser mit Jägerzäunen und Narzissen umstellt, in das Zechengebäude wurde ein Umwelttechnologiecenter gesetzt, um die Stadt ein Belagerungsring aus Gewerbegebieten und Gewerbeparks gelegt. Geführt hat es naturgemäß zu nichts. Da sitzt man nun zwischen *Fliesendepot* und *McDrive*, verwaisten Basketballfeldern und platten Parkplätzen und muß dabei zuschauen, wie ein Jäger seinen antriebsarmen Hund auf das Grün brachliegender Gewerbeflächen führt. Geh halt Gassi.

Gelegentlich läßt sich auch die Generation des Strukturwandels blicken. Doch kann man an ihr selbst mit Gottes Hilfe nichts Freundliches ausmachen: Mittzwanziger mit Nietenbändern um den Hals, Skater ohne Attitüde und Skateboard, rechtsradikale Eckensteher mit blonden Strähnchen, die klare Ansagen über die Straße brüllen. Ab und an wechselt eine Frau die Seite, ihre Schuhsohlen so aufgepumpt wie die Arme der Anabolikaboliden, die sich nach Feierabend unter ihren Satellitenschüsseln sonnen. Am Wochenende umkreisen tiefergelegte Sportcoupés die Stadt und beschallen die Gewerbegebiete mit subproletarischem Synthesizergewummer. Wer soll hier eigentlich noch SPD wählen? Und wo soll das alles hinführen?

Nach Zweibrüggen, dem letzten Ort. Es geht durchs Palenberger Naherholungsgebiet, in dem die Alten anderen Alten beim Angeln zuschauen und die Kinder der Eckensteher Schwäne quälen. Es geht durch das Tal der Wurm, die sich in einem Betonbett nach Norden wälzt, über einen Weg, auf dem sich Samstagnachmittagsradler und Radrenner wechselseitig von den Sätteln schmeißen. Man sieht weit voraus und nichts. Der Horizont ist von Hügeln verklebt, die Frühlingssonne matt, die Bäume stemmen sich gegen die dunstige Luft. Endlich hinterm Naherholungsgebiet die »Siedlung bei den Brücken über die Wurm«, Schloß Zweibrüggen, das Schmuck- und Schaustück Übach-Palenbergs, jahrhundertelang Sitz eines allzu unbekannt gebliebenen Adelsgeschlechts, aristokratischer Kontrapunkt zur städtischen Arbeitergeschichte, heute Sitz der lokalen Wirtschafts- und Geisteseliten: »Brainstorm-Marketing«, die vereinigten Stadtplanungsagenturen Übach-Palenbergs, Kunsthandwerker.

Deren Werk: eine angeschlossene Haltestelle. Ich steige aus und werde von der landeshandelsüblichen Idylle empfangen. Ein Schloß, ein Kiesweg, drei Hecken, gut absolutistisch in Form gebracht. Eine Reiterkoppel, ein Wegkreuz, Weiden im Wind neben Golf-bestandenen Parkplätzen. Der Duft von Sägemehl in der Luft, hin und wieder das Geklingel von Fahrradglocken über dem Plätschern eines Zimmerspringbrunnens, das von der unweit entfernt gelegenen Zweibrüggener Mühle herrührt. Wo ist Hüsch? Und quo vadis das noch?

Es geht die an Mühle und Schloß vorbeiführende Straße, genannt »Zweibrüggen«, hinunter, wo ich nach wenigen Schritten auf das Ortsende treffe. Vor mir spannt sich der Acker wie ein brauner Ranzen. Hinter einer abgasgefärbten

Baumreihe lugt ein Hochspannungsmast hervor. Die Straße, entnehme ich den Schildern, führt nun nach Geilenkirchen – oder nach Aachen, wenn man nicht nach Geilenkirchen will. Teufel, Beelzebub, Regen und Traufe.

Eine stillgelegte Bushaltestelle wirbt für die Kreissparkasse Heinsberg, ein Plakat für die Übach-Palenberger Modelleisenbahn- und Spielzeugtauschbörse, und ein Schild zeigt schließlich auf mich: »Deutscher Klöppelverband Zweibrüggen«, sagt es. Zeit zu verschwinden.

Ich gehe zurück, via Zweibrüggen nach Zweibrüggen hinein, um aus Zweibrüggen hinauszugehen. Auf einem Parkplatz neben der Straße rollt ein Kind auf einem Skateboard unter einen Geländewagen, während eine Reisegruppe mit Hollandradlerhosen vor der örtlichen Kneipe den Preis der Überraschungsplatte mit Speckböhnchen bespricht. Nach wenigen Schritten treffe ich auf die Bahnstrecke, die weiter nach Süden führt, gerade wie der Radweg, gerade wie die Wurm, gerade wie die Märklinnormschienenstücke auf der Modelleisenbahntauschbörse.

Ich schaue die Gleise hinunter, ein Ende ist nicht abzusehen. Getz könnste wirklich aunonach Aachen fahren, denkt es in mir. Doch ich beherrsche mich. Hier ist Schluß.

Öde Orte – Angst essen Städte auf

Eine Podiumsdiskussion am 30. Mai 2000 im Forum des Museums Bochum

DR. EWALD MÜLLER: Meine Damen und Herren, herzlich willkommen zu dieser Podiumsdiskussion, veranstaltet vom Reclam Verlag Leipzig. Als ehemaliger Pressesprecher des Deutschen Städtetages habe ich für die Imagepflege der deutschen Städte einiges aufgewandt. Am Ende meiner Dienstzeit wurden mir dann die *Öden Orte 1* und 2 auf den Tisch gelegt, sie wurden den deutschen Städten auf den Tisch gelegt. Das war sozusagen ein Schlag ins Kontor des Städtetages.
Mit mir auf dem Podium: Gerd Müller, der Pressereferent der schleswig-holsteinischen Landeshauptstadt Kiel, der in *Öde Orte 2* direkt angegriffen wurde, und der Angreifer, der Autor Kay Sokolowsky, der hoffentlich heute in die Verteidigung gedrängt werden wird. Außerdem die Herausgeber der beiden Bände, Jürgen Roth und Rayk Wieland, Manfred Gutzmer, Leiter des Presse- und Informationsamtes der gastgebenden Stadt Bochum, sowie Jutta Daniel, Presseamtsleiterin der Stadt Herne. Ich selbst bin hier durchaus ein parteiischer Moderator und sehr neugierig, wie sich die Herausgeber herausreden werden, nachdem sie die deutschen Städte, viele deutsche Städte, mit Satire überzogen haben, meines Erachtens mit schwarzer Satire und teilweise mit unglaublichem Zynismus.
Den Zynismus will ich gleich belegen mit einem Zitat von Peter Köhler über eine Ruhrgebietsstadt. Dieser Beitrag heißt »Taubenkotze«. Dagegen läßt sich gar nichts sagen. Aber wie finden Sie das: »120000 Einwohner harren hier [in Recklinghausen; d. Hg.] aus. Ernst gehen sie ihrem Tagwerk nach, dem Vorhandensein. Zu übersehen sind sie denn auch nicht. Die Männer erinnern an stinkige, rappelnde Dieselmotoren, mit dem Unterschied, daß Dieselmotoren auch abgestellt werden können. Die Frauen sehen verseuchten Kiesseen ähnlich. Die Kerle haben Muskeln wie Backsteine und Gesichter wie Schaufelbagger. Ihr Körper gleicht einer Halde Steinkohlebriketts und wird ab dreißig zu einem Klumpen Matsch. Das Schönheitsideal der Frauen orientiert sich an den Gummipuppen von Beate Uhse, aber auch Dackel und zerknüllte Plastikbeutel stehen als Vorbilder hoch im Kurs. Da Recklinghausen eine Großstadt ist, pierct sich die trendige Jugend gern ein Bügeleisen durch die Schläfe. Der hiesige

Lieblingssport heißt Fußball, wobei ›den Ball spielen‹ als Foul gilt. Freitags geht man auf die Trabrennbahn Hillerheide. Die stehen und zugucken, sind die Menschen. Außerdem gibt es einen Tiergarten. Wieder glotzen die Leute die Viecher an, aber die glotzen zurück. Beide sind durch Gitter und Zäune getrennt, damit es nicht zur Inzucht kommt. Wenn in Recklinghausen jemand denken muß, knirscht es im Kopf. Rutscht jemand aus, legt sich auf die Fresse und bricht sich ein Bein, ist dem Sinn für Humor Genüge getan.«
Usw. usf. Da frage ich auch den Verlag: Was soll das Ganze? Weil man das, wenn man Kübel von Unrat über irgend etwas ausschüttet, gut verkaufen kann? Sehen die Herausgeber der beiden Bände eine Grenze zwischen Satire, meinetwegen schwarzer Satire, und Zynismus in den einzelnen Beiträgen, oder ist das für Sie überhaupt keine Frage?

JÜRGEN ROTH: Ich will versuchen, darauf eine Antwort zu geben. Natürlich verkauft sich menschenverachtende, zynische Satire immer besser als gefällige, langweilige, schematisierte Satire. Aber das trifft hier nicht. Es sind hier keine Satiren versammelt, sondern Bestandsaufnahmen des tatsächlichen Lebens oder der Lebensumstände in deutschen Städten. Der Autor Peter Köhler hat zu einem wunderbaren Stilmittel gegriffen. Er hat nämlich seine Kenntnisse der Ortschaft Recklinghausen in eine Art höheren Nonsenstext verwandelt und damit die Sache erst richtig getroffen. Wenn ich Recklinghausen ernsthaft, gerecht gegenübertreten wollte, würde ich über die Stadt nichts sagen können. Deshalb muß man einfach zu etwas schärferen, drastischeren Sprachmitteln greifen, um die Wirklichkeit darzustellen. Das ist ein altes Kunstprinzip, und das hat Köhler hier sehr richtig angewandt. Daß dies einem den Zorn anderer Menschen zuzieht, die sich in ihrem seltsamen Lokalpatriotismus verletzt fühlen, kann ich persönlich nicht verstehen. Ich habe mit den heftigen Reaktionen nicht gerechnet, die ja so weit gingen, daß beispielsweise im Falle Nürnbergs, das Klaus Bittermann beschrieben hat, ein ehemaliger SPD-Bundestagsabgeordneter geschrieben hat: »Auf Herrn Bittermanns geschmacklose Bemerkung, ›nicht einmal die Alliierten haben es geschafft, Nürnberg aus seinem trostlosen Dasein zu befreien, obwohl sie sich ziemlich angestrengt haben und tonnenweise Bomben warfen‹, kann man eigentlich nur noch eins draufsetzen: Schade, daß Klaus Bittermanns Eltern nicht zu den bedauernswerten Menschen gehörten, die in diesen Bombennächten ums Leben kamen. Dann hätte es deren Sprößling Klaus nämlich nicht gegeben.« Wenn man solche Reaktionen hervorruft, hat man, glaube ich, alles richtig gemacht.

RAYK WIELAND: Daß sich das gut verkaufen ließe, ist Unsinn. Ansonsten würden solche Formen von Städtekritik und -beschimpfung ja täglich im Fernsehen laufen oder in der Reklame. Das verkauft sich überhaupt nicht gut. Das ist Literatur für Randgruppen.

DR. MÜLLER: Wir haben die Verkaufszahlen vom Verlag gehört. Es verkauft sich schon gut.

WIELAND: Ich weiß nicht, ob Sie Verkaufszahlen von Büchern kennen, die sich gut verkaufen. 10000 Stück pro Auflage, die, glaube ich, noch nicht ganz verkauft sind, das ist ein kleiner Handelserfolg, aber sonst nicht der Rede wert. Die Idee zum Buch entstand auf der Leipziger Buchmesse 1995 bei einer Lesung, Jürgen Roth las dort einen Text über seine Heimatstadt Frankfurt am Main. Und ich dachte, es müßte doch vielleicht möglich sein, Autoren zu finden, die über die wahren Lebens- und Alltagsumstände in ihrer jeweiligen Heimatstadt berichten, um auf diese Weise eine polemische Topographie der Bundesrepublik Deutschland an Hand von Einzelstudien zu modellieren. Angestrebt war von vornherein ein möglichst subjektiver Eindruck. Wir wollten nicht den Städtesprechern das Amt streitig machen und über die Ausgestaltung von Fußgängerpassagen, Umgehungsstraßen und Bahnhofsvorplätzen fachsimpeln. Was im Vordergrund stand, waren oftmals biographische Malicen, Einzelerlebnisse, die sich dann allerdings in vielen Fällen zu einem kompletten Rundumverriß zusammenfügten. Das Ziel des Unternehmens war ja vor allem erstens: Die sogenannte Heimatromantik, wie sie speziell in Deutschland seit der Wiedervereinigung groß im Kommen war – mit Volksmusik, mit der unsäglichen deutschen Identitätsdebatte, mit der Mystifikation von Herkunft und Ursprünglichkeit –, zu kritisieren, verächtlich zu machen und zu erledigen. Ein weiteres Ärgernis waren die sogenannten alternativen Kiez-Kuschel-Kultur-Ecken der ehemaligen Friedensbewegung im Umfeld der Grünen, die unseres Erachtens nichts anderes als Verklärung und Kleingruppenidiotie sich zum Hobby machten. Und drittens schwebte uns auch deutlich vor, jene Halbherzigkeit zu attackieren, die etwa Tucholsky in seinem bekannten Buch *Deutschland, Deutschland über alles* unterlief, wo er, nachdem er zweihundertfünfzig Seiten zu den erbärmlichen Zuständen im Deutschland der zwanziger Jahre Nein gesagt hatte, am Ende noch einmal Ja sagen zu müssen glaubte, nämlich zur Heimat als Landschaft und Luft und zu den Leuten. Das ist auch heute ziemlich verbreitet. Es gibt nicht wenige Leute, die Deutschland, deutsche Politik und Geschichte grauenhaft finden, aber den Schwarzwald toll, und die nicht merken, daß das eine mit dem anderen doch sehr viel zu tun haben müßte und daß der Nationalsozialismus sich doch ohne weiteres ableiten ließe von einer Ideologie des Wohlfühlraumes. Ob uns mit unseren beiden Bänden das, was ich hier skizziert habe, gelungen ist, können wir nicht selber beurteilen. Die Pressereaktionen waren enorm, zumeist wütend, beleidigend, aggressiv, und aus ihnen ging deutlich hervor, daß wir unser Ziel, die Zustände in deutschen Städten so schlecht zu zeichnen, daß sie realistisch werden, offenbar erreicht haben.

DR. MÜLLER: Lassen Sie mich zwei Sätze dazu sagen. Erstens ist das, was Sie gerade als Intention dieser beiden Bände vorgetragen haben, für mich absolut verständlich. Mir geht es darum, daß die Mittel, die Sie meines Erachtens gewählt haben, einfach leider so sind, daß Sie die Leute nicht aufrütteln, daß Sie nichts bewegen werden in den Städten, sondern daß Sie im Grunde genommen nur, ich übertreibe, Feindschaft gegen sich gesät haben. Wenn Sie das wollten, dann waren auch die Mittel okay. Aber ich muß ehrlich sagen, das könnte ich nicht nachvollziehen.

WIELAND: Was wäre die Alternative? Lokalgeschichtsschreibung, alternative, kritische, die seit Jahren betrieben wird. Es gibt ein Durchschnitts- und Normalbewußtsein, das sich von unseren Angriffen deshalb getroffen fühlt, weil sie zum Ausdruck bringen, was dieses Bewußtsein umtreibt. Alle mit den sozusagen ehrwürdigen Mitteln der historischen Wissenschaften arbeitenden Aufklärungsversuche sind in diesem Land immer fehlgeschlagen. Wenn man sich die öden Orte dieses Landes anschaut, dann wird nichts besser, nichts aufgeklärter, sondern es wird immer dunkler und dumpfer um einen herum, und darum glaube ich, daß man zu anderen Mitteln greifen, komprimieren und Dinge zusammenfassen muß. Und dann ist man bei künstlerischen Mitteln angelangt.

GERD MÜLLER: Also, mit der Aufklärung ist das ja so eine Sache. Ob man die wirklich erreicht? Ich fühl' mich nun für meine Stadt nicht besonders angegriffen, weil ich alles, was da steht, ganz gut ertragen kann. In manchen Bereichen würde ich möglicherweise andere Akzente setzen, aber mich wundert, daß Sie sich so wundern, daß es solche Reaktionen von Städten gegeben hat. Das ist ja auch ein ganz einfaches und sehr plumpes Stilmittel, um mal in Ihrer Sprache zu bleiben, wenn man ordentlich auf die Kacke haut, dann spritzt es nicht nur, dann kommen natürlich auch Reaktionen. Aber ich will mich nicht ärgern. Mir wäre es auch lieber, wenn wir uns auf Satire einigen könnten. Meinetwegen auf schwarze Satire, dann könnten wir alle unseren Tucholsky bemühen. Dann verstehe ich auch, was Sie gesagt haben, Herr Wieland, daß einzelne Autoren ihre Befindlichkeiten mit ihrer Heimatstadt oder der Stadt, in der sie leben mußten, abarbeiten wollten. Und das wäre ja ganz wie Tucholsky, der sehr schön sagt, daß der Satiriker ein gekränkter Idealist ist. Er will die Welt gut haben, sie ist schlecht. Und nun rennt er gegen alles Schlechte an. Unter diesem Motto kann ich mit dieser Buchreihe ganz gut leben. Das einzige, was mich wirklich geärgert hat, ist, daß wir als Kieler erst im zweiten Band erscheinen und nicht gleich sozusagen unter den Tops mit dabei sind, und ich weiß gar nicht, was Bochum und Herne dazu sagen.

KAY SOKOLOWSKY: Da ich schon seit einiger Zeit in Literatur unterwegs bin, würde ich gern von Ihnen mal erklärt bekommen: Was ist eigentlich schwarze Satire? Ich höre das heute zum ersten Mal.

DR. MÜLLER: Das ist eine Kreation.

SOKOLOWSKY: Das ist ein neuer Begriff, den haben Sie eingeführt, aber das erklären Sie mir bitte demnächst. Ich frage mich, was der schlimmere Anschlag ist, ein Parkhaus oder eine Trabantenstadt oder Texte. Wer verübt die übleren Attentate auf die Einwohner von Städten? Die, die diese Städte geplant haben, so, wie sie heute vor uns liegen, oder wir, die wir die Zustände in diesen Städten – je nachdem überspitzt oder auch realistisch – darstellen? Wir haben niemanden gezwungen, in Mümmelmannsberg zu wohnen, das ist eine berühmte Trabantenstadt in Hamburg. Diese Texte töten niemanden. Trabantenstädte töten Leute. Das ist ein gravierender Unterschied.

MANFRED GUTZMER: Da haben also Herausgeber und Autoren geglaubt, sie sollten ans Licht bringen, was hinter Hochglanzbroschüren, städtischen oder allgemein kommunalen Hochglanzbroschüren, verborgen ist. Das nennen sie »Studien«. Und was sie anstellen, um diese Studien hervorzubringen, heißt im Vorwort »skrupulöse Inspektionen« und »Kritiken«. Das ist natürlich alles schon ein bißchen spekulativ, und man hat Unwohlsein, auch als noch nicht betroffener Vertreter einer Kommune. Ich bin ja der Meinung, daß es an der Zeit wäre, daß in der deutschen Literatur, in satirischen Periodika oder sonstwo, dieser Unterschied zwischen Hochglanzbehauptungen aus städtischen Presseämtern und der Realität einmal ans Licht käme. Von mir aus polemisch, satirisch, nonsensig, subjektiv, wie Sie es ja haben wollen. Genau das haben aber die beiden

Bände nicht geschafft. Ich glaube, daß dies vielmehr schlecht getarnte Racheakte von Söhnen an ihren Vaterstädten sind. Und wenn Frauen dazwischen sind, dann wären es eben Racheakte von Töchtern an ihren Mutterstädten. Die *Öden Orte* kommen daher wie Jahresarbeitsergebnisse von Selbsthilfegruppen von Stadtneurotikern, also Frühgestörten, die nun in einer Art Autotherapie versuchen, dahinterzukommen, was ihnen fehlt oder was ihnen aufstößt. Selbst wenn ein Autor nicht Schaden genommen hat an der Stadt, über die er schreibt, kommt es einem so vor. Nehmen Sie das Beispiel Konstanz. In Konstanz ist jemand gelandet, der behauptet, er sei da angekommen als Psychologiestudent, nachdem er »den Irrungen einer langwierigen und schwerblütigen Pubertät entwachsen war«. Das behauptet er, daß er ihr entwachsen sei! Das glaube ich ihm nicht, nachdem ich den Bericht gelesen habe. Was er nämlich in Konstanz treibt, bleibt pubertär. Er behauptet, er wolle dort Schlittschuh laufen, segeln, wandern, nur all das kann er gar nicht. Deshalb findet er das ätzend. Segeln ist ihm, als er es versucht, zu laut, Wandern zu anstrengend, da schwitzt er, und Schlittschuhlaufen findet er albern. Und wer ist schuld an allem, raten Sie mal? Das doofe Konstanz! Konstanz, stellt er fest, was nicht schwer ist, hat eine Straße, die den »Autoverkehr um die Innenstadt herumlenkt«. Auch das paßt ihm nicht. Vielleicht kann er nicht Auto fahren, aber das gibt er nicht zu. Die monumentale Frau am Hafen, die meisten werden sie kennen, die auf der Handfläche den Papst trägt, hat einen Schlitz im Kleid. Dieser Schlitz im Kleid ist, wie alle aus der Presse wissen, das eigentliche Thema für sämtliche Konstanzer Spießer gewesen. Und sie haben in Volksabstimmungen, in demoskopischen An- und Sturmläufen versucht, diese Plastik im Hafen zu verhindern. Er, der Autor des Reclam-Heftchens, versucht das nachträglich noch. Die Frau findet er behämmert, und weil er nicht in Konstanz geblieben ist, sagt er schließlich: »Mein Wegzug wurde nötig, als ich merkte, mit so wenig zum Leben nicht auszukommen.«
Von der Grammatik in den beiden Bänden rede ich an dieser Stelle nicht, aber der Leser fragt sich trotzdem, wie kommt der im Leben mit so wenig Grammatik aus, und er fragt sich auch, welche deutsche Stadt muß diesen Autor jetzt erdulden, denn deutsche Städte können sich nicht wehren. Die müssen sich alles bieten lassen, was Sie schreiben.
Oder nehmen Sie als Beleg für meine Behauptung, daß dies Autotherapieversuche sind, Trier, Stichwort »Titten, Duttn, Möpse«. Die Übertreibung oder das Subjektive, die nötig sind, um das Wahre einer Stadt ans Licht zu bringen, lasse ich gelten, nur: Dieser Autor entdeckt, wohin er auch guckt, in Trier nichts als Titten, Möpse, Duttn.

Und das beschreibt er so eindringlich und auch so glaubhaft, daß man ihm abnehmen würde, daß er von Duttn, Möpsen und Titten auch verfolgt würde, wenn er zufällig nicht in Trier gelandet wäre, sondern von mir aus in Flensburg oder in Cottbus.

DR. MÜLLER: Vielen Dank, Herr Gutzmer. Sie haben aber übersehen, daß hier unabhängige Prüfer Deutschlands Städte getestet haben, so steht es nämlich im Text des Reclam Verlages: »Unabhängige Prüfer haben getestet.« Was da getestet worden ist und was Unabhängigkeit in diesem Zusammenhang bedeutet, darüber könnte man eine eigene Podiumsdiskussion veranstalten. Aber jetzt müssen wir unbedingt die Dame Daniel zu Wort kommen lassen, die Pressesprecherin der Stadt Herne. Ich nehme an, Frau Daniel, Sie werden jetzt einmal die Ruhrgebietsstädte verteidigen bzw. die bösen Herausgeber aufs Korn nehmen.

JUTTA DANIEL: Na, ich werde sie mir erst mal zur Brust nehmen, um es mal so zu sagen. Bei diesem schönen Titel *Öde Orte* und nach dem, was man in beiden Bänden hat lesen können, habe ich mich gefragt, wo denn eigentlich die öden Orte liegen. Liegen sie in deutschen Städten oder in den Köpfen der Autoren? Wenn man nämlich mal beobachtet, wie die einzelnen Autoren an die Themen herangegangen sind, habe ich oft das Gefühl, daß der öde Ort sich hier oben im Kopf befindet und sich manch einer gedacht hat: Wenn es bei mir schon so öde ist, dann will ich wenigstens versuchen, es an Hand eines städtischen Themas, an dem Beispiel einer Stadt mal deutlich zu machen. Mir scheinen da sehr oft sehr persönliche öde Befindlichkeiten sich zu dem auszuwirken, was hier beispielhaft an Recklinghausen vorgetragen wurde. Und da denke ich, daß man eine sehr persönliche Befindlichkeit benutzt, um sie anderen zuzuschreiben, um daraus wieder ein Resultat zu ziehen, öde Stadt, öde Städte, welches Beispiel wir auch immer nehmen. Und ich habe mir, nachdem ich ein paar Texte etwas genauer gelesen habe, gedacht: Hätte doch mancher Autor die Empfehlung aufgegriffen, die am Beispiel der Stadt Koblenz gegeben wurde: »Sollten wir nicht lieber gemeinsam einen heben gehen?« Das hätte vielleicht der einen oder anderen Sache besser angestanden.

ROTH: Ich finde es schon erstaunlich, mit welcher Unverfrorenheit hier ein Vokabular zirkuliert und auf Erklärungsmodelle zurückgegriffen wird, die aus einer erwiesenermaßen Schwindelwissenschaft, der Psychoanalyse, stammen. Hier wird von Projektionen, Autotherapie und sonstigen Bedürfnissen gesprochen, von Neurosen und therapeutischen Zwecken, die diese Texte oder die Autoren verfolgen. Erstens finde ich es seltsam, wie der Text mit dem Autor kurzgeschlossen wird. Ich habe im ersten Semester meines Germanistikstudiums gelernt, daß der Autor nicht der Text ist. Zweitens wundert mich, wie man etwas zu denunzieren versucht, indem man eine individuelle Beschädigung feststellt. Da haben die Herausgeber also einen Kreis von Irren versammelt. Und diese Irren laufen jetzt Amok. Und nicht die Wirklichkeit ist diejenige, die beschädigt ist, sondern derjenige, der die Augen aufmacht und sieht, daß sie beschädigt ist. Wenn ich hier in Bochum aus dem Bahnhof trete und rechts in die Kortumstraße laufe, kann ich sagen, ich habe zumindest eine Idee davon, daß es anders und besser sein könnte als so, wie es ist. Wenn man das ausspricht und gewisse stilistische Mittel – mal die der gebrochenen Idylle, mal die der Brachialpolemik, mal die des Nonsenstextes, mal die der Satire – benutzt, wird man verdächtigt, weil man nicht Klartext spricht, wie es ja immer heißt, oder weil man sich nicht auf eine Diskussion einläßt über kommunale PR-Politik. Sich diesem Verdacht auszusetzen, nicht mehr ganz dicht zu sein, das ist das Beste, was einem passieren kann in diesem Land – seit 1990 allerspätestens, aber schon auch seit einigen Jahrhunderten.

DR. MÜLLER: Vielen Dank, Herr Roth. Ich will nur sagen, daß Sie im ersten Semester Ihres Germanistikstudiums dieses und jenes gelernt haben, das wollen Sie meines Erachtens vielleicht bitte beiseite lassen, denn dann fange ich mit Juristerei an, und dann werfen wir uns irgendwelche Fachlichkeiten an den Kopf.

ROTH: Ich nehme es zurück. Ich sage, ich habe es in der Oberstufe gelernt.

DR. MÜLLER: Sokolowsky hat mich gefragt: Was ist schwarze Satire? Damit bringen Sie mich überhaupt nicht in Verlegenheit. Ich kann Ihnen das nachher gern aus meiner Sicht erklären, nur: Es hat keinen Sinn für die weitere Diskussion, daß wir uns hier germanistisches Wissen und Können gegenüber den anderen Diskussionsteilnehmern vorhalten, sonst könnte ich auch juristisch werden, und dann könnte ich zum Beispiel Beleidigungstatbestände hier rausfiltern aus Ihren Texten, was natürlich auch Unfug wäre. Aber ich würde vorschlagen, das lassen wir vielleicht bleiben.

SOKOLOWSKY: Das lehne ich ab. Ich möchte jetzt wissen, was 'ne schwarze Satire ist.

DR. MÜLLER: Wenn Sie das unbedingt wissen wollen – in zwei Sätzen: Satire ist eine literarische Gattung. Und in allen schlauen germanistischen Büchern steht drin, daß mit dem Stilmittel der Ironie etwas gegeißelt oder verspottet werden soll, eine Person oder Umstände. Tucholsky würde ich niemals unter schwarze Satire subsumieren. Aber die schwarze Satire geht in Richtung Zynismus. Und da ist die Grenze leider fließend. Und Zynismus ist ein verifizierbarer Tatbestand. Mit den Mitteln des Zynismus das zu erreichen, was Sie mit den *Öden Orten* erreichen wollten, das halte ich einfach für illegitim. Zynismus ist etwas Zersetzendes, etwas Zerstörerisches. Und in diesem Sinn habe ich auch von schwarzer Satire gesprochen: kurz vor der Grenze des Zynismus.

WIELAND: In wessen Köpfen sich die öderen Orte befinden, das sollten wir vielleicht hier beiseite lassen. Ich finde das sehr lustig, daß das von einer Sprecherin der Stadt Herne kommt. Ich glaube, ein grundsätzliches Mißverständnis der Debatte liegt hier vor insofern, als sie immer unterstellen und denken, wir tun Ihre Arbeit, also wir pflegen das Image deutscher Städte, wir gucken uns an, ob die Busse pünktlich kommen und ob die Scheiben geputzt sind und ob die Stadtparks genug Mülltonnen haben und ob das Ansehen von Konstanz dem Bericht von Konstanz entspricht. Es war aber nicht unser Ziel, Ihre Arbeit zu machen. Wir wollten subjektive, auch willkürliche Befindlichkeiten in deutschen Städten skizzieren, die jetzt als krankhaft oder versponnen denunziert werden, weil sie eine andere Realität haben als gewünscht. Es sind literarische Texte und keine Pressesprechertexte, und das müßten Sie vielleicht zur Kenntnis nehmen, andernfalls reden wir aneinander vorbei.

DR. MÜLLER: Das haben wir schon begriffen, daß Sie einen hohen künstlerischen Anspruch, einen schriftstellerischen, dichterischen Anspruch haben. Inwieweit Sie den erfüllen, ist natürlich eine zweite Frage, und darüber kann man wohl reden. Ich möchte sagen, ich habe Sie sehr wohl verstanden. Ich habe in einer Besprechung der *Öden Orte* geschrieben, daß mir bestimmte Beiträge gut gefallen haben, und hinzugefügt: »Es könnte allerdings sein, daß die Autoren dieses hübsch aufgemachten Bändchens die Städte, die sie geschmäht haben, recht eigentlich mögen.« Vielleicht wollten Sie mit Ihrer tiefschwarzen Satire nur gegen die Spießbürgerlichkeiten und Blödsinnigkeiten angehen, die selbst gegen Ende eines Jahrtausends auf den Straßen, Plätzen, in Kneipen und Rathäusern unserer Städte nicht auszuschließen sind. Oder Sie wollten zum Beispiel die amtliche PR aus Behäbigkeit und Selbstzufriedenheit aufschrecken.

SOKOLOWSKY: Nein, das wollten wir nicht.

DR. MÜLLER: Das wollten Sie natürlich. Ich bin, das kann ich für mich in Anspruch nehmen, absolut verständnisinnig. Ich wehre mich, daß Sie zum Beispiel diesen blöden Text über Recklinghausen verteidigen als ein hohes künstlerisches Stück. Da hört es bei mir auf.

SOKOLOWSKY: Ich kann Ihnen dazu sagen, daß dieser Text über Recklinghausen mit Abstand der beste Text ist, daß dieser Text von einer hohen, um sich geschwollen auszudrücken, artistischen Dichte ist. Dieser Text hält etwas durch, was andere Texte nicht schaffen, nämlich er verflüchtigt all das, was an Beobachtungen vorlag, und schafft einen völlig für sich stehenden Text, der aber trotzdem etwas mit dieser Stadt zu tun hat. Und das ist wunderbar. Und er ist ein Text, der endlich dazu führt, daß er nicht unter Tucholskys zu Tode zitiertes Dummverdikt fällt, daß Satire nun alles dürfe. Robert Gernhardt hat mal sehr schön gesagt, daß er das nicht mehr hören könne, daß Satire alles dürfe, daß doch bitte schön mal jemand aufstehe und sage, Satire kann mich mal. Und der Recklinghausen-Text sagt genau das, Satire kann mich mal, denn ich bin kein satirischer Text und will auch nicht vereinnahmt werden als ein zu hätschelnder Kritikertext, dem es eigentlich ja darum geht, die Stadt und die Lebensumstände zu bessern. Nein, der Köhler-Text signalisiert, er will mit der Realität Recklinghausen nichts zu tun haben, und so ist es vielen anderen gegangen. Man will mit gewissen Realitäten nichts zu tun haben. Wir wollen uns nicht versöhnen, wir wollen auch nicht das Amt übernehmen, Städte zu verbessern, sondern es gibt gewisse Grundübel und Verhältnisse, die sind von Grund auf auch abzulehnen. Und ein Text wie der Recklinghausen-Text drückt das aus, und zwar stilistisch höchst elegant.

GERD MÜLLER: Ich finde diese Position nicht so ganz korrekt, daß man sagt: Hier auf der einen Seite die Pressesprecher, die alles gern in Hochglanz haben möchten und die ihre Städte und ihre Bereiche toll darstellen wollen, während auf der anderen Seite die Autoren sind, die ungeschminkt Realitäten beschreiben. Natürlich sind das keine Realitäten, sondern das sind Vorstellungen, subjektive Vorstellungen. Ich hatte schon gesagt, man kann das ertragen. Bloß dieser Absolutheitsanspruch, mit dem Sie Ihre Texte verteidigen, den finde ich ein bißchen überzogen. Und außerdem möchte ich mir meinen Tucholsky nicht gern diffamieren lassen. Aber der ist ja nun auch schon im Generalverschiß. Ich wähle bewußt diese deutliche Sprache, weil diese Fäkalsprache ja auch sehr gängig durch viele Beiträge geht. Ich finde, man kann sich gut damit auseinandersetzen, man kann das ertragen, und man kann Anregungen aus diesen Texten ziehen, aber mit der Realität hat das verhältnismäßig wenig zu tun. Die Realität ist eher etwas differenzierter.

DR. MÜLLER: Das stimmt meines Erachtens. – Herr Gutzmer?

GUTZMER: Ja, mit der Realität hat das wenig zu tun. Aber Sie erzeugen auch Mißverständnisse, die gar nicht hierher gehören. Wir sind nicht angetreten, um diesen Hochglanzeindruck von Städten zu vertreten, die ihn nicht verdienen. Wir kennen die Situation. Ich glaube auch nicht, daß der hohe dichterische Anspruch, den Sie dem Ganzen geben, die Texte vor der Kritik bewahren müßte. Stellen Sie sich vor, deutsche Pressesprecher würden ihre Städte in der Weise hochjubeln wie Sie Ihre literarischen Texte. Das würden Sie für unverschämt halten. Und dann müßten die Texte in *Öde Orte* noch ganz anders ausfallen. Aber das tun sie leider nicht. Die sind zum Teil ja doch eher simpel. Nehmen Sie Düsseldorf. Das zitiere ich einmal, obwohl ich Düsseldorfer von Hause aus bin. Deshalb hat mir der Text besonders weh getan. Da gibt es einen einzigen Satz, der stimmt und den ich stehenlassen würde, der heißt: »Begrabt mein Herz an der Biegung der Theke.« Das ist eine wunderbare Sache. Danach kommen solche glatten und oft wiederholten Klischees, daß man denkt, das ist weder Polemik noch sonst etwas. Da heißt es zum Beispiel: »Rolex rollt Bussi-Rolli«. Allein diese Kombination tut jemandem, der ein bißchen Geschmack hat, weh.

ROTH: Warum tut Ihnen das weh?

GUTZMER: Oder: Die Kö, heißt es da: »Das verhockte Verständnis angeberischen Reichtums.« Oder: »Wer freiwillig nach Düsseldorf zieht, teilt das Schicksal jener Motten, die des Nachts um gleißende Laternen kreisen.« Und Sie wollen Tucholsky nicht mehr hören! »Hier am Niederrhein ist der Titel *Öde Orte* heimisch, hier nur findet er zu sich, wahrhaft und ohne Scheiß« – dichterische Eleganz!?

ROTH: Ich will ja nicht in Abrede stellen, daß in diesen Büchern nicht nur brillante Texte stehen, es gibt auch durchschnittliche Texte. Und es wird ja auch nicht von hoher Kunst geredet, sondern davon, daß das literarische Texte sind. Das sind keine Reportagen, das sind keine Kommuniqués aus irgendwelchen Ämtern, sondern literarische Texte. Und damit muß man, glaube ich, anders umgehen, als daß man den literarischen Text identifiziert mit dem Autor und dann über ihn spekuliert, obwohl man überhaupt nichts über ihn weiß. Aber das ist ja eine beliebte Methode der Denunziation ...

(ALLE REDEN DURCHEINANDER) ... mit der Literaturkritik wollen wir eigentlich nicht so viel zu schaffen haben ... man muß schon darauf hinweisen, daß es in vielen dieser Texte Wendungen und Textverfahren gibt, die literarisch sind ... ich hätte gern einmal Herrn Müllers Ausführungen beispielsweise zu diesem Zornheim-Text gehört ... Sie waren das, Herr Gutzmer, ich möchte gern wissen, warum das ein schlechter oder mißratener Text sein könnte ... darf man überhaupt diese Texte diskutieren? ... Sie tun doch nichts anderes, Sie greifen doch fortwährend an ...

DR. MÜLLER: ... das ist heute unser Job, das habe ich bei meiner Anmoderation gesagt, daß Sie die Angreifer waren in diesen beiden Büchern, und heute haben wir mal die schwache Gelegenheit, wir sind ja hier nur wenige, Sie anzugreifen. Aber wir sind gar nicht so empfindlich, finde ich. Ich habe den Eindruck, Sie sind wesentlich empfindlicher als wir. Etwas präziser, Herr Roth! Sie sagen, Literatur ist natürlich Kunst. In dem Moment, wo Sie den Anspruch erheben, das ist literarisch, dann müssen Sie auch der Kritik und dem interessierten Verbraucher von Literatur gestatten, zu sagen, das gefällt mir überhaupt nicht, und dürfen nicht abfällig lächeln. – Bitte schön, Herr Wieland.

WIELAND: Mich würde interessieren, mit welcher Erwartungshaltung Sie diese Bücher aufgeschlagen haben. Wollten Sie da bei bestimmten Städten nachschlagen und dann feststellen: stimmt, stimmt nicht, falsch, ja, so sehe ich es auch ... Sie haben hier Sätze aus Düsseldorf zitiert. Einer stimmt, alle anderen sind falsch. Das finde ich interessant, diese inquisitorische Haltung, daß man einen Text liest, den jemand geschrieben hat, der in Düsseldorf lebt, und sagt: Ja, die hundertfünfzig Sätze müßten gestrichen werden, den einen finde ich okay. Also, welche Erwartung hatten Sie an die Texte? Daß Sie da begeistert sein werden?

GUTZMER: Sie versuchen in einer Tour, die Kollegen oder mich in die Ecke desjenigen zu drängen, der von Ihnen unsere Arbeit erwartet. Ich weiß gar nicht, wie Sie darauf kommen, das hat bisher niemand gesagt. Es wird auch behauptet, ich hätte die beiden Bücher gekauft, um darin genaue Stadtbeschreibungen zu finden. Die habe ich mir nicht angeschafft, ich glaube, auch keiner der Kollegen, um anschließend Städtereisen zu unternehmen. Dafür benutze ich andere Literatur.

GERD MÜLLER: Sie bauen Fronten auf, die es nicht gibt, und Sie fragen, warum haben wir das Buch gekauft? Natürlich weil es uns interessiert. Und ich glaube, jeder Autor hat auch ein Recht darauf, daß das, was geschrieben wird, auch ernst genommen wird. Deshalb führen wir ja diesen Dialog. Ich erwarte vom Reclam Verlag wirklich keine Reihe schöner Orte, das können wir auch ganz gut selber machen.

SOKOLOWSKY: Vielleicht haben wir uns ja alle mißverstanden. Aber Herr Müller hat immer wieder darauf hingewiesen, einige Texte gingen über das Satirische hinaus, die würden zersetzend wirken. Diese Texte seien nur dazu da, um zu zerstören, und, so interpretiere ich das, sie erfüllten nicht das, was Sie von Satire erwarten. Wo bleibt, fragen Sie, das Konstruktive? Und Sie meinen, wenn wir etwas nachgiebiger, besser informiert und weniger subjektiv mit Ihren Städten umgegangen wären, dann hätten wir uns auch konstruktiver verhalten. Sozusagen versöhnliche Satire geliefert, die Mißstände aufdeckt, die man auch beseitigen kann. Unsere Totalangriffe hingegen seien nun so destruktiv, daß man damit nichts anfangen kann. Aber wie sähe so eine gelungene Stadtkritik aus? Wie würde sie verfahren, daß sie nicht zu nachsichtig ist und nicht zu pauschal? Die das eine und das andere sozusagen behutsam verbindet – die Kritik und die Anregungen und was auch immer?

DR. MÜLLER: Jedenfalls differenzierter. Das subjektive Element müßte zurückgefahren werden. Man könnte trotzdem auch mit Ihren Stilmitteln arbeiten, aber nicht mit den zynischen. Die Leute sollen ja aufgeweckt und aufgerüttelt werden. Bei manchem Buch wäre es ja besser – das will ich jetzt von den *Öden Orten* aber nicht sagen –, wenn es nicht geschrieben worden wäre …

SOKOLOWSKY: … und manche Stadt ist sicher auch die beste, die nicht gebaut wurde.

WIELAND: Ich kann Sie verstehen: Sie sind Pressesprecher deutscher Städte, und wir haben in unseren zwei Bänden deutsche Städte nach allen Regeln der Kunst madig gemacht. Wer diese Texte zu lesen versteht, der zieht den Schluß: Pressesprecher deutscher Städte, die nach der Lektüre sich noch für ihre Städte engagieren, müssen eigentlich Deppen sein. Und Sie verteidigen sich hier gegen diesen berechtigten Verdacht, ein Depp zu sein, indem Sie das Image der Gemeinden hochhalten, das wir mit unseren Texten verächtlich gemacht haben. Das geht gar nicht anders.

DR. MÜLLER: Wir haben heute kein einziges Mal unsere Städte hochleben lassen …

WIELAND: … Sie haben sie auch noch nicht tiefleben lassen.

(Unruhe.)

DR. MÜLLER: Wir haben noch kein einziges Mal gesagt, Bochum oder Konstanz, das seien tolle Städte. Ich habe mir hier den Satz notiert: Deutsche Städte sind im Weltmaßstab nach meinem Geschmack Weltklasse. Das sage ich in eckigen Klammern.

ROTH: Daran werde ich denken, wenn ich das nächste Mal in Rom oder Paris bin – an diesen Weltmaßstab in eckigen Klammern.

DR. MÜLLER: Im Zeitalter der Globalisierung müssen Sie sich mal Städte auf der Welt ansehen. Warum sind wir denn Einwanderungsland, warum sollten so viele Leute nach Deutschland kommen, wenn die Städte hier öde sind?

ROTH: Die allermeisten Texte sind gespickt mit Hinweisen auf besonders haarsträubende architektonische Verfehlungen. Von daher wird schon dem Prinzip der Anschaulichkeit Genüge geleistet. Das sind ja nun tatsächlich die Städte, die da beschrieben sind. Es gab auch Reaktionen von Leuten, die sagten, das ist wirklich das allerübelste Eck dieser Stadt usw. Andererseits, ich leide nicht an Deutschem. Ich weiß sowieso nicht, wie man an einem Land leiden kann. Ich kann auch nicht Italien als Land lieben, sondern eine bestimmte Ecke oder einen bestimmten Wein oder fünf Leute, die ich da kenne. Und genau das tut das Buch. Hier wird nicht gelitten an irgendeinem Land – genauso, wie man ein Land auch nicht lieben kann, wenn man halbwegs bei Trost ist, sondern hier werden bestimmte konkrete Lebensverhältnisse beschrieben, die natürlich zusammenhängen, denn es gibt dieses Land, diesen Staat und eine gewisse Mentalität, die sich überall durchsetzt. Die Texte verbinden diese Verheerungen, diese teilweise niederträchtige Abwesenheit von Geist in allen möglichen Ausprägungen. Wenn man nach Rostock-Lichtenhagen geht, kann man sagen, das ist Rostock-Lichtenhagen, aber das ist halt auch Deutschland. Darum geht es, glaube ich, aber nicht um ein dubioses Leiden an Deutschland. Wenn ich soweit wäre, hoffe ich, daß mir einer die Kugel in den Kopf jagt, bevor ich an Deutschland leide. Aber daß die Zustände und die konkreten Verhältnisse unerträglich sind, das kann man, wenn man offenen Auges durch die Gegend und durch diese Städte läuft, ja doch feststellen. Das war ein Antrieb oder ein Motiv, um diese Bände zusammenzuklauben.

SOKOLOWSKY: Ich bedauere ein wenig, daß wir gar nicht gehört haben, was Sie als Presseagenten Ihrer Städte eigentlich machen. Sie haben uns leider gar nichts darüber erzählt, was Ihr Job ist. Sie sind ja nicht nur hier, um mit uns darüber zu plaudern, welchen literarischen Wert diese Bücher haben, sondern auch, um vielleicht, Sie haben es immer wieder abgestritten, Ihre Städte zu verteidigen. Und das haben Sie eigentlich nicht getan.

DR. MÜLLER: Ja, die Intention war, daß wir Sie angreifen, weil Sie nach unserem Verständnis die Städte angegriffen haben. Hier über unseren Job etwas zu sagen, das ist total langweilig in diesem Zusammenhang, das muß ich ehrlich sagen. Das war auch nicht das Thema unserer Veranstaltung.

GERD MÜLLER: Ich finde insgesamt, daß Sie ganz ehrlich sagen sollten, Sie wollten mit diesem Band mal ordentlich provozieren, und das ist Ihnen auch gelungen, mehr oder weniger gut. Manche Dinge sind etwas holzschnittartig dargestellt. Wenn man mit Ihnen darüber diskutieren will, begeben Sie sich auf die Ebene der Literatur, und ich würde Sie einfach nur mal fragen: Wollten Sie Recklinghausen, den tatsächlichen Ort Recklinghausen, diffamieren? Oder wollten Sie bloß, daß sich alle über Recklinghausen lustig machen? Oder hätte Recklinghausen auch ein ganz fiktiver Ort sein können, der Nonsensstadt oder sonstwie heißt? Ich glaube, Sie wollten natürlich dieses Spielchen betreiben, daß jeder so seine Ebene hat, um sich über andere zu erheben. Und das ist Ihnen gut gelungen. Und ich finde, man kann das Buch ganz gut lesen. Man muß nicht mit allem einverstanden sein. Was ich schon wieder bedauere, ist, daß meine Stadt hier überhaupt nicht diskutiert worden ist. Insgesamt empfehle ich allen, das zu lesen. Und wenn es da heißt, dann will ich daraus auch mal zitieren, das habe ich mir extra aufgeschrieben: »Kiel ist wie Bremen, aber Bremen ist eher so wie Hamburg«, dann empfinde ich das als ein Kompliment, dann ist das fast ein PR-Text, weil diese Städte da im Norden ja durchaus als attraktive Städte gelten.

DR. MÜLLER: Herr Roth, würden Sie auf diese ganz konkrete Frage, Recklinghausen ja oder nein, antworten?

ROTH: Ich habe die Hälfte meiner Antwort wieder vergessen. Ich wollte nur sagen, daß ein Ort wie Recklinghausen eigentlich stolz sein muß darauf, einen solchen Text provoziert zu haben. Nicht viele Orte können von sich behaupten, eine so runde und heftige und kaum zu widerlegende Beleidigung eingesteckt zu haben. Wie gesagt, das sollten sich die Stadtväter eigentlich an den Hut stecken als Feder und damit stolz durch den Saal laufen.

DR. MÜLLER: Danke.

Teilnehmer und Herausgeber danken Erika Landschak für die mühevolle Transkription.

Autorinnen und Autoren

Markus Brauck, geb. 1971, lebt als Autor in Frankfurt/Main.

Holm Friebe, geb. 1972 in Lüdenscheid, studierte Volkswirtschaft und Kulturwissenschaft und schreibt als freier Journalist u. a. für *Jungle World*, *Titanic*, *konkret*, *Berliner Zeitung* und *Die Zeit*. Diverse Aufsätze in diversen Büchern. Arbeitete ein Jahr lang als Trendforscher in Hamburg und gründete 2001 zusammen mit Freunden die Zentrale Intelligenz Agentur, einen Denkpanzer mit überdurchschnittlich guter Straßenlage.

Barbara Häusler, geb. 1958, lebt als freie Journalistin, Lektorin und Übersetzerin in München.

Albert Hefele, geb. 1951 im tiefsten Allgäu. Übliche katholische Karriere: Ministrant, Adoleszenz, Kirchenaustritt. Lebt zur Zeit in Sichtweite des Ulmer Münsters und arbeitet als Lehrtherapeut.

Eckhard Henscheid, geb. 1941 in Mimbach-Mausdorf. Seit Frühjahr 2003 erscheint bei Zweitausendeins sukzessive eine auf zirka zwanzig Einzelbände geplante Werkausgabe. Nach drei Bänden Romane und Polemiken folgen im Herbst zwei Bände Erzählungen.

Sönke Jahn, geb. 1963, lebt als freier Journalist und Autor in Pinneberg, dem Potsdam Hamburgs.

Christian Jöricke, geb. 1976, lebt in Trier.

Barbara Kalender, geb. 1958, lebt in Augsburg; siehe Jörg Schröder.

Vincent Klink, geb. 1949 in Gießen an der Lahn auf Grund eines Verkehrsunfalls. Nach Mutters Wochenbett sofortige Überführung ins Schwäbische. Lehre als Koch. Stochert seit 1974 in eigenen Töpfen. Führte in Schwäbisch Gmünd mit seiner Frau Elisabeth achtzehn Jahre lang den *Postillon*. Seit 1991 betreibt das unzerstörbare Gespann die *Wielandshöhe* in Stuttgart (www.wielandshoehe.de). Zusammen mit Wiglaf Droste gibt der Meisterkoch die kulinarische Kampfschrift *Häuptling Eigener Herd* heraus (www.haeuptling-eigener-herd.de).

Peter Köhler, geb. 1957, lebt in Göttingen. Letzte Buchveröffentlichungen: *Das Leben ist ein Hering an der Wand – Jüdische Witze* (Leipzig 2003) und *Warum der Osterhase Eier legt – Der neue Basar der Bildungslücken* (München 2003).

Christof Meueler, geb. 1968, lebt in Berlin und leitet das Feuilleton der *jungen Welt*.

André Mielke, geb. 1963, lebt als freier Autor in Berlin. Arbeit u. a. für *Berliner Zeitung*, *Die Welt*, *Titanic* und *Das Magazin*. Buchveröffentlichung (zus. mit Georg Behrend): *Aufmerksam und rücksichtslos* (Berlin 1993).

Heike Müller, 1974 in Duderstadt im ehemaligen Zonenrandgebiet geboren, studierte Ethnologie und Sprachwissenschaft in Göttingen, Hamburg und Dakar. Sie lebt heute in Hamburg und volontiert an einer Journalistenschule.

Mark Obert, geb. 1965, ist Redakteur der *Frankfurter Rundschau*.

Carsten Otte, geb. 1972, ist Redakteur beim SWR und lebt in Baden-Baden und Berlin.

Michael Quasthoff, geb. 1957, lebt, schreibt und trinkt in Hannover.

Michael Ringel, geb. 1961, ist Redakteur der *taz*-Wahrheitseite und lebt in Berlin.

Jürgen Roth, geb. 1968, lebt in Frankfurt/Main. Letzte Buchveröffentlichung: *Die Poesie des Biers* (Münster 2003).

Thomas Roth, geb. 1971, ist Historiker und lebt in Bonn. Mitherausgeber von www.korrespondenz.biz.

Michael Rudolf, geb. 1961, ist freier Autor. Zahlreiche Veröffentlichungen in Zeitungen, Zeitschriften und Anthologien.

Michael Sailer, geb. 1963, lebt als Autor in München. Letzte Buchveröffentlichung: *In Wahns Welt – Belästigungen 31–60* (München 2002).

Thomas Schaefer, geb. 1959, lebt als Lektor und Autor in Göttingen. Letzte Buchveröffentlichung: *Lucky Strike – Die Werbung* (Göttingen 2003).

Hans-Christian Schmitz, geb. 1971, lebt in Köln. Mitherausgeber von www.korrespondenz.biz.

Jörg Schröder, geb. 1938, lebt in Augsburg und ist Verleger des MÄRZ Verlages, dessen Archiv im Jahr 1987 das Deutsche Literaturarchiv in Marbach a. N. übernahm. Seit 1990 erscheinen viermal jährlich die Folgen von *Schröder erzählt*. Jörg Schröder erzählt Barbara Kalender, die Tonbandabschrift wird anschließend von beiden redigiert. Der hier abgedruckte Text ist ein Auszug aus der 4. Folge der Schwarzen Serie, *Kriemhilds Lache*. Informationen zu *Schröder erzählt* jederzeit gern: MÄRZ Desktop VERLAG, Rosenaustraße 70, 86152 Augsburg, Tel.: 0821/15 25 95; Mobil: 0170/772 88 47; Fax: 0821/34 98 908; E-Mail: maerz-verlag@t-online.de.

Stefan Schwarz, geb. 1965, lebt in Leipzig und ist u. a. Autor einer monatlichen Kolumne in der Zeitschrift *Das Magazin*. Letzte Buchveröffentlichung: *War das jetzt schon Sex? – Frauen, Familien und andere Desaster* (Berlin 2002).

Kay Sokolowsky, geb. 1963, ist Redakteur bei *TV Today* in Hamburg. Im Herbst 2003 erschien das Buch *Late Night Solo* über den Entertainer Harald Schmidt.

Michael Tetzlaff, geb. 1973, lebt als Autor in Frankfurt/Main.

Fritz Tietz, geb. 1958, lebt in der Nähe von Harburg. Letzte Buchveröffentlichung: *Die Kunst einen Papst zu erlegen* (Berlin 2000); nächstes Buch: *Zwischen Gourmet-Station und Suppenhaarmuseum* (Berlin 2003).

Mark-Stefan Tietze lebt als Autor und *Titanic*-Redakteur abwechselnd in Frankfurt/Main und Münster.

Mathias Wedel, geb. 1953 in Erfurt, freier Autor – zuletzt: *Bei uns auf dem Dorfe* (Berlin 2002) –, lebt unauffindbar in der Schorfheide.

Rayk Wieland lebt als Heimatforscher verzaubert in einem auf der Landkarte Mecklenburgs nicht verzeichneten Dorf. Letzte Veröffentlichung: »Zur Unterschätzung Asiens«, in: André Thiele (Hg.): *In den Trümmern ohne Gnade* (Berlin 2003).

Willi Winkler ist so alt wie »Sweet Little Sixteen«, kommt aus dem tiefsten Bayern und lebt deshalb in Hamburg. Letzte Buchveröffentlichungen: *Kino* (München 2002) und *Mick Jagger und die Rolling Stones – Fünf Leben* (Reinbek 2002).

Tom Wolf, geb. 1964, lebt als Autor in Berlin. Letzte Buchveröffentlichung: *Schwefelgelb – Mörderische Kälte* (Berlin 2003).

Dietrich zur Nedden, geb. 1961, lebt als freier Autor in Hannover.